DISCLAIMER

The author and publisher are providing this book and its contents on an "as is" basis and make no representations or warranties of any kind with respect to this book or its contents. The author and publisher disclaim all such representations and warranties, including but not limited to warranties of merchantability. In addition, the author and publisher do not represent or warrant that the information accessible via this book is accurate, complete, or current.

Except as specifically stated in this book, neither the author nor publisher, nor any authors, contributors, or other representatives will be liable for damages arising out of or in connection with the use of this book. This is a comprehensive limitation of liability that applies to all damages of any kind, including (without limitation) compensatory; direct, indirect, or consequential damages; loss of data, income, or profit; loss of or damage to property; and claims of third parties.

BESTACTIVITYBOOKS.COM

FIRST EDITION - Published 2022

Extra Graphic Material From: www.freepik.com
Thanks to: Alekksall, Starline, Pch.vector, Rawpixel.com, Vectorpocket, Dgim-studio, Upklyak, Macrovector, Stockgiu, Pikisuperstar & Freepik.com Designers

This Book Comes With Free Bonus Puzzles

Available Here:

BestActivityBooks.com/WSBONUS20

5 TIPS TO START!

1) HOW TO SOLVE

The Puzzles are in a Classic Format:

- Words are hidden without breaks (no spaces, dashes, ...)
- Orientation: Forward & Backward, Up & Down or in Diagonal (can be in both directions)
- Words can overlap or cross each other

2) ACTIVE LEARNING

To encourage learning actively, a space is provided next to each word to write down the translation. The **DICTIONARY** allows you to verify and expand your knowledge. You can look up and write down each translation, find the words in the Puzzle then add them to your vocabulary!

3) TAG YOUR WORDS

Have you tried using a tag system? For example, you could mark the words which have been difficult to find with a cross, the ones you loved with a star, new words with a triangle, rare words with a diamond and so on...

4) ORGANIZE YOUR LEARNING

We also offer a convenient **NOTEBOOK** at the end of this edition. Whether on vacation, travelling or at home, you can easily organize your new knowledge without needing a second notebook!

5) FINISHED?

Go to the bonus section: **MONSTER CHALLENGE** to find a free game offered at the end of this edition!

Want more fun and learning activities? It's Fast and Simple!
An entire Game Book Collection just one click away!

Find your next challenge at:

BestActivityBooks.com/MyNextWordSearch

Ready, Set... Go!

Did you know there are around 7,000 different languages in the world? Words are precious.

We love languages and have been working hard to make the highest quality books for you. Our ingredients?

A selection of indispensable learning themes, three big slices of fun, then we add a spoonful of difficult words and a pinch of rare ones. We serve them up with care and a maximum of delight so you can solve the best word games and have fun learning!

Your feedback is essential. You can be an active participant in the success of this book by leaving us a review. Tell us what you liked most in this edition!

Here is a short link which will take you to your order page.

BestBooksActivity.com/Review50

Thanks for your help and enjoy the Game!

Linguas Classics Team

1 - Antiques

Δ	Η	Μ	Ο	Π	Ρ	Α	Σ	Ί	Α	Β	Σ	Ι	Ι	Ω
Α	Υ	Θ	Ε	Ν	Τ	Ι	Κ	Ό	Ε	Δ	Η	Ψ	Ι	Ξ
Π	Ο	Ι	Ό	Τ	Η	Τ	Α	Ξ	Ί	Ί	Μ	Ρ	Μ	Λ
Κ	Ε	Σ	Μ	Δ	Χ	Τ	Υ	Λ	Υ	Τ	Σ	Ε	Α	Δ
Η	Έ	Ε	Ο	Β	Τ	Ω	Π	Δ	Π	Ξ	Τ	Π	Γ	Ι
Τ	Ω	Ρ	Β	Α	Ί	Ε	Ε	Ν	Ό	Ι	Λ	Α	Π	Α
Σ	Λ	Λ	Μ	Ί	Ν	Κ	Ο	Μ	Ψ	Ό	Π	Ν	Ρ	Κ
Τ	Η	Ε	Ε	Α	Σ	Υ	Λ	Λ	Ο	Γ	Ή	Έ	Σ	Ο
Ι	Ρ	Η	Σ	Α	Τ	Σ	Ά	Τ	Α	Κ	Ο	Π	Α	Σ
Μ	Ε	Ν	Π	Η	Σ	Α	Τ	Σ	Ά	Τ	Α	Κ	Ν	Μ
Ή	Ψ	Ί	Σ	Ψ	Ψ	Τ	Έ	Χ	Ν	Η	Ξ	Ι	Ώ	Η
Χ	Ε	Π	Έ	Ν	Δ	Υ	Σ	Η	Π	Λ	Ξ	Π	Ι	Τ
Κ	Ο	Σ	Μ	Ή	Μ	Α	Τ	Α	Μ	Τ	Υ	Λ	Α	Ι
Ξ	Ί	Η	Α	Ω	Μ	Γ	Λ	Υ	Π	Τ	Ι	Κ	Ή	Κ
Χ	Λ	Σ	Υ	Λ	Λ	Έ	Κ	Τ	Η	Σ	Α	Υ	Λ	Ό

ΤΈΧΝΗ
ΔΗΜΟΠΡΑΣΊΑ
ΑΥΘΕΝΤΙΚΌ
ΑΙΏΝΑΣ
ΚΈΡΜΑΤΑ
ΣΥΛΛΈΚΤΗΣ
ΚΑΤΆΣΤΑΣΗ
ΔΙΑΚΟΣΜΗΤΙΚΌ
ΚΟΜΨΌ
ΈΠΙΠΛΑ
ΣΥΛΛΟΓΉ
ΕΠΈΝΔΥΣΗ
ΚΟΣΜΉΜΑΤΑ
ΠΑΛΙΌ
ΤΙΜΉ
ΠΟΙΌΤΗΤΑ
ΑΠΟΚΑΤΆΣΤΑΣΗ
ΓΛΥΠΤΙΚΉ
ΣΤΥΛ

2 - Food #1

Β	Β	Λ	Ξ	Υ	Λ	Σ	Ο	Ψ	Δ	Κ	Ρ	Μ	Λ	Έ
Λ	Α	Φ	Ρ	Ά	Ο	Υ	Λ	Α	Ί	Α	Ε	Δ	Μ	Γ
Β	Π	Σ	Σ	Ε	Σ	Δ	Ρ	Ω	Η	Ρ	Α	Χ	Ά	Ζ
Ε	Α	Φ	Ι	Α	Χ	Υ	Μ	Ό	Σ	Ό	Ν	Β	Κ	Σ
Ρ	Χ	Ι	Ν	Λ	Λ	Ί	Ω	Ξ	Τ	Τ	Μ	Σ	Α	Κ
Ί	Λ	Σ	Ό	Ά	Ι	Ά	Δ	Ί	Δ	Ο	Ε	Δ	Ν	Ό
Κ	Ά	Τ	Μ	Γ	Ε	Κ	Τ	Α	Λ	Ά	Τ	Ι	Έ	Ρ
Ο	Δ	Ί	Ε	Ε	Υ	Μ	Ο	Α	Μ	Π	Ξ	Ρ	Λ	Δ
Κ	Ι	Κ	Λ	Ω	Δ	Ρ	Σ	Ύ	Ο	Ξ	Γ	Ί	Α	Ο
Ο	Μ	Ι	Ί	Ν	Έ	Λ	Ο	Έ	Ν	Β	Ξ	Υ	Α	Λ
Δ	Ί	Υ	Τ	Χ	Ι	Δ	Ύ	Μ	Μ	Ε	Ρ	Κ	Ω	Ω
Έ	Ξ	Ο	Σ	Υ	Ο	Σ	Π	Γ	Ο	Γ	Γ	Ύ	Λ	Ι
Κ	Ρ	Ι	Θ	Ά	Ρ	Ι	Α	Σ	Π	Α	Ν	Ά	Κ	Ι
Λ	Ν	Ε	Ο	Π	Ω	Ί	Τ	Ό	Ν	Ο	Σ	Ο	Υ	Μ
Ι	Σ	Χ	Τ	Ρ	Ω	Έ	Β	Η	Ε	Λ	Μ	Τ	Έ	Ν

ΒΕΡΊΚΟΚΟ
ΚΡΙΘΆΡΙ
ΒΑΣΙΛΙΚΟΎ
ΚΑΡΌΤΟ
ΚΑΝΈΛΑ
ΣΚΌΡΔΟ
ΧΥΜΌΣ
ΛΕΜΌΝΙ
ΓΆΛΑ
ΚΡΕΜΜΎΔΙ
ΦΙΣΤΊΚΙ
ΑΧΛΆΔΙ
ΣΑΛΆΤΑ
ΑΛΆΤΙ
ΣΟΎΠΑ
ΣΠΑΝΆΚΙ
ΦΡΆΟΥΛΑ
ΖΆΧΑΡΗ
ΤΌΝΟΣ
ΓΟΓΓΎΛΙ

3 - Measurements

Ρ	Ψ	Α	Έ	Δ	Έ	Γ	Ε	Τ	Η	Μ	Υ	Ο	Μ	Ρ
Ζ	Υ	Γ	Ί	Ζ	Ω	Ν	Υ	Λ	Σ	Ή	Β	Υ	Ά	Π
Ί	Χ	Π	Σ	Π	Έ	Π	Τ	Β	Έ	Κ	Λ	Γ	Ζ	Σ
Λ	Ν	Β	Ο	Ε	Η	Σ	Ψ	Α	Ί	Ο	Ε	Γ	Α	Ε
Ί	Α	Τ	Α	Β	Ά	Θ	Ο	Σ	Σ	Σ	Π	Ι	Έ	Λ
Τ	Ί	Ν	Σ	Θ	Ξ	Μ	Σ	Ο	Ο	Η	Τ	Ά	Ψ	Μ
Ρ	Η	Ξ	Ο	Α	Μ	Γ	Σ	Ν	Τ	Ρ	Ό	Γ	Η	Έ
Ο	Ω	Ω	Ψ	Ω	Χ	Ό	Έ	Ό	Ά	Ψ	Τ	Ρ	Φ	Τ
Ρ	Π	Ψ	Υ	Α	Ί	Σ	Σ	Τ	Λ	Η	Σ	Α	Ι	Ρ
Χ	Ν	Ξ	Ι	Δ	Γ	Α	Β	Ί	Π	Ρ	Ο	Μ	Ο	Ο
Δ	Ε	Κ	Α	Δ	Ι	Κ	Ό	Ι	Έ	Ξ	Τ	Μ	Λ	Ψ
Χ	Ι	Λ	Ι	Ό	Μ	Ε	Τ	Ρ	Ο	Δ	Α	Ά	Ε	Δ
Χ	Ι	Λ	Ι	Ό	Γ	Ρ	Α	Μ	Μ	Ο	Κ	Ρ	Ξ	Σ
Ξ	Λ	Ν	Υ	Σ	Χ	Β	Ο	Μ	Δ	Χ	Ε	Ι	Η	Α
Μ	Ί	Σ	Β	Τ	Η	Ξ	Η	Ω	Ξ	Ω	Ρ	Ο	Ε	Η

ΨΗΦΙΟΛΕΞΗ
ΕΚΑΤΟΣΤΌ
ΔΕΚΑΔΙΚΌ
ΒΑΘΜΌΣ
ΒΆΘΟΣ
ΓΡΑΜΜΆΡΙΟ
ΥΨΟΣ
ΊΝΤΣΑ
ΧΙΛΙΌΓΡΑΜΜΟ
ΧΙΛΙΌΜΕΤΡΟ
ΜΉΚΟΣ
ΛΊΤΡΟ
ΜΆΖΑ
ΜΈΤΡΟ
ΛΕΠΤΌ
ΟΥΓΓΙΆ
ΤΌΝΟΣ
ΈΝΤΑΣΗ
ΖΥΓΊΖΩ
ΠΛΆΤΟΣ

4 - Farm #2

Α	Κ	Ρ	Ι	Θ	Ά	Ρ	Ι	Π	Φ	Ρ	Ο	Ύ	Τ	Ο
Γ	Ρ	Ο	Λ	Υ	Μ	Ό	Μ	Ε	Ν	Α	Έ	Ε	Ί	Ξ
Ρ	Β	Ξ	Τ	Ε	Μ	Έ	Ω	Ρ	Γ	Ά	Λ	Α	Ν	Τ
Ο	Λ	Υ	Η	Τ	Ω	Γ	Μ	Ι	Ο	Λ	Μ	Ώ	Τ	Ε
Τ	Ξ	Ί	Ν	Ρ	Α	Α	Β	Β	Α	Ψ	Ί	Ζ	Ι	Α
Η	Σ	Δ	Ε	Α	Α	Ί	Η	Ό	Τ	Υ	Φ	Λ	Κ	Γ
Σ	Ω	Ε	Δ	Κ	Σ	Χ	Σ	Λ	Β	Ο	Σ	Κ	Ό	Σ
Ω	Ψ	Σ	Δ	Τ	Ί	Ψ	Υ	Ι	Ψ	Γ	Ω	Α	Π	Μ
Τ	Ψ	Ο	Σ	Έ	Ε	Ι	Ε	Ρ	Τ	Δ	Γ	Π	Μ	Π
Α	Ρ	Ψ	Λ	Ρ	Χ	Ί	Δ	Ά	Ώ	Υ	Π	Ρ	Α	Χ
Σ	Ξ	Ο	Ψ	Ι	Δ	Ξ	Ρ	Τ	Ι	Ν	Ν	Ό	Λ	Λ
Ο	Λ	Δ	Φ	Ε	Β	Τ	Ά	Ι	Μ	Έ	Α	Β	Α	Ο
Ψ	Ά	Ο	Ψ	Ή	Ν	Ά	Ν	Σ	Μ	Τ	Β	Α	Κ	Ι
Ξ	Μ	Π	Ά	Π	Ι	Α	Δ	Ρ	Χ	Ρ	Η	Τ	Ρ	Ν
Τ	Α	Ι	Α	Β	Β	Η	Ρ	Ι	Π	Ν	Σ	Ο	Ι	Ξ

ΖΏΑ
ΚΡΙΘΆΡΙ
ΑΧΥΡΏΝΑ
ΚΑΛΑΜΠΌΚΙ
ΠΆΠΙΑ
ΑΓΡΟΤΗΣ
ΤΡΟΦΉ
ΦΡΟΎΤΟ
ΆΡΔΕΥΣΗ
ΑΡΝΊ
ΛΆΜΑ
ΛΙΒΆΔΙ
ΓΆΛΑ
ΠΕΡΙΒΌΛΙ
ΠΡΌΒΑΤΟ
ΒΟΣΚΌΣ
ΤΡΑΚΤΈΡ
ΦΥΤΌ
ΣΙΤΆΡΙ
ΑΝΕΜΌΜΥΛΟ

5 - Books

Π	Ξ	Δ	Τ	Ω	Μ	Ι	Σ	Τ	Ο	Ρ	Ί	Α	Χ	Δ
Ε	Ε	Σ	Υ	Γ	Γ	Ρ	Α	Φ	Έ	Α	Σ	Σ	Ι	Υ
Χ	Π	Ρ	Α	Ν	Α	Γ	Ν	Ώ	Σ	Τ	Η	Σ	Ο	Α
Ψ	Γ	Ι	Ι	Π	Ο	Ί	Η	Σ	Η	Ρ	Ε	Λ	Υ	Δ
Α	Ή	Ρ	Κ	Π	Μ	Σ	Γ	Ρ	Α	Π	Τ	Ή	Μ	Ι
Χ	Γ	Χ	Ν	Ή	Έ	Ή	Κ	Ι	Γ	Α	Ρ	Τ	Ο	Κ
Π	Ο	Π	Υ	Μ	Β	Τ	Ο	Ή	Μ	Γ	Ι	Ο	Ρ	Ό
Ψ	Λ	Μ	Α	Μ	Ο	Η	Ε	Κ	Ξ	Π	Σ	Π	Ι	Τ
Σ	Λ	Α	Δ	Γ	Ρ	Γ	Α	Ι	Ο	Ο	Τ	Α	Σ	Η
Β	Υ	Σ	Ί	Η	Ρ	Η	Ο	Τ	Α	Ί	Ο	Ρ	Τ	Τ
Α	Σ	Μ	Λ	Σ	Η	Φ	Υ	Ε	Ν	Η	Ρ	Ξ	Ι	Α
Χ	Ξ	Ξ	Ε	Σ	Ι	Α	Ω	Χ	Π	Μ	Ι	Π	Κ	Λ
Γ	Ί	Ν	Σ	Μ	Π	Ο	Λ	Σ	Σ	Α	Κ	Σ	Ό	Ψ
Λ	Ο	Γ	Ο	Τ	Ε	Χ	Ν	Ι	Κ	Ή	Ό	Ο	Ω	Η
Μ	Υ	Θ	Ι	Σ	Τ	Ό	Ρ	Η	Μ	Α	Δ	Β	Έ	Τ

ΠΕΡΙΠΈΤΕΙΑ
ΣΥΓΓΡΑΦΈΑΣ
ΣΥΛΛΟΓΉ
ΠΛΑΊΣΙΟ
ΔΥΑΔΙΚΌΤΗΤΑ
ΕΠΙΚΉ
ΙΣΤΟΡΙΚΌ
ΧΙΟΥΜΟΡΙΣΤΙΚΌ
ΛΟΓΟΤΕΧΝΙΚΉ
ΑΦΗΓΗΤΉΣ
ΜΥΘΙΣΤΌΡΗΜΑ
ΣΕΛΊΔΑ
ΠΟΊΗΜΑ
ΠΟΊΗΣΗ
ΑΝΑΓΝΏΣΤΗΣ
ΣΧΕΤΙΚΉ
ΙΣΤΟΡΊΑ
ΤΡΑΓΙΚΉ
ΓΡΑΠΤΉ

6 - Meditation

Σ	Α	Φ	Ή	Ν	Ε	Ι	Α	Ψ	Λ	Υ	Ν	Η	Σ	Α
Σ	Σ	Ι	Ω	Π	Ή	Ε	Ο	Ω	Υ	Π	Ο	Β	Κ	Ν
Ψ	Υ	Ψ	Τ	Ξ	Σ	Τ	Γ	Τ	Υ	Χ	Η	Λ	Έ	Α
Χ	Η	Μ	Τ	Σ	Β	Τ	Ί	Η	Λ	Ί	Ι	Γ	Ψ	Π
Λ	Ξ	Τ	Π	Τ	Ν	Ω	Β	Δ	Ν	Ρ	Ό	Κ	Η	Ν
Μ	Μ	Ν	Δ	Ό	Φ	Ύ	Σ	Η	Γ	Α	Λ	Λ	Ή	Ο
Κ	Β	Ί	Η	Π	Ν	Η	Ρ	Ε	Μ	Ί	Α	Έ	Β	Ή
Λ	Ί	Τ	Ε	Ή	Τ	Ι	Ρ	Ξ	Ν	Χ	Υ	Ι	Α	Κ
Ψ	Έ	Ν	Ι	Χ	Λ	Η	Α	Ψ	Ω	Υ	Μ	Υ	Γ	Ι
Χ	Ψ	Υ	Η	Ο	Π	Ρ	Ο	Ο	Π	Τ	Ι	Κ	Ή	Σ
Έ	Η	Ν	Ύ	Σ	Ο	Μ	Ω	Ν	Γ	Υ	Ε	Μ	Ξ	Υ
Υ	Α	Ρ	Ι	Ο	Η	Ν	Ή	Ρ	Ι	Ε	Σ	Ε	Ο	Ο
Ι	Χ	Μ	Ρ	Ρ	Ω	Κ	Α	Λ	Ο	Σ	Ύ	Ν	Η	Μ
Ε	Σ	Η	Ν	Π	Ύ	Ξ	Χ	Τ	Λ	Ο	Ο	Α	Ξ	Β
Α	Π	Ο	Δ	Ο	Χ	Ή	Γ	Σ	Σ	Τ	Σ	Ο	Ξ	Ψ

ΑΠΟΔΟΧΉ
ΠΡΟΣΟΧΉ
ΞΎΠΝΗΣΕ
ΑΝΑΠΝΟΉ
ΗΡΕΜΊΑ
ΣΑΦΉΝΕΙΑ
ΣΥΜΠΌΝΙΑ
ΕΥΓΝΩΜΟΣΎΝΗ
ΕΥΤΥΧΊΑ
ΚΑΛΟΣΎΝΗ
ΨΥΧΙΚΉ
ΜΥΑΛΌ
ΚΊΝΗΣΗ
ΜΟΥΣΙΚΉ
ΦΎΣΗ
ΕΙΡΉΝΗ
ΠΡΟΟΠΤΙΚΉ
ΣΙΩΠΉ
ΣΚΈΨΗ

7 - Days and Months

Η	Σ	Ά	Β	Β	Α	Τ	Ο	Δ	Α	Α	Υ	Ί	Ι	Ω
Κ	Μ	Ψ	Ξ	Δ	Ί	Ί	Ε	Λ	Δ	Ι	Ο	Υ	Χ	Δ
Τ	Υ	Ε	Τ	Ο	Δ	Σ	Ψ	Ψ	Ά	Ι	Ί	Ο	Σ	Ή
Ρ	Ο	Ρ	Ρ	Σ	Ε	Π	Τ	Ε	Μ	Β	Ρ	Ί	Ο	Υ
Ί	Ί	Έ	Ι	Ο	Ί	Β	Ο	Ρ	Ο	Μ	Β	Ρ	Τ	Ε
Τ	Λ	Ρ	Υ	Α	Λ	Σ	Λ	Τ	Δ	Ή	Μ	Α	Ε	Κ
Η	Ι	Μ	Ρ	Ξ	Κ	Ό	Ρ	Λ	Β	Ν	Ε	Υ	Τ	Σ
Β	Ρ	Ε	Η	Α	Χ	Ή	Γ	Ι	Ε	Α	Ο	Ο	Ά	Α
Π	Π	Π	Ο	Ρ	Ε	Ί	Α	Ι	Μ	Σ	Ν	Ν	Ρ	Ρ
Ψ	Α	Υ	Π	Υ	Ο	Ί	Λ	Υ	Ο	Ι	Χ	Α	Τ	Α
Ε	Τ	Ο	Σ	Έ	Δ	Ε	Υ	Τ	Έ	Ρ	Α	Ι	Η	Π
Β	Υ	Γ	Ε	Λ	Μ	Α	Υ	Γ	Ο	Ύ	Σ	Τ	Ο	Υ
Ε	Ί	Ξ	Έ	Β	Ν	Π	Α	Λ	Ω	Λ	Ε	Ο	Ί	Ω
Β	Υ	Ο	Ί	Ρ	Β	Ω	Τ	Κ	Ο	Ρ	Σ	Ί	Γ	Χ
Γ	Χ	Ο	Λ	Ν	Π	Υ	Έ	Η	Π	Ε	Δ	Ί	Μ	Ι

ΑΠΡΙΛΊΟΥ
ΑΥΓΟΎΣΤΟΥ
ΗΜΕΡΟΛΌΓΙΟ
ΠΑΡΑΣΚΕΥΉ
ΙΑΝΟΥΑΡΊΟΥ
ΙΟΥΛΊΟΥ
ΠΟΡΕΊΑ
ΔΕΥΤΈΡΑ
ΜΉΝΑΣ
ΝΟΕΜΒΡΊΟΥ
ΟΚΤΩΒΡΊΟΥ
ΣΆΒΒΑΤΟ
ΣΕΠΤΕΜΒΡΊΟΥ
ΚΥΡΙΑΚΉ
ΠΈΜΠΤΗ
ΤΡΊΤΗ
ΤΕΤΆΡΤΗ
ΕΒΔΟΜΆΔΑ
ΕΤΟΣ

8 - Energy

Π	Ι	Η	Λ	Ε	Κ	Τ	Ρ	Ό	Ν	Ι	Ο	Λ	Ψ	Δ
Μ	Ε	Δ	Η	Ξ	Ε	Ά	Ν	Θ	Ρ	Α	Κ	Α	Σ	Έ
Υ	Ι	Ρ	Ξ	Χ	Τ	Ν	Ω	Λ	Ί	Β	Ο	Ρ	Τ	Σ
Λ	Δ	Ο	Ι	Ρ	Γ	Ο	Τ	Ι	Ρ	Γ	Λ	Έ	Π	Φ
Έ	Α	Ρ	Ψ	Β	Χ	Ν	Ω	Ρ	Ι	Ι	Υ	Τ	Υ	Ω
Δ	Ν	Β	Ο	Έ	Ά	Ξ	Λ	Ι	Ο	Ψ	Έ	Ο	Ρ	Τ
Ρ	Α	Ι	Μ	Γ	Τ	Λ	Ι	Έ	Α	Π	Π	Μ	Η	Ό
Ύ	Ν	Ο	Ι	Μ	Ό	Ή	Λ	Τ	Γ	Σ	Ί	Σ	Ν	Ν
Π	Ε	Μ	Σ	Π	Ι	Ν	Δ	Ο	Σ	Ο	Γ	Α	Ι	Ι
Α	Ώ	Η	Ύ	Α	Ν	Α	Ο	Υ	Ν	Μ	Σ	Ι	Κ	Ο
Ν	Σ	Χ	Α	Τ	Τ	Χ	Τ	Ν	Λ	Ε	Ν	Δ	Ή	Ω
Σ	Ι	Α	Κ	Α	Ί	Η	Ν	Ί	Ζ	Ν	Ε	Β	Π	Λ
Η	Μ	Ν	Ρ	Ρ	Ζ	Μ	Ω	Χ	Δ	Ά	Η	Ρ	Ψ	Μ
Ο	Η	Ί	Έ	Ί	Ε	Θ	Ε	Ρ	Μ	Ό	Τ	Η	Τ	Α
Η	Η	Α	Ι	Α	Λ	Η	Λ	Ε	Κ	Τ	Ρ	Ι	Κ	Ή

ΜΠΑΤΑΡΊΑ
ΆΝΘΡΑΚΑΣ
ΝΤΊΖΕΛ
ΗΛΕΚΤΡΙΚΉ
ΗΛΕΚΤΡΌΝΙΟ
ΜΗΧΑΝΉ
ΕΝΤΡΟΠΊΑ
ΠΕΡΙΒΆΛΛΟΝ
ΚΑΎΣΙΜΟ
ΒΕΝΖΊΝΗ
ΘΕΡΜΌΤΗΤΑ
ΥΔΡΟΓΌΝΟ
ΒΙΟΜΗΧΑΝΊΑ
ΜΟΤΈΡ
ΠΥΡΗΝΙΚΉ
ΦΩΤΌΝΙΟ
ΡΎΠΑΝΣΗ
ΑΝΑΝΕΏΣΙΜΗ
ΣΤΡΟΒΊΛΩΝ
ΆΝΕΜΟΣ

9 - Archeology

Π	Ο	Ί	Σ	Α	Ν	Ο	Ν	Α	Ψ	Ί	Ε	Λ	Σ	Ι
Α	Ο	Χ	Γ	Μ	Σ	Η	Ω	Π	Σ	Α	Υ	Η	Π	Ί
Μ	Ξ	Λ	Η	Μ	Ι	Λ	Ξ	Ό	Α	Ρ	Ρ	Υ	Η	Ι
Ω	Υ	Ι	Ι	Ο	Μ	Λ	Ο	Γ	Ν	Χ	Ή	Σ	Σ	Ι
Θ	Α	Σ	Ο	Τ	Π	Ο	Α	Ο	Ά	Α	Μ	Ή	Γ	Ψ
Ί	Ν	Ή	Τ	Λ	Ι	Ψ	Γ	Ν	Λ	Ι	Α	Τ	Α	Η
Λ	Τ	Τ	Έ	Ή	Ό	Σ	Ψ	Ο	Υ	Ό	Τ	Η	Τ	Λ
Ο	Ι	Η	Ρ	Ω	Ρ	Γ	Μ	Σ	Σ	Τ	Α	Ν	Α	Ό
Π	Κ	Γ	Β	Ξ	Β	Ι	Η	Ό	Η	Η	Μ	Υ	Μ	Ρ
Α	Ε	Η	Ί	Β	Ρ	Ο	Ο	Σ	Σ	Τ	Ή	Ε	Σ	Α
Α	Ί	Θ	Π	Ί	Ξ	Ξ	Ά	Υ	Η	Α	Ν	Ρ	Ύ	Έ
Υ	Μ	Α	Π	Δ	Μ	Ρ	Τ	Υ	Χ	Λ	Μ	Ε	Α	Χ
Γ	Ε	Κ	Ξ	Ε	Χ	Α	Σ	Μ	Έ	Ν	Ο	Χ	Ρ	Τ
Δ	Ν	Ε	Π	Ο	Χ	Ή	Ο	Ε	Β	Ω	Έ	Έ	Θ	Χ
Π	Α	Δ	Ι	Τ	Ρ	Ρ	Ο	Μ	Ά	Δ	Α	Χ	Η	Ε

ΑΝΆΛΥΣΗ
ΑΡΧΑΙΌΤΗΤΑ
ΟΣΤΆ
ΠΟΛΙΤΙΣΜΌΣ
ΑΠΌΓΟΝΟΣ
ΕΠΟΧΉ
ΑΞΙΟΛΌΓΗΣΗ
ΕΥΡΉΜΑΤΑ
ΞΕΧΑΣΜΈΝΟ
ΑΠΟΛΊΘΩΜΑ
ΘΡΑΎΣΜΑΤΑ
ΜΥΣΤΉΡΙΟ
ΑΝΤΙΚΕΊΜΕΝΑ
ΚΑΘΗΓΗΤΉΣ
ΛΕΊΨΑΝΟ
ΕΡΕΥΝΗΤΉΣ
ΟΜΆΔΑ
ΝΑΌ
ΜΝΉΜΑ

10 - Food #2

Τ	Έ	Υ	Ρ	Σ	Δ	Ζ	Α	Ω	Β	Σ	Λ	Μ	Σ	Λ
Ν	Έ	Ί	Τ	Λ	Δ	Α	Σ	Υ	Λ	Π	Ι	Ε	Ι	Ε
Κ	Χ	Ν	Γ	Ο	Η	Μ	Μ	Ω	Γ	Σ	Ξ	Λ	Τ	Έ
Λ	Ο	Α	Τ	Ο	Ι	Π	Η	Μ	Ν	Ό	Ξ	Ι	Ά	Τ
Ί	Λ	Τ	Α	Ω	Τ	Ό	Χ	Σ	Η	Υ	Ί	Τ	Ρ	Ί
Α	Ή	Ά	Ό	Η	Ρ	Ν	Ψ	Β	Α	Ξ	Ί	Ζ	Ι	Ί
Σ	Μ	Λ	Μ	Π	Ύ	Ο	Β	Ψ	Ρ	Α	Ο	Ά	Ο	Β
Σ	Ω	Ο	Ω	Δ	Ο	Β	Ι	Ρ	Ά	Τ	Ι	Ν	Α	Μ
Τ	Ο	Κ	Ρ	Ω	Α	Υ	Ε	Ο	Ν	Ά	Δ	Α	Η	Ί
Α	Ί	Ο	Τ	Β	Ι	Δ	Λ	Ι	Ι	Μ	Ί	Ρ	Υ	Τ
Φ	Η	Σ	Υ	Β	Γ	Χ	Έ	Ο	Κ	Ο	Ν	Ξ	Σ	Η
Ύ	Μ	Π	Ρ	Ό	Κ	Ο	Λ	Ο	Γ	Τ	Ι	Ζ	Ύ	Ρ
Λ	Μ	Π	Α	Ν	Ά	Ν	Α	Ξ	Α	Ν	Τ	Ρ	Ε	Ξ
Ι	Α	Δ	Έ	Π	Σ	Έ	Λ	Ι	Ν	Ο	Κ	Ν	Ά	Ρ
Ε	Ω	Κ	Ε	Ρ	Ά	Σ	Ι	Ί	Α	Χ	Α	Σ	Ο	Ψ

ΜΉΛΟ
ΑΓΚΙΝΆΡΑ
ΜΠΑΝΆΝΑ
ΜΠΡΌΚΟΛΟ
ΣΈΛΙΝΟ
ΤΥΡΊ
ΚΕΡΆΣΙ
ΚΟΤΌΠΟΥΛΟ
ΣΟΚΟΛΆΤΑ
ΑΥΓΌ
ΜΕΛΙΤΖΆΝΑ
ΨΆΡΙ
ΣΤΑΦΎΛΙ
ΖΑΜΠΌΝ
ΑΚΤΙΝΊΔΙΟ
ΜΑΝΙΤΆΡΙ
ΡΎΖΙ
ΝΤΟΜΆΤΑ
ΣΙΤΆΡΙ
ΓΙΑΟΎΡΤΙ

11 - Chemistry

Θ	Ό	Κ	Ι	Λ	Α	Κ	Λ	Α	Ξ	Β	Η	Η	Α	Ψ
Π	Ε	Ό	Α	Α	Α	Γ	Ρ	Χ	Β	Ε	Λ	Α	Λ	Τ
Υ	Ω	Ρ	Χ	Τ	Τ	Τ	Μ	Ψ	Ο	Τ	Ε	Β	Ά	Μ
Ρ	Ά	Γ	Μ	Ε	Α	Ο	Ι	Ρ	Έ	Α	Κ	Ι	Τ	Ε
Η	Ν	Υ	Χ	Ο	Η	Λ	Μ	Ο	Ξ	Ύ	Τ	Ο	Ι	Έ
Ν	Θ	Ζ	Δ	Ι	Κ	Ν	Ύ	Ι	Η	Μ	Ρ	Λ	Ο	Ν
Ι	Ρ	Υ	Χ	Τ	Ρ	Ρ	Ψ	Τ	Κ	Ξ	Ό	Ο	Ξ	Ζ
Κ	Α	Γ	Λ	Σ	Μ	Ρ	Α	Σ	Η	Ό	Ν	Γ	Υ	Υ
Ή	Κ	Ί	Ώ	Ρ	Α	Ω	Ν	Σ	Β	Γ	Ι	Ι	Γ	Μ
Π	Α	Ζ	Ρ	Μ	Ί	Μ	Λ	Έ	Ί	Ω	Ο	Κ	Ό	Ο
Ψ	Σ	Ω	Ι	Τ	Ψ	Γ	Ε	Π	Λ	Α	Ω	Ή	Ν	Ψ
Υ	Δ	Έ	Ο	Θ	Ε	Ρ	Μ	Ό	Τ	Η	Τ	Α	Ο	Μ
Μ	Ό	Ρ	Ι	Ο	Ν	Ό	Γ	Ο	Ρ	Δ	Υ	Ι	Π	Ν
Μ	Ι	Έ	Μ	Σ	Σ	Ί	Γ	Η	Ξ	Ω	Ρ	Ό	Ι	Ξ
Ι	Ω	Ε	Ν	Μ	Γ	Έ	Ω	Ν	Ο	Ξ	Σ	Ν	Τ	Μ

ΟΞΎ
ΑΛΚΑΛΙΚΌ
ΑΤΟΜΙΚΌ
ΆΝΘΡΑΚΑΣ
ΚΑΤΑΛΎΤΗ
ΧΛΏΡΙΟ
ΗΛΕΚΤΡΌΝΙΟ
ΈΝΖΥΜΟ
ΑΈΡΙΟ
ΘΕΡΜΌΤΗΤΑ
ΥΔΡΟΓΌΝΟ
ΙΌΝ
ΥΓΡΌ
ΜΌΡΙΟ
ΠΥΡΗΝΙΚΉ
ΒΙΟΛΟΓΙΚΉ
ΟΞΥΓΌΝΟ
ΑΛΆΤΙ
ΘΕΡΜΟΚΡΑΣΊΑ
ΖΥΓΊΖΩ

12 - Music

Ω	Α	Λ	Η	Ά	Α	Ρ	Μ	Ο	Ν	Ί	Α	Η	Μ	Η
Ο	Χ	Γ	Η	Λ	Τ	Έ	Ή	Φ	Α	Ρ	Γ	Γ	Ε	Γ
Έ	Ξ	Π	Ω	Μ	Μ	Ε	Α	Σ	Ρ	Μ	Λ	Μ	Λ	Χ
Μ	Δ	Ρ	Ω	Π	Υ	Ο	Ο	Μ	Ε	Ί	Υ	Π	Ω	Ε
Α	Ι	Ή	Ύ	Ο	Μ	Θ	Υ	Ρ	Π	Μ	Ρ	Α	Δ	Ξ
Ρ	Κ	Κ	Τ	Υ	Τ	Ε	Η	Σ	Ό	Γ	Ι	Λ	Ί	Τ
Μ	Λ	Ι	Ρ	Μ	Λ	Χ	Τ	Ό	Ι	Ή	Κ	Ά	Α	Ρ
Ο	Α	Τ	Ψ	Ό	Τ	Β	Ο	Κ	Ρ	Κ	Ή	Ν	Σ	Α
Ν	Σ	Η	Ι	Π	Φ	Ω	Χ	Ι	Γ	Ι	Ή	Τ	Η	Γ
Ι	Ι	Ι	Ω	Ι	Ο	Ω	Μ	Σ	Α	Μ	Έ	Α	Ό	Ο
Κ	Κ	Ο	Ι	Ν	Χ	Η	Ν	Υ	Ξ	Θ	Ω	Ξ	Ρ	Υ
Ή	Ή	Π	Η	Χ	Ι	Μ	Χ	Ο	Ξ	Υ	Α	Λ	Γ	Δ
Χ	Ο	Ρ	Ω	Δ	Ί	Α	Λ	Μ	Π	Ρ	Σ	Ρ	Α	Ώ
Τ	Ρ	Α	Γ	Ο	Υ	Δ	Ι	Σ	Τ	Ή	Σ	Ν	Ν	Ω
Υ	Φ	Ω	Ν	Η	Τ	Ι	Κ	Ό	Ε	Τ	Π	Ρ	Ο	Δ

ΆΛΜΠΟΥΜ
ΜΠΑΛΆΝΤΑ
ΧΟΡΩΔΊΑ
ΚΛΑΣΙΚΉ
ΑΡΜΟΝΙΚΉ
ΑΡΜΟΝΊΑ
ΌΡΓΑΝΟ
ΛΥΡΙΚΉ
ΜΕΛΩΔΊΑ
ΜΙΚΡΌΦΩΝΟ
ΜΟΥΣΙΚΉ
ΜΟΥΣΙΚΌΣ
ΌΠΕΡΑ
ΠΟΙΗΤΙΚΉ
ΕΓΓΡΑΦΉ
ΡΥΘΜΟΎ
ΡΥΘΜΙΚΉ
ΤΡΑΓΟΥΔΏ
ΤΡΑΓΟΥΔΙΣΤΉΣ
ΦΩΝΗΤΙΚΌ

13 - Family

Ψ	Π	Ν	Ξ	Ρ	Κ	Ν	Ρ	Λ	Μ	Π	Γ	Ε	Ε	Ξ
Ω	Α	Ω	Ψ	Ρ	Ί	Ό	Α	Δ	Η	Α	Υ	Γ	Ψ	Ε
Μ	Π	Ί	Ε	Ρ	Μ	Έ	Ρ	Ρ	Τ	Τ	Ν	Γ	Ε	Α
Β	Π	Δ	Ε	Ι	Υ	Γ	Σ	Η	Ρ	Ρ	Α	Ο	Υ	Ε
Ρ	Ο	Ι	Ο	Θ	Ο	Τ	Ύ	Φ	Ι	Ι	Ί	Ν	Ο	Γ
Η	Ύ	Α	Π	Χ	Ρ	Ο	Ζ	Ρ	Κ	Κ	Κ	Ό	Γ	Γ
Ρ	Σ	Π	Ο	Ρ	Γ	Β	Υ	Έ	Ή	Ή	Α	Σ	Α	Ό
Α	Ν	Ι	Ψ	Ι	Ό	Σ	Γ	Δ	Ω	Φ	Ε	Ο	Ο	Ν
Α	Ν	Ι	Ψ	Ι	Ά	Σ	Ο	Α	Ρ	Λ	Δ	Ί	Σ	Ι
Ρ	Π	Ο	Έ	Β	Ι	Ι	Σ	Ξ	Γ	Ε	Ο	Ε	Ί	Ν
Έ	Τ	Λ	Σ	Γ	Ε	Ε	Γ	Υ	Μ	Δ	Έ	Θ	Ι	Λ
Τ	Π	Α	Τ	Έ	Ρ	Α	Σ	Α	Ο	Α	Ι	Τ	Δ	Δ
Η	Α	Δ	Ε	Λ	Φ	Ο	Σ	Ε	Ι	Ν	Ι	Ι	Λ	Ο
Μ	Ω	Β	Ν	Υ	Δ	Σ	Ο	Ν	Ο	Γ	Ό	Ρ	Π	Π
Έ	Μ	Β	Δ	Υ	Ο	Ν	Σ	Μ	Ρ	Ο	Γ	Ί	Η	Μ

ΠΡΌΓΟΝΟΣ
ΘΕΊΑ
ΑΔΕΛΦΟΣ
ΠΑΙΔΊ
ΞΑΔΈΡΦΗ
ΚΌΡΗ
ΠΑΤΈΡΑΣ
ΕΓΓΌΝΙ
ΠΑΠΠΟΎΣ
ΓΙΑΓΙΆ
ΕΓΓΟΝΌΣ
ΣΎΖΥΓΟΣ
ΜΗΤΡΙΚΉ
ΜΗΤΈΡΑ
ΑΝΙΨΙΌΣ
ΑΝΙΨΙΆ
ΠΑΤΡΙΚΉ
ΑΔΕΛΦΉ
ΘΕΊΟΣ
ΓΥΝΑΊΚΑ

14 - Farm #1

Ά	Ω	Μ	Κ	Η	Έ	Ρ	Β	Β	Π	Ρ	Ί	Δ	Ι	Λ
Λ	Ε	Έ	Ο	Μ	Β	Χ	Ύ	Ε	Υ	Ε	Π	Ρ	Κ	Ί
Ο	Β	Λ	Τ	Σ	Α	Ν	Ό	Ζ	Ο	Ω	Δ	Τ	Ά	Π
Γ	Γ	Ι	Ό	Η	Δ	Γ	Η	Έ	Ι	Ν	Γ	Ί	Ρ	Α
Ο	Ε	Ο	Π	Τ	Ά	Ί	Ί	Ι	Τ	Ε	Ν	Α	Ο	Σ
Β	Ω	Ρ	Ο	Κ	Λ	Μ	Ψ	Δ	Ι	Π	Ω	Β	Κ	Μ
Υ	Ρ	Ό	Υ	Α	Ε	Ε	Υ	Χ	Α	Ψ	Ν	Ι	Ι	Α
Λ	Γ	Π	Λ	Ρ	Γ	Ρ	Ί	Ί	Ρ	Ν	Έ	Σ	Β	Σ
Γ	Ί	Σ	Ο	Φ	Α	Ι	Δ	Α	Έ	Ε	Μ	Κ	Έ	Σ
Η	Α	Γ	Α	Ϊ	Δ	Ο	Ύ	Ρ	Ι	Ρ	Έ	Ύ	Σ	Ι
Β	Π	Ψ	Η	Λ	Τ	Ν	Ν	Ε	Υ	Ό	Ρ	Λ	Σ	Λ
Ε	Ε	Ν	Σ	Τ	Υ	Η	Γ	Υ	Π	Ι	Ω	Ο	Έ	Έ
Κ	Ο	Π	Ά	Δ	Ι	Ρ	Ά	Χ	Σ	Ο	Μ	Σ	Ν	Μ
Η	Η	Σ	Γ	Ά	Τ	Α	Τ	Ω	Ι	Ω	Γ	Σ	Δ	Β
Δ	Δ	Έ	Η	Ι	Ε	Ρ	Ε	Μ	Υ	Ε	Ί	Χ	Σ	Ρ

ΓΕΩΡΓΊΑ
ΜΈΛΙΣΣΑ
ΜΟΣΧΆΡΙ
ΓΆΤΑ
ΚΟΤΌΠΟΥΛΟ
ΑΓΕΛΆΔΑ
ΚΟΡΆΚΙ
ΣΚΎΛΟΣ
ΓΑΪΔΟΎΡΙ
ΦΡΑΚΤΗΣ
ΛΊΠΑΣΜΑ
ΠΕΔΊΟ
ΚΟΠΆΔΙ
ΓΊΔΑ
ΣΑΝΌ
ΜΈΛΙ
ΆΛΟΓΟ
ΡΎΖΙ
ΣΠΌΡΟΙ
ΝΕΡΌ

15 - Camping

Ρ	Χ	Γ	Υ	Φ	Η	Ω	Ι	Π	Π	Ί	Ί	Ω	Ε	Ο
Λ	Λ	Α	Τ	Έ	Ω	Ψ	Ψ	Ε	Ί	Ψ	Π	Υ	Τ	Λ
Κ	Α	Ν	Ό	Ν	Β	Τ	Σ	Χ	Έ	Ξ	Ε	Δ	Γ	Έ
Ί	Υ	Ί	Γ	Τ	Ν	Σ	Ι	Χ	Α	Δ	Ί	Ξ	Υ	Π
Ω	Σ	Π	Ρ	Ο	Λ	Κ	Η	Ά	Λ	Ι	Λ	Ω	Ρ	Α
Ω	Χ	Μ	Α	Μ	Ο	Η	Ρ	Ι	Χ	Ί	Ώ	Α	Ξ	Κ
Ο	Ί	Α	Λ	Ο	Ό	Ν	Υ	Ο	Β	Ν	Μ	Ρ	Ι	Δ
Η	Α	Κ	Ι	Ν	Γ	Ή	Λ	Χ	Η	Ι	Ι	Ν	Α	Έ
Φ	Ε	Γ	Γ	Ά	Ρ	Ι	Ψ	Π	Ν	Ο	Β	Υ	Η	Ν
Ζ	Ο	Γ	Υ	Γ	Ε	Γ	Υ	Α	Ο	Χ	Ε	Ε	Τ	Τ
Ώ	Η	Έ	Τ	Π	Μ	Ή	Υ	Σ	Υ	Σ	Β	Μ	Ρ	Ρ
Α	Ψ	Δ	Ψ	Γ	Ψ	Ν	Ω	Ι	Έ	Ο	Ί	Λ	Ά	Α
Ψ	Σ	Ε	Ε	Δ	Χ	Υ	Α	Α	Τ	Σ	Ρ	Σ	Χ	Χ
Ο	Ψ	Σ	Χ	Χ	Ι	Κ	Ξ	Ε	Β	Α	Ο	Έ	Τ	Δ
Β	Ί	Ι	Φ	Ύ	Σ	Η	Ί	Ε	Ε	Δ	Ι	Ξ	Ο	Υ

ΖΏΑ
ΚΑΜΠΊΝΑ
ΚΑΝΌ
ΠΥΞΊΔΑ
ΦΩΤΙΆ
ΔΑΣΟΣ
ΑΙΏΡΑ
ΚΑΠΈΛΟ
ΚΥΝΉΓΙ

ΈΝΤΟΜΟ
ΛΊΜΝΗ
ΧΆΡΤΗ
ΦΕΓΓΆΡΙ
ΒΟΥΝΌ
ΦΎΣΗ
ΣΧΟΙΝΊ
ΣΚΗΝΉ
ΔΈΝΤΡΑ

16 - Algebra

Π	Α	Ρ	Έ	Ν	Θ	Ε	Σ	Η	Γ	Τ	Τ	Π	Ί	Κ
Δ	Ω	Ε	Ι	Σ	Ι	Σ	Ό	Μ	Θ	Ι	Ρ	Α	Α	Λ
Ο	Π	Ρ	Ό	Β	Λ	Η	Μ	Α	Α	Ψ	Μ	Ρ	Π	Ά
Ρ	Ξ	Σ	Η	Σ	Ε	Ρ	Ί	Α	Ι	Δ	Ι	Ά	Λ	Σ
Ι	Σ	Μ	Π	Τ	Ν	Κ	Ω	Χ	Ι	Γ	Γ	Γ	Ο	Μ
Ε	Ξ	Ί	Σ	Ω	Σ	Η	Θ	Ψ	Μ	Β	Ρ	Ο	Π	Α
Π	Γ	Β	Ο	Α	Μ	Μ	Η	Έ	Π	Ο	Α	Ν	Ο	Ρ
Ά	Α	Ψ	Π	Φ	Π	Ε	Α	Ε	Τ	Τ	Μ	Τ	Ι	Τ
Σ	Ί	Τ	Ύ	Α	Ο	Γ	Τ	Β	Π	Η	Μ	Α	Ώ	Ή
Ε	Ο	Η	Τ	Ί	Σ	Μ	Ρ	Α	Τ	Ψ	Ι	Σ	Ί	Μ
Λ	Ύ	Σ	Η	Ρ	Ό	Η	Ψ	Ά	Β	Ψ	Κ	Ί	Λ	Υ
Ε	Β	Λ	Τ	Ε	Τ	Δ	Η	Ο	Φ	Λ	Ή	Ξ	Έ	Β
Ω	Έ	Μ	Ψ	Σ	Η	Έ	Έ	Π	Τ	Η	Η	Χ	Σ	Τ
Γ	Η	Ν	Ι	Η	Τ	Ν	Ψ	Λ	Ε	Α	Μ	Τ	Έ	Ψ
Έ	Β	Α	Μ	Μ	Α	Ρ	Γ	Ά	Ι	Δ	Β	Α	Ή	Ε

ΔΙΆΓΡΑΜΜΑ
ΔΙΑΊΡΕΣΗ
ΕΞΊΣΩΣΗ
ΕΚΘΈΤΗ
ΠΑΡΆΓΟΝΤΑΣ
ΤΎΠΟΣ
ΚΛΆΣΜΑ
ΓΡΆΦΗΜΑ
ΆΠΕΙΡΟ
ΓΡΑΜΜΙΚΉ
ΜΉΤΡΑ
ΑΡΙΘΜΌΣ
ΠΑΡΈΝΘΕΣΗ
ΠΡΌΒΛΗΜΑ
ΠΟΣΌΤΗΤΑ
ΑΠΛΟΠΟΙΏ
ΛΎΣΗ
ΑΦΑΊΡΕΣΗ
ΜΕΤΑΒΛΗΤΉ
ΜΗΔΈΝ

17 - Numbers

Δ	Γ	Ε	Μ	Έ	Έ	Ψ	Ί	Σ	Δ	Ω	Σ	Δ	Δ	Λ
Χ	Ε	Ν	Ψ	Λ	Ν	Υ	Υ	Α	Ε	Γ	Ρ	Ώ	Ε	Λ
Γ	Ε	Κ	Ψ	Ο	Α	Ί	Ρ	Τ	Κ	Β	Μ	Δ	Κ	Ι
Χ	Ν	Η	Α	Μ	Π	Έ	Ι	Μ	Α	Ο	Δ	Ε	Α	Σ
Ρ	Ν	Ε	Μ	Π	Ξ	Τ	Δ	Ε	Δ	Δ	Ε	Κ	Ε	Ω
Γ	Έ	Λ	Δ	Β	Έ	Ρ	Ρ	Μ	Ι	Έ	Κ	Α	Ν	Λ
Ο	Α	Ξ	Ψ	Χ	Γ	Ν	Ψ	Ξ	Κ	Κ	Α	Ψ	Ν	Δ
Κ	Ε	Ν	Δ	Ξ	Χ	Ψ	Τ	Δ	Ό	Α	Τ	Ώ	Έ	Ε
Τ	Μ	Α	Σ	Ψ	Ψ	Α	Ρ	Ε	Σ	Σ	Έ	Τ	Α	Κ
Ώ	Ι	Ι	Ξ	Έ	Α	Κ	Ε	Δ	Π	Υ	Σ	Κ	Β	Α
Λ	Ά	Ξ	Σ	Δ	Λ	Ω	Υ	Σ	Έ	Χ	Σ	Ο	Ι	Ε
Ψ	Τ	Έ	Ο	Ο	Ύ	Τ	Ω	Ε	Ν	Ξ	Ε	Α	Β	Π
Χ	Π	Α	Π	Α	Κ	Ο	Ψ	Υ	Τ	Γ	Ρ	Κ	Σ	Τ
Δ	Ε	Κ	Α	Τ	Ρ	Ί	Α	Α	Ε	Έ	Α	Ε	Τ	Ά
Ν	Β	Λ	Π	Μ	Ι	Δ	Ε	Α	Π	Λ	Υ	Δ	Ε	Ω

ΔΕΚΑΔΙΚΌ
ΟΚΤΏ
ΔΕΚΑΟΚΤΏ
ΔΕΚΑΠΈΝΤΕ
ΠΈΝΤΕ
ΤΈΣΣΕΡΑ
ΔΕΚΑΤΈΣΣΕΡΑ
ΕΝΝΈΑ
ΔΕΚΑΕΝΝΈΑ
ΈΝΑ

ΕΠΤΆ
ΔΕΚΑΕΠΤΆ
ΈΞΙ
ΔΕΚΑΈΞΙ
ΔΈΚΑ
ΔΕΚΑΤΡΊΑ
ΤΡΊΑ
ΔΏΔΕΚΑ
ΕΊΚΟΣΙ
ΔΎΟ

18 - Spices

Ι	Ω	Ρ	Α	Ρ	Κ	Η	Δ	Δ	Υ	Λ	Ρ	Π	Β	Ι
Δ	Ο	Η	Ψ	Λ	Ά	Ν	Η	Σ	Λ	Μ	Λ	Ι	Α	Μ
Ύ	Λ	Α	Ζ	Ι	Ρ	Ό	Κ	Υ	Λ	Γ	Υ	Κ	Ν	Γ
Μ	Λ	Ο	Α	Α	Δ	Ν	Μ	Ν	Υ	Ό	Έ	Ρ	Ί	Λ
Μ	Α	Έ	Λ	Λ	Α	Β	Ί	Ρ	Μ	Κ	Ο	Ή	Λ	Ρ
Ε	Φ	Ί	Ά	Τ	Μ	Μ	Ο	Λ	Ά	Υ	Ά	Τ	Ι	Ί
Ρ	Ύ	Σ	Τ	Ψ	Ο	Γ	Σ	Ν	Ρ	Λ	Υ	Ρ	Α	Τ
Κ	Ρ	Α	Ι	Α	Σ	Ξ	Ι	Δ	Α	Γ	Α	Τ	Υ	Ζ
Ο	Α	Ε	Ω	Έ	Χ	Ι	Ν	Α	Θ	Ο	Ω	Δ	Τ	Ί
Γ	Γ	Ν	Ο	Δ	Υ	Ρ	Ά	Κ	Ο	Χ	Σ	Ο	Μ	Ν
Π	Σ	Ε	Έ	Σ	Μ	Έ	Κ	Ι	Ν	Χ	Ο	Ρ	Σ	Τ
Σ	Β	Ν	Ύ	Λ	Β	Π	Υ	Ρ	Ι	Υ	Κ	Ν	Π	Ζ
Ξ	Ξ	Χ	Χ	Σ	Α	Ι	Λ	Π	Μ	Ψ	Ο	Ί	Λ	Ε
Έ	Ν	Ε	Γ	Α	Η	Π	Γ	Ά	Ύ	Α	Ρ	Λ	Ε	Ρ
Σ	Κ	Ό	Ρ	Δ	Ο	Ί	Ξ	Π	Κ	Σ	Κ	Ε	Ί	Μ

ΓΛΥΚΆΝΙΣΟ
ΠΙΚΡΉ
ΚΆΡΔΑΜΟ
ΚΑΝΈΛΑ
ΓΑΡΎΦΑΛΛΟ
ΚΎΜΙΝΟ
ΚΆΡΥ
ΜΆΡΑΘΟ
ΓΕΎΣΗ
ΣΚΌΡΔΟ
ΤΖΊΝΤΖΕΡ
ΓΛΥΚΌΡΙΖΑ
ΜΟΣΧΟΚΆΡΥΔΟ
ΚΡΕΜΜΎΔΙ
ΠΆΠΡΙΚΑ
ΠΙΠΈΡΙ
ΚΡΟΚΟΣ
ΑΛΆΤΙ
ΓΛΥΚΌ
ΒΑΝΊΛΙΑ

19 - Universe

Ζ	Ι	Ο	Α	Ί	Μ	Ο	Ν	Ο	Ρ	Τ	Σ	Α	Β	Τ
Ώ	Υ	Α	Τ	Ω	Δ	Λ	Λ	Δ	Υ	Δ	Γ	Ω	Η	Β
Δ	Ι	Η	Μ	Ρ	Ό	Κ	Ι	Φ	Α	Ρ	Γ	Ω	Ε	Γ
Ι	Γ	Σ	Ό	Ν	Α	Ρ	Υ	Ο	Χ	Β	Ά	Α	Π	Λ
Ο	Ι	Κ	Σ	Ο	Ρ	Ί	Ζ	Ο	Ν	Τ	Α	Ν	Ψ	Π
Κ	Σ	Ο	Φ	Ι	Β	Β	Α	Γ	Ψ	Έ	Τ	Λ	Ι	Έ
Ο	Η	Τ	Α	Π	Ν	Ξ	Γ	Ι	Χ	Ή	Τ	Α	Ρ	Ο
Σ	Μ	Ά	Ι	Ό	Ε	Ψ	Ρ	Ρ	Ω	Σ	Σ	Ψ	Ά	Η
Μ	Ε	Δ	Ρ	Κ	Γ	Α	Λ	Α	Ξ	Ί	Α	Σ	Γ	Λ
Ι	Ρ	Ι	Α	Σ	Λ	Τ	Τ	Χ	Χ	Χ	Ε	Ί	Γ	Ι
Κ	Ι	Γ	Σ	Ε	Ι	Ρ	Ρ	Ί	Ν	Γ	Υ	Π	Ε	Α
Ή	Ν	Ι	Τ	Λ	Ι	Α	Π	Ο	Σ	Π	Υ	Ψ	Φ	Κ
Υ	Ό	Α	Υ	Η	Ρ	Μ	Ξ	Β	Χ	Η	Υ	Ί	Λ	Ή
Έ	Σ	Ρ	Σ	Τ	Ί	Σ	Π	Ι	Ο	Ι	Π	Β	Η	Δ
Α	Σ	Τ	Ε	Ρ	Ο	Ε	Ι	Δ	Ή	Σ	Ά	Ω	Χ	Υ

ΑΣΤΕΡΟΕΙΔΉΣ
ΑΣΤΡΟΝΟΜΊΑ
ΑΤΜΌΣΦΑΙΡΑ
ΟΥΡΆΝΙΟ
ΚΟΣΜΙΚΉ
ΣΚΟΤΆΔΙ
ΙΣΗΜΕΡΙΝΌΣ
ΓΑΛΑΞΊΑΣ
ΟΡΊΖΟΝΤΑ
ΓΕΩΓΡΑΦΙΚΌ
ΦΕΓΓΆΡΙ
ΤΡΟΧΙΆ
ΟΥΡΑΝΌΣ
ΗΛΙΑΚΉ
ΤΗΛΕΣΚΌΠΙΟ
ΟΡΑΤΉ
ΖΏΔΙΟ

20 - Mammals

Ρ	Π	Φ	Μ	Χ	Ί	Χ	Λ	Μ	Β	Ε	Ι	Δ	Ν	Χ
Β	Ε	Ρ	Ά	Α	Δ	Η	Ί	Π	Ι	Λ	Μ	Α	Π	Ά
Ρ	Μ	Μ	Ό	Λ	Ϊ	Ι	Ρ	Ί	Ψ	Έ	Υ	Μ	Ο	Λ
Ν	Λ	Β	Μ	Β	Α	Μ	Ι	Ν	Ί	Φ	Λ	Ε	Δ	Ο
Γ	Ά	Τ	Α	Ι	Α	Ι	Ο	Ο	Ι	Α	Α	Κ	Β	Γ
Τ	Α	Ύ	Ρ	Ο	Σ	Τ	Ν	Ύ	Λ	Ν	Λ	Ο	Ξ	Ο
Ρ	Δ	Α	Ί	Β	Α	Ί	Ο	Α	Έ	Τ	Ε	Γ	Μ	Γ
Ε	Ύ	Υ	Β	Η	Λ	Ί	Η	Μ	Ν	Α	Π	Ι	Ι	Α
Ω	Ο	Ι	Π	Π	Ί	Έ	Χ	Υ	Υ	Σ	Ο	Ό	Γ	Χ
Υ	Κ	Η	Ί	Ω	Ρ	Λ	Ύ	Κ	Ο	Σ	Ύ	Τ	Ί	Ξ
Ρ	Ρ	Έ	Π	Η	Ο	Κ	Α	Γ	Κ	Ο	Υ	Ρ	Ό	Ω
Ί	Α	Ε	Χ	Ω	Γ	Σ	Κ	Ύ	Λ	Ο	Σ	Υ	Ε	Λ
Τ	Ε	Κ	Α	Μ	Η	Λ	Ο	Π	Ά	Ρ	Δ	Α	Λ	Η
Κ	Ά	Σ	Τ	Ο	Ρ	Α	Σ	Χ	Μ	Ζ	Έ	Β	Ρ	Α
Λ	Ι	Ο	Ν	Τ	Ά	Ρ	Ι	Α	Β	Γ	Μ	Δ	Τ	Τ

ΑΡΚΟΎΔΑ
ΚΆΣΤΟΡΑΣ
ΤΑΎΡΟΣ
ΓΆΤΑ
ΚΟΓΙΌΤ
ΣΚΎΛΟΣ
ΔΕΛΦΊΝΙ
ΕΛΈΦΑΝΤΑΣ
ΑΛΕΠΟΎ
ΚΑΜΗΛΟΠΆΡΔΑΛΗ
ΓΟΡΊΛΑΣ
ΆΛΟΓΟ
ΚΑΓΚΟΥΡΌ
ΛΙΟΝΤΆΡΙ
ΜΑΪΜΟΎ
ΚΟΥΝΈΛΙ
ΠΡΌΒΑΤΟ
ΦΆΛΑΙΝΑ
ΛΎΚΟΣ
ΖΈΒΡΑ

21 - Bees

Φ	Π	Π	Ρ	Ω	Β	Ι	Α	Ξ	Β	Ψ	Τ	Μ	Ε	Ψ
Τ	Χ	Έ	Β	Ν	Ψ	Α	Ί	Α	Α	Σ	Σ	Ί	Ν	Τ
Ε	Η	Ν	Υ	Γ	Έ	Έ	Λ	Τ	Σ	Ο	Θ	Ν	Ά	Π
Ρ	Β	Τ	Δ	Γ	Π	Σ	Ι	Ι	Ί	Ν	Ή	Τ	Ω	Τ
Ά	Ρ	Ο	Ψ	Ύ	Ξ	Έ	Κ	Δ	Λ	Ή	Φ	Υ	Τ	Ά
Ξ	Σ	Μ	Π	Ρ	Κ	Μ	Ι	Β	Ι	Μ	Ο	Η	Ι	Ω
Ψ	Χ	Ο	Ρ	Η	Π	Α	Ο	Υ	Σ	Σ	Ρ	Τ	Σ	Η
Ε	Ί	Μ	Έ	Λ	Ι	Γ	Π	Ψ	Σ	Μ	Τ	Ο	Μ	Α
Φ	Ο	Π	Μ	Ν	Ε	Ρ	Π	Ν	Α	Η	Έ	Ν	Η	Ρ
Π	Ρ	Σ	Ι	Β	Λ	Ν	Υ	Μ	Ί	Ρ	Ε	Κ	Μ	Κ
Υ	Γ	Ο	Ή	Λ	Ι	Ο	Σ	Δ	Κ	Ζ	Έ	Ω	Β	Υ
Α	Ι	Δ	Ύ	Ο	Λ	Υ	Ο	Λ	Δ	Ή	Ο	Γ	Α	Ψ
Χ	Ή	Κ	Ι	Τ	Ε	Γ	Ρ	Ε	Υ	Ε	Π	Υ	Μ	Έ
Έ	Ι	Ψ	Σ	Λ	Ο	Λ	Γ	Ί	Ι	Έ	Ε	Ο	Ν	Λ
Ε	Π	Ι	Κ	Ο	Ν	Ι	Α	Σ	Τ	Ή	Σ	Μ	Σ	Η

ΕΥΕΡΓΕΤΙΚΉ
ΆΝΘΟΣ
ΠΟΙΚΙΛΊΑ
ΛΟΥΛΟΎΔΙΑ
ΤΡΟΦΉ
ΦΡΟΎΤΟ
ΚΉΠΟΣ
ΚΥΨΈΛΗ
ΜΈΛΙ
ΈΝΤΟΜΟ
ΦΥΤΆ
ΓΎΡΗ
ΕΠΙΚΟΝΙΑΣΤΉΣ
ΒΑΣΊΛΙΣΣΑ
ΚΑΠΝΊΖΟΥΝ
ΉΛΙΟΣ
ΣΜΉΝΟΣ
ΚΕΡΊ
ΦΤΕΡΆ

22 - Weather

Η	Έ	Ο	Κ	Η	Β	Ρ	Ο	Ν	Τ	Ή	Ξ	Η	Ρ	Ό
Δ	Ή	Κ	Ι	Λ	Ο	Π	Ξ	Η	Ρ	Α	Σ	Ί	Α	Υ
Η	Η	Σ	Δ	Χ	Ί	Μ	Σ	Ν	Ε	Ω	Δ	Υ	Λ	Τ
Ά	Ρ	Λ	Μ	Ί	Σ	Μ	Ο	Υ	Ρ	Α	Ν	Ό	Σ	Λ
Ν	Ξ	Ε	Η	Μ	Ξ	Ρ	Α	Α	Σ	Τ	Ρ	Α	Π	Ή
Ε	Ι	Χ	Μ	Ο	Π	Η	Ρ	Υ	Ο	Ε	Τ	Ρ	Ψ	Κ
Μ	Ο	Δ	Ί	Ί	Φ	Ρ	Ξ	Ω	Γ	Υ	Κ	Ι	Μ	Ι
Ο	Μ	Χ	Μ	Β	Α	Ε	Ξ	Μ	Ά	Μ	Α	Α	Ρ	Π
Σ	Ι	Π	Χ	Ο	Σ	Μ	Ν	Β	Π	Ί	Τ	Φ	Ω	Ο
Ε	Β	Ψ	Υ	Ι	Π	Λ	Ι	Ν	Η	Ν	Α	Σ	Ψ	Ρ
Μ	Ο	Υ	Σ	Ώ	Ν	Α	Σ	Τ	Ύ	Σ	Ι	Ό	Ω	Τ
Μ	Π	Ε	Β	Α	Ε	Ρ	Ά	Κ	Ι	Σ	Γ	Μ	Ο	Ο
Ο	Υ	Ρ	Ά	Ν	Ι	Ο	Τ	Ό	Ξ	Ο	Ί	Τ	Γ	Μ
Χ	Ι	Ο	Υ	Ρ	Ι	Κ	Α	Ν	Α	Σ	Δ	Α	Ι	Δ
Θ	Ε	Ρ	Μ	Ο	Κ	Ρ	Α	Σ	Ί	Α	Α	Σ	Ψ	Π

ΑΤΜΌΣΦΑΙΡΑ
ΑΕΡΆΚΙ
ΗΡΕΜΊΑ
ΚΛΊΜΑ
ΣΎΝΝΕΦΟ
ΞΗΡΑΣΊΑ
ΞΗΡΌ
ΟΜΊΧΛΗ
ΧΙΟΥΡΙΚΑΝΑΣ
ΠΆΓΟΣ
ΑΣΤΡΑΠΉ
ΜΟΥΣΏΝΑΣ
ΠΟΛΙΚΉ
ΟΥΡΆΝΙΟ ΤΌΞΟ
ΟΥΡΑΝΌΣ
ΚΑΤΑΙΓΊΔΑ
ΘΕΡΜΟΚΡΑΣΊΑ
ΒΡΟΝΤΉ
ΤΡΟΠΙΚΉ
ΆΝΕΜΟΣ

23 - Adventure

Δ	Ρ	Α	Σ	Τ	Η	Ρ	Ι	Ό	Τ	Η	Τ	Α	Ο	Ψ
Ε	Χ	Έ	Ε	Ν	Θ	Ο	Υ	Σ	Ι	Α	Σ	Μ	Ό	Σ
Ο	Π	Ν	Α	Τ	Η	Τ	Ό	Ι	Α	Ν	Ν	Ε	Γ	Υ
Υ	Ο	Ι	Γ	Ό	Λ	Ο	Μ	Ο	Ρ	Δ	Η	Κ	Ο	Ξ
Π	Υ	Ψ	Κ	Ε	Υ	Κ	Α	Ι	Ρ	Ί	Α	Δ	Μ	Μ
Α	Δ	Α	Τ	Ί	Ί	Ψ	Γ	Ο	Χ	Ί	Έ	Ρ	Ο	Υ
Ρ	Δ	Υ	Η	Δ	Ν	Ε	Π	Λ	Τ	Γ	Γ	Ο	Ρ	Υ
Α	Δ	Τ	Σ	Ξ	Υ	Δ	Ψ	Ί	Α	Α	Ε	Μ	Φ	Π
Σ	Υ	Ξ	Η	Κ	Π	Υ	Υ	Φ	Μ	Ι	Ξ	Ή	Ι	Χ
Κ	Λ	Ψ	Γ	Ι	Ο	Β	Σ	Ν	Δ	Ε	Ν	Ί	Ά	Τ
Ε	Λ	Π	Ή	Δ	Ψ	Λ	Χ	Γ	Ο	Λ	Ο	Η	Δ	Ι
Υ	Σ	Μ	Ο	Δ	Τ	Ψ	Ί	Έ	Ξ	Ά	Β	Δ	Ί	Ι
Ή	Ι	Ξ	Λ	Χ	Α	Ρ	Ά	Α	Ε	Φ	Φ	Ύ	Σ	Η
Η	Λ	Γ	Π	Α	Α	Ι	Τ	Υ	Μ	Σ	Ν	Π	Έ	Ι
Π	Ρ	Ο	Ο	Ρ	Ι	Σ	Μ	Ό	Σ	Α	Β	Υ	Δ	Ν

ΔΡΑΣΤΗΡΙΌΤΗΤΑ
ΟΜΟΡΦΙΆ
ΓΕΝΝΑΙΌΤΗΤΑ
ΕΥΚΑΙΡΊΑ
ΕΠΙΚΊΝΔΥΝΟ
ΠΡΟΟΡΙΣΜΌΣ
ΔΥΣΚΟΛΊΑ
ΕΝΘΟΥΣΙΑΣΜΌΣ
ΕΚΔΡΟΜΉ
ΦΊΛΟΙ
ΔΡΟΜΟΛΌΓΙΟ
ΧΑΡΆ
ΦΎΣΗ
ΠΛΟΉΓΗΣΗ
ΝΈΑ
ΠΑΡΑΣΚΕΥΉ
ΑΣΦΆΛΕΙΑ
ΤΑΞΊΔΙ

24 - Restaurant #2

Δ	Ο	Μ	Ί	Γ	Χ	Κ	Λ	Ε	Τ	Α	Ω	Ί	Λ	Π
Ξ	Χ	Ρ	Γ	Γ	Μ	Ι	Ο	Μ	Ι	Τ	Σ	Ό	Ν	Ι
Δ	Ε	Β	Δ	Δ	Ι	Έ	Τ	Υ	Λ	Ί	Έ	Τ	Δ	Ρ
Δ	Ί	Ί	Ί	Ψ	Ι	Κ	Γ	Ρ	Τ	Μ	Α	Ο	Ε	Ο
Λ	Α	Χ	Α	Ν	Ι	Κ	Ά	Ε	Π	Ά	Δ	Π	Ί	Ύ
Σ	Γ	Ν	Λ	Β	Τ	Σ	Ρ	Ο	Ύ	Ά	Λ	Μ	Π	Ν
Ε	Υ	Ε	Κ	Ψ	Ά	Χ	Ξ	Ε	Ί	Μ	Γ	Ι	Ν	Ι
Ρ	Α	Ρ	Έ	Ε	Λ	Σ	Ι	Έ	Η	Γ	Α	Ο	Ο	Ν
Β	Ο	Ό	Ρ	Μ	Α	Τ	Ά	Λ	Α	Σ	Ι	Τ	Σ	Π
Ι	Η	Υ	Α	Τ	Ί	Τ	Π	Ι	Π	Δ	Ν	Ύ	Α	Ο
Τ	Β	Ψ	Κ	Π	Ν	Ψ	Λ	Γ	Ύ	Ω	Ά	Ο	Χ	Η
Ό	Κ	Ι	Ρ	Α	Χ	Α	Π	Μ	Ο	Χ	Ζ	Ρ	Ι	Π
Ρ	Ψ	Ά	Ρ	Ι	Δ	Ι	Λ	Π	Σ	Λ	Α	Φ	Γ	Η
Ο	Έ	Γ	Δ	Ί	Υ	Υ	Ω	Μ	Ν	Ξ	Λ	Γ	Χ	Υ
Σ	Λ	Σ	Ψ	Υ	Έ	Ρ	Π	Δ	Γ	Ξ	Ρ	Ί	Ω	Ν

ΠΟΤΌ
ΚΈΙΚ
ΚΑΡΈΚΛΑ
ΝΌΣΤΙΜΟ
ΔΕΊΠΝΟ
ΑΥΓΑ
ΨΆΡΙ
ΠΙΡΟΎΝΙ
ΦΡΟΎΤΟ
ΠΆΓΟΣ
ΓΕΎΜΑ
ΛΑΖΆΝΙΑ
ΣΑΛΆΤΑ
ΑΛΆΤΙ
ΣΟΎΠΑ
ΜΠΑΧΑΡΙΚΌ
ΚΟΥΤΆΛΙ
ΛΑΧΑΝΙΚΆ
ΣΕΡΒΙΤΌΡΟΣ
ΝΕΡΌ

25 - Geology

Κ	Ψ	Ί	Έ	Ρ	Ύ	Ι	Ι	Ν	Σ	Υ	Ν	Υ	Α	Σ
Ρ	Ο	Ψ	Δ	Ξ	Ξ	Σ	Ρ	Ψ	Β	Ψ	Η	Ν	Ί	Β
Μ	Ο	Ρ	Α	Π	Ο	Λ	Ί	Θ	Ω	Μ	Α	Δ	Γ	Β
Η	Ρ	Α	Ά	Λ	Ι	Ω	Μ	Έ	Ν	Ο	Σ	Λ	Ρ	Δ
Φ	Υ	Δ	Σ	Λ	Ι	Ρ	Ν	Η	Έ	Ψ	Τ	Γ	Λ	Α
Α	Κ	Ε	Γ	Β	Λ	Γ	Π	Ν	Ρ	Ή	Α	Β	Ά	Λ
Ί	Τ	Α	Ξ	Γ	Έ	Ι	Η	Λ	Ε	Π	Λ	Γ	Δ	Λ
Σ	Ά	Τ	Λ	Ω	Γ	Σ	Π	Π	Ψ	Ε	Α	Ξ	Ι	Α
Τ	Π	Χ	Η	Ά	Ε	Ί	Τ	Α	Σ	Ι	Κ	Σ	Ά	Τ
Ε	Ψ	Χ	Β	Χ	Τ	Ι	Ι	Ι	Ι	Ρ	Τ	Π	Β	Σ
Ι	Ί	Σ	Ό	Μ	Σ	Ι	Ε	Σ	Ο	Ο	Ί	Ή	Ρ	Ύ
Ο	Η	Ο	Ρ	Ο	Π	Έ	Δ	Ι	Ο	Σ	Τ	Λ	Ω	Ρ
Χ	Α	Λ	Α	Ζ	Ί	Α	Ψ	Ω	Μ	Α	Η	Α	Σ	Κ
Ι	Σ	Ε	Τ	Ι	Μ	Γ	Α	Λ	Α	Τ	Σ	Ι	Η	Α
Δ	Π	Έ	Τ	Ρ	Α	Μ	Ώ	Ρ	Τ	Σ	Ι	Ο	Ω	Β

ΟΞΎ
ΑΣΒΈΣΤΙΟ
ΣΠΉΛΑΙΟ
ΉΠΕΙΡΟΣ
ΚΟΡΆΛΛΙ
ΚΡΎΣΤΑΛΛΑ
ΣΕΙΣΜΌΣ
ΔΙΆΒΡΩΣΗ
ΑΠΟΛΊΘΩΜΑ
ΛΆΒΑ
ΣΤΡΏΜΑ
ΟΡΥΚΤΆ
ΛΙΩΜΈΝΟ
ΟΡΟΠΈΔΙΟ
ΧΑΛΑΖΊΑ
ΑΛΆΤΙ
ΣΤΑΛΑΚΤΊΤΗΣ
ΣΤΑΛΑΓΜΙΤΕΣ
ΠΈΤΡΑ
ΗΦΑΊΣΤΕΙΟ

26 - House

Σ	Ω	Ρ	Σ	Έ	Α	Γ	Μ	Β	Κ	Τ	Α	Λ	Β	Γ
Τ	Τ	Φ	Ρ	Α	Κ	Τ	Η	Σ	Ο	Λ	Ν	Ά	Ι	Κ
Έ	Γ	Ο	Έ	Ψ	Χ	Ι	Δ	Ε	Υ	Β	Κ	Μ	Β	Α
Γ	Μ	Η	Ί	Ν	Μ	Ι	Σ	Σ	Ζ	Έ	Ή	Π	Λ	Ρ
Η	Έ	Ψ	Χ	Χ	Έ	Ν	Π	Δ	Ί	Ω	Π	Α	Ι	Ά
Ν	Τ	Ο	Υ	Σ	Ο	Π	Ο	Δ	Ν	Ν	Ο	Τ	Ο	Ζ
Π	Κ	Ψ	Υ	Ί	Λ	Σ	Ξ	Β	Α	Ρ	Σ	Ρ	Θ	Κ
Α	Α	Β	Έ	Δ	Ω	Μ	Ά	Τ	Ι	Ο	Π	Ό	Ή	Ο
Ρ	Θ	Κ	Λ	Ε	Ι	Δ	Ι	Ά	Κ	Π	Ψ	Π	Κ	Υ
Ά	Ρ	Π	Ά	Τ	Ω	Μ	Α	Η	Ά	Ο	Ν	Ί	Η	Ρ
Θ	Ε	Σ	Ο	Φ	Ί	Τ	Α	Χ	Ζ	Υ	Ε	Ξ	Ι	Τ
Υ	Φ	Γ	Ί	Ν	Γ	Ρ	Ω	Α	Τ	Έ	Ψ	Ι	Ί	Ί
Ρ	Τ	Ω	Σ	Κ	Ο	Ύ	Π	Α	Λ	Π	Ι	Π	Έ	Ν
Ο	Η	Α	Έ	Ε	Β	Ε	Π	Ψ	Ρ	Ο	Δ	Γ	Π	Α
Λ	Σ	Β	Υ	Ξ	Ι	Ι	Β	Ρ	Ρ	Α	Ι	Ρ	Ι	Ν

ΣΟΦΊΤΑ
ΣΚΌΥΠΑ
ΚΟΥΡΤΊΝΑ
ΠΌΡΤΑ
ΦΡΑΚΤΗΣ
ΤΖΆΚΙ
ΠΆΤΩΜΑ
ΈΠΙΠΛΑ
ΓΚΑΡΆΖ
ΚΉΠΟΣ
ΚΛΕΙΔΙΆ
ΚΟΥΖΊΝΑ
ΛΆΜΠΑ
ΒΙΒΛΙΟΘΉΚΗ
ΚΑΘΡΕΦΤΗΣ
ΣΤΈΓΗ
ΔΩΜΆΤΙΟ
ΝΤΟΥΣ
ΤΟΊΧΟΣ
ΠΑΡΆΘΥΡΟ

27 - Physics

Μ	Τ	Μ	Τ	Α	Β	Ξ	Η	Υ	Τ	Σ	Β	Υ	Σ	Σ
Υ	Ξ	Ο	Α	Α	Τ	Η	Τ	Ό	Ν	Χ	Υ	Σ	Χ	Ω
Β	Ψ	Ι	Ζ	Γ	Χ	Ν	Ι	Β	Ο	Ξ	Ί	Ο	Ε	Μ
Έ	Ί	Ν	Ά	Ο	Ν	Ύ	Ο	Σ	Γ	Β	Β	Π	Τ	Α
Β	Ι	Ό	Μ	Ο	Ι	Η	Τ	Σ	Χ	Δ	Η	Ύ	Ι	Τ
Α	Μ	Ρ	Η	Ι	Γ	Ρ	Τ	Η	Έ	Τ	Δ	Τ	Κ	Ί
Γ	Μ	Τ	Σ	Ρ	Ρ	Τ	Έ	Ι	Τ	Η	Υ	Χ	Ό	Δ
Π	Υ	Κ	Ν	Ό	Τ	Η	Τ	Α	Σ	Α	Ξ	Ά	Τ	Ι
Ω	Ή	Ε	Υ	Μ	Μ	Σ	Λ	Σ	Ω	Μ	Α	Ο	Η	Ο
Έ	Κ	Λ	Χ	Σ	Η	Α	Ο	Ε	Γ	Ε	Ό	Σ	Τ	Π
Ν	Ι	Η	Ά	Ί	Χ	Τ	Τ	Χ	Λ	Π	Σ	Σ	Α	Ψ
Ο	Μ	Ο	Τ	Ά	Α	Κ	Π	Υ	Ρ	Η	Ν	Ι	Κ	Ή
Χ	Η	Ν	Ι	Ν	Ν	Έ	Μ	Η	Χ	Α	Ν	Ι	Κ	Ή
Ω	Χ	Γ	Π	Π	Ή	Π	Κ	Α	Θ	Ο	Λ	Ι	Κ	Ή
Ο	Γ	Π	Ε	Ψ	Ε	Ε	Μ	Π	Β	Β	Χ	Π	Μ	Ρ

ΕΠΙΤΆΧΥΝΣΗ
ΆΤΟΜΟ
ΧΆΟΣ
ΧΗΜΙΚΉ
ΠΥΚΝΌΤΗΤΑ
ΗΛΕΚΤΡΌΝΙΟ
ΜΗΧΑΝΉ
ΕΠΈΚΤΑΣΗ
ΤΎΠΟΣ
ΣΥΧΝΌΤΗΤΑ
ΑΈΡΙΟ
ΜΑΓΝΗΤΙΣΜΌΣ
ΜΆΖΑ
ΜΗΧΑΝΙΚΉ
ΜΌΡΙΟ
ΠΥΡΗΝΙΚΉ
ΣΩΜΑΤΊΔΙΟ
ΣΧΕΤΙΚΌΤΗΤΑ
ΤΑΧΎΤΗΤΑ
ΚΑΘΟΛΙΚΉ

28 - Dance

Π	Β	Ρ	Έ	Ε	Π	Σ	Ρ	Η	Τ	Π	Χ	Α	Κ	Χ
Ω	Α	Β	Ό	Ρ	Π	Ε	Α	Σ	Χ	Ο	Ο	Μ	Λ	Α
Κ	Ί	Ρ	Β	Ξ	Η	Ν	Χ	Έ	Τ	Λ	Ρ	Ο	Α	Ρ
Ί	Μ	Γ	Τ	Ί	Σ	Χ	Π	Π	Ε	Ι	Ο	Υ	Σ	Ο
Ν	Η	Ι	Π	Ε	Η	Σ	Ά	Τ	Σ	Τ	Γ	Σ	Ι	Ύ
Η	Δ	Π	Α	Χ	Ν	Ι	Τ	Ρ	Σ	Ι	Ρ	Ι	Κ	Μ
Σ	Α	Α	Ρ	Ο	Ί	Έ	Ο	Ξ	Η	Σ	Α	Κ	Ή	Ε
Η	Κ	Ρ	Α	Μ	Κ	Μ	Ρ	Χ	Ξ	Τ	Φ	Ή	Κ	Ν
Σ	Α	Υ	Δ	Μ	Γ	Α	Σ	Η	Λ	Ι	Ί	Γ	Ι	Ο
Ν	Α	Θ	Ο	Ξ	Υ	Σ	Γ	Ψ	Τ	Κ	Α	Ο	Τ	Β
Ρ	Δ	Μ	Σ	Ψ	Σ	Ι	Ώ	Ρ	Ψ	Ή	Γ	Λ	Π	Α
Ξ	Λ	Ο	Ι	Α	Ο	Γ	Δ	Μ	Σ	Υ	Γ	Ί	Ο	Π
Ο	Μ	Ύ	Α	Β	Σ	Ε	Ρ	Λ	Α	Ι	Ί	Έ	Γ	Ω
Ε	Δ	Β	Κ	Π	Ο	Λ	Ι	Τ	Ι	Σ	Μ	Ό	Σ	Λ
Ο	Ρ	Ο	Ή	Κ	Ι	Τ	Σ	Α	Ρ	Φ	Κ	Ε	Τ	Ί

ΑΚΑΔΗΜΊΑ
ΤΈΧΝΗ
ΣΏΜΑ
ΧΟΡΟΓΡΑΦΊΑ
ΚΛΑΣΙΚΉ
ΠΟΛΙΤΙΣΤΙΚΉ
ΠΟΛΙΤΙΣΜΌΣ
ΣΥΓΚΊΝΗΣΗ
ΕΚΦΡΑΣΤΙΚΉ
ΧΆΡΗ
ΧΑΡΟΎΜΕΝΟ
ΚΊΝΗΣΗ
ΜΟΥΣΙΚΉ
ΠΑΡΤΕΝΈΡ
ΣΤΆΣΗ
ΠΡΌΒΑ
ΡΥΘΜΟΎ
ΠΑΡΑΔΟΣΙΑΚΉ
ΟΠΤΙΚΉ

29 - Coffee

Α	Ο	Ρ	Λ	Τ	Ά	Υ	Γ	Ρ	Ό	Ί	Ν	Ω	Ο	Β
Μ	Ω	Σ	Β	Σ	Ρ	Ρ	Ί	Ό	Χ	Ν	Ε	Β	Π	Έ
Έ	Λ	Ρ	Α	Έ	Ρ	Λ	Ω	Δ	Ξ	Γ	Ρ	Ξ	Ι	Α
Ρ	Ζ	Ά	Χ	Α	Ρ	Η	Ρ	Μ	Ν	Ι	Ό	Χ	Κ	Λ
Κ	Ύ	Π	Ε	Λ	Λ	Ο	Π	Α	Α	Ί	Ν	Ι	Ρ	Έ
Γ	Ψ	Α	Χ	Ά	Ί	Ρ	Α	Π	Ί	Ο	Ω	Ο	Ή	Θ
Κ	Π	Υ	Ο	Γ	Δ	Τ	Ε	Ο	Λ	Λ	Π	Γ	Ι	Ω
Α	Ι	Χ	Α	Β	Ί	Λ	Λ	Τ	Ι	Μ	Η	Β	Σ	Λ
Φ	Γ	Ε	Ύ	Σ	Η	Ί	Ψ	Ό	Κ	Ψ	Α	Ε	Ξ	Γ
Ε	Η	Έ	Α	Π	Ω	Φ	Ω	Ί	Ι	Ν	Τ	Ύ	Ξ	Χ
Ι	Ι	Η	Η	Σ	Υ	Ε	Λ	Έ	Ο	Ρ	Π	Δ	Ρ	Π
¨	Τ	Ι	Μ	Ή	Α	Ρ	Γ	Σ	Π	Π	Γ	Ο	Ψ	Ο
΄	Ψ	Έ	Έ	Α	Ε	Η	Λ	Τ	Έ	Λ	Σ	Υ	Χ	Υ
Ν	Ω	Ε	Ι	Β	Τ	Ξ	Χ	Δ	Ο	Δ	Ε	Υ	Υ	Χ
Η	Ι	Π	Ε	Ω	Χ	Α	Μ	Β	Α	Λ	Τ	Τ	Μ	Ί

ΌΞΙΝΟ
ΆΡΩΜΑ
ΠΟΤΌ
ΠΙΚΡΉ
ΜΑΎΡΟ
ΚΑΦΕΊΝΗ
ΚΡΈΜΑ
ΚΎΠΕΛΛΟ
ΦΊΛΤΡΟ
ΓΕΎΣΗ
ΑΛΈΘΩ
ΥΓΡΌ
ΓΆΛΑ
ΠΡΩΊ
ΠΡΟΈΛΕΥΣΗ
ΤΙΜΉ
ΖΆΧΑΡΗ
ΠΟΙΚΙΛΊΑ
ΝΕΡΌ

30 - Colors

Π	Λ	Κ	Ν	Ο	Μ	Η	Γ	Ν	Γ	Ψ	Δ	Έ	Ψ	Ξ
Ο	Ο	Ό	Τ	Ω	Ο	Ξ	Α	Σ	Έ	Π	Ι	Α	Β	Σ
Ρ	Υ	Κ	Υ	Ί	Τ	Ε	Λ	Ο	Ι	Β	Ο	Μ	Η	Έ
Τ	Λ	Κ	Β	Δ	Π	Σ	Ά	Λ	Φ	Ο	Μ	Η	Η	Η
Ο	Α	Ι	Ι	Δ	Η	Χ	Ζ	Ξ	Ε	Ο	Ρ	Ύ	Α	Μ
Κ	Κ	Ν	Ξ	Σ	Χ	Υ	Ι	Ι	Τ	Υ	Ύ	Λ	Ο	Π
Ά	Ί	Ο	Τ	Ε	Ε	Λ	Ο	Ν	Ρ	Α	Κ	Ξ	Ν	Λ
Λ	Ε	Σ	Ψ	Δ	Χ	Μ	Ν	Κ	Ε	Τ	Π	Ό	Ι	Ε
Ι	Τ	Σ	Χ	Ρ	Η	Π	Ι	Ε	Υ	Ψ	Β	Ί	Ρ	Α
Κ	Α	Φ	Έ	Ί	Β	Ε	Σ	Ρ	Χ	Α	Ψ	Ξ	Τ	Μ
Γ	Κ	Ρ	Ι	Γ	Ρ	Ζ	Ά	Ξ	Μ	Ε	Ν	Έ	Ί	Η
Σ	Ι	Α	Ί	Α	Β	Δ	Ρ	Β	Α	Ψ	Ε	Ό	Κ	Ω
Γ	Σ	Η	Ξ	Π	Γ	Ω	Π	Υ	Τ	Έ	Δ	Γ	Ψ	Τ
Π	Β	Β	Β	Έ	Λ	Μ	Ξ	Γ	Υ	Α	Υ	Ο	Ω	Ί
Ρ	Ο	Ζ	Α	Γ	Μ	Σ	Υ	Ν	Τ	Τ	Α	Β	Έ	Β

ΓΑΛΆΖΙΟ
ΜΠΕΖ
ΜΑΎΡΟ
ΜΠΛΕ
ΚΑΦΈ
ΚΥΑΝΌ
ΦΟΎΞΙΑ
ΠΡΆΣΙΝΟ
ΓΚΡΙ
ΛΟΥΛΑΚΊ
ΠΟΡΤΟΚΆΛΙ
ΡΟΖ
ΜΟΒ
ΚΌΚΚΙΝΟ
ΣΈΠΙΑ
ΒΙΟΛΕΤΊ
ΛΕΥΚΌ
ΚΊΤΡΙΝΟ

31 - Shapes

Π	Ν	Α	Δ	Ί	Μ	Α	Ρ	Υ	Π	Γ	Τ	Ο	Κ	Τ
Λ	Α	Σ	Ψ	Γ	Δ	Ι	Β	Ψ	Ο	Ρ	Β	Ν	Ύ	Ρ
Ε	Γ	Ο	Β	Ά	Λ	Ξ	Τ	Έ	Λ	Α	Ί	Ι	Κ	Ι
Υ	Β	Ξ	Ψ	Α	Λ	Ε	Γ	Ο	Ύ	Μ	Ξ	Υ	Λ	Γ
Ρ	Ψ	Ό	Μ	Α	Λ	Έ	Χ	Α	Γ	Μ	Ί	Π	Ο	Ώ
Ά	Μ	Τ	Η	Ί	Υ	Ν	Ρ	Μ	Ω	Ή	Ψ	Ε	Σ	Ν
Κ	Ύ	Λ	Ι	Ν	Δ	Ρ	Ο	Σ	Ν	Σ	Β	Ρ	Χ	Ο
Ψ	Β	Ω	Π	Ω	Κ	Ρ	Χ	Ί	Ο	Φ	Ρ	Β	Ξ	Υ
Σ	Ψ	Δ	Ί	Γ	Γ	Α	Η	Ρ	Ι	Α	Ι	Ο	Α	Χ
Κ	Ύ	Β	Ο	Σ	Ε	Έ	Μ	Π	Ί	Ί	Ί	Λ	Π	Ί
Έ	Λ	Λ	Ε	Ι	Ψ	Η	Ρ	Π	Λ	Ρ	Ρ	Ή	Η	Α
Π	Λ	Α	Τ	Ε	Ί	Α	Υ	Ψ	Ύ	Α	Ω	Ψ	Ξ	Δ
Κ	Ώ	Ν	Ο	Σ	Β	Ξ	Α	Π	Ω	Λ	Έ	Έ	Σ	Σ
Ο	Ρ	Θ	Ο	Γ	Ώ	Ν	Ι	Ο	Έ	Ω	Η	Ρ	Κ	Ά
Η	Ρ	Ξ	Ε	Ι	Ν	Τ	Ί	Ξ	Δ	Σ	Η	Μ	Τ	Β

ΤΌΞΟ
ΚΎΚΛΟΣ
ΚΏΝΟΣ
ΓΩΝΊΑ
ΚΎΒΟΣ
ΚΑΜΠΎΛΗ
ΚΎΛΙΝΔΡΟΣ
ΆΚΡΗ
ΈΛΛΕΙΨΗ
ΥΠΕΡΒΟΛΉ
ΓΡΑΜΜΉ
ΟΒΆΛ
ΠΟΛΎΓΩΝΟ
ΠΡΊΣΜΑ
ΠΥΡΑΜΊΔΑ
ΟΡΘΟΓΏΝΙΟ
ΠΛΕΥΡΆ
ΣΦΑΊΡΑ
ΠΛΑΤΕΊΑ
ΤΡΙΓΏΝΟΥ

32 - Scientific Disciplines

Α	Ί	Γ	Ο	Λ	Ο	Τ	Κ	Υ	Ρ	Ο	Α	Θ	Β	Ζ
Ρ	Α	Ί	Γ	Ο	Λ	Ο	Ι	Α	Χ	Ρ	Α	Ε	Ο	Ω
Ή	Λ	Ψ	Ο	Έ	Μ	Ξ	Ν	Ω	Σ	Ο	Έ	Ρ	Τ	Ο
Κ	Η	Α	Α	Ί	Ε	Μ	Η	Χ	Ο	Ι	Β	Μ	Α	Λ
Ι	Ξ	Α	Ί	Ο	Β	Ί	Σ	Λ	Η	Κ	Δ	Ο	Ν	Ο
Ν	Ω	Ί	Μ	Γ	Υ	Ι	Ι	Α	Ο	Ο	Η	Δ	Ι	Γ
Α	Ί	Γ	Ο	Λ	Ο	Σ	Ο	Ν	Α	Λ	Λ	Υ	Κ	Ί
Χ	Λ	Ο	Τ	Χ	Μ	Λ	Λ	Ν	Ξ	Ο	Α	Ν	Ή	Α
Η	Β	Λ	Α	Έ	Ν	Σ	Ο	Ι	Ξ	Γ	Η	Α	Ί	Ν
Μ	Χ	Ω	Ν	Π	Ρ	Ρ	Γ	Χ	Α	Ί	Ε	Μ	Η	Χ
Η	Ψ	Ε	Α	Ρ	Ο	Ψ	Ί	Δ	Υ	Α	Έ	Ι	Λ	Ν
Ρ	Έ	Γ	Ξ	Ι	Γ	Ί	Α	Ω	Χ	Ψ	Ο	Κ	Ε	Τ
Β	Ι	Ο	Λ	Ο	Γ	Ί	Α	Ψ	Χ	Α	Τ	Ή	Ν	Ν
Κ	Ο	Ι	Ν	Ω	Ν	Ι	Ο	Λ	Ο	Γ	Ί	Α	Ω	Ω
Α	Σ	Τ	Ρ	Ο	Ν	Ο	Μ	Ί	Α	Μ	Ε	Σ	Λ	Ρ

ΑΝΑΤΟΜΊΑ
ΑΡΧΑΙΟΛΟΓΊΑ
ΑΣΤΡΟΝΟΜΊΑ
ΒΙΟΧΗΜΕΊΑ
ΒΙΟΛΟΓΊΑ
ΒΟΤΑΝΙΚΉ
ΧΗΜΕΊΑ
ΟΙΚΟΛΟΓΊΑ
ΓΕΩΛΟΓΊΑ
ΑΝΟΣΟΛΟΓΊΑ
ΚΙΝΗΣΙΟΛΟΓΊΑ
ΜΗΧΑΝΙΚΉ
ΟΡΥΚΤΟΛΟΓΊΑ
ΨΥΧΟΛΟΓΊΑ
ΚΟΙΝΩΝΙΟΛΟΓΊΑ
ΘΕΡΜΟΔΥΝΑΜΙΚΉ
ΖΩΟΛΟΓΊΑ

33 - Science

Μ	Έ	Θ	Ο	Δ	Ο	Σ	Η	Γ	Ψ	Μ	Δ	Ο	Λ	Σ
Ρ	Χ	Έ	Ά	Ά	Ί	Ψ	Ξ	Σ	Ε	Χ	Ι	Α	Π	Υ
Σ	Ω	Μ	Α	Τ	Ί	Δ	Ι	Α	Ε	Γ	Ι	Ε	Χ	Σ
Ό	Β	Ψ	Ν	Κ	Υ	Έ	Λ	Π	Ψ	Θ	Ο	Ί	Π	Ή
Μ	Α	Β	Έ	Υ	Έ	Φ	Έ	Ε	Ξ	Ω	Ό	Ν	Γ	Κ
Σ	Ρ	Υ	Μ	Ρ	Τ	Β	Ξ	Ί	Ν	Μ	Μ	Π	Ό	Ι
Ι	Ύ	Ξ	Ο	Ο	Η	Τ	Ε	Ρ	Ψ	Υ	Ξ	Ω	Υ	Σ
Ν	Τ	Β	Δ	Μ	Υ	Α	Ρ	Α	Ι	Ρ	Ό	Μ	Ξ	Υ
Α	Η	Ξ	Ε	Ο	Ή	Κ	Ι	Μ	Η	Χ	Η	Σ	Ύ	Φ
Γ	Τ	Γ	Δ	Τ	Π	Ρ	Η	Α	Σ	Έ	Ξ	Β	Ι	Η
Ρ	Α	Μ	Ι	Ά	Σ	Χ	Μ	Λ	Β	Ρ	Λ	Ψ	Ρ	Λ
Ο	Ι	Ρ	Ή	Τ	Σ	Α	Γ	Ρ	Ε	Ρ	Μ	Λ	Π	Έ
Ε	Π	Ι	Σ	Τ	Ή	Μ	Ο	Ν	Α	Σ	Έ	Τ	Ξ	Η
Κ	Λ	Ί	Μ	Α	Α	Π	Ο	Λ	Ί	Θ	Ω	Μ	Α	Ε
Λ	Ω	Ε	Α	Ψ	Ξ	Ν	Β	Ν	Υ	Ο	Ω	Λ	Γ	Χ

ΆΤΟΜΟ
ΧΗΜΙΚΉ
ΚΛΊΜΑ
ΔΕΔΟΜΈΝΑ
ΕΞΈΛΙΞΗ
ΠΕΊΡΑΜΑ
ΓΕΓΟΝΌΣ
ΑΠΟΛΊΘΩΜΑ
ΒΑΡΎΤΗΤΑ
ΥΠΌΘΕΣΗ
ΕΡΓΑΣΤΉΡΙΟ
ΜΈΘΟΔΟΣ
ΟΡΥΚΤΆ
ΜΌΡΙΑ
ΦΎΣΗ
ΟΡΓΑΝΙΣΜΌΣ
ΣΩΜΑΤΊΔΙΑ
ΦΥΣΙΚΉ
ΦΥΤΆ
ΕΠΙΣΤΉΜΟΝΑΣ

34 - Beauty

Μ	Ά	Σ	Κ	Α	Ρ	Α	Έ	Έ	Χ	Σ	Λ	Υ	Ε	Μ
Σ	Τ	Υ	Λ	Ί	Σ	Τ	Α	Σ	Ά	Τ	Λ	Μ	Ι	Α
Λ	Ε	Ο	Ψ	Α	Λ	Ί	Δ	Ι	Ρ	Σ	Ρ	Π	Σ	Κ
Ψ	Χ	Ί	Μ	Ί	Μ	Τ	Κ	Η	Η	Ω	Χ	Ο	Α	Ι
Ρ	Τ	Η	Σ	Η	Ν	Ε	Γ	Ο	Τ	Ω	Φ	Ύ	Μ	Γ
Β	Ι	Ν	Π	Ρ	Ο	Ϊ	Ό	Ν	Μ	Ω	Ν	Κ	Π	Ι
Ί	Ο	Ό	Έ	Ι	Ν	Υ	Γ	Τ	Ε	Ψ	Π	Λ	Ο	Ά
Ί	Ξ	Ι	Έ	Π	Ω	Π	Α	Ο	Χ	Ψ	Ό	Ε	Υ	Ζ
Ψ	Μ	Γ	Ρ	Γ	Δ	Η	Ω	Σ	Η	Ξ	Ο	Σ	Ά	Έ
Έ	Λ	Α	Ι	Α	Μ	Ρ	Έ	Δ	Ε	Τ	Έ	Β	Ν	Η
Χ	Ο	Ρ	Β	Μ	Μ	Ε	Ν	Έ	Δ	Μ	Ε	Ψ	Μ	Γ
Σ	Ρ	Κ	Ω	Ω	Ω	Σ	Π	Μ	Έ	Δ	Ε	Ί	Π	Γ
Γ	Η	Ώ	Τ	Ρ	Ε	Ί	Ν	Ί	Ν	Ξ	Ί	Β	Α	Χ
Ί	Υ	Γ	Μ	Ά	Μ	Α	Τ	Η	Τ	Ό	Ψ	Μ	Ο	Κ
Ι	Δ	Ε	Ι	Α	Χ	Κ	Α	Θ	Ρ	Ε	Φ	Τ	Η	Σ

ΓΟΗΤΕΊΑ
ΧΡΏΜΑ
ΜΠΟΎΚΛΕΣ
ΚΟΜΨΌΤΗΤΑ
ΚΟΜΨΌ
ΆΡΩΜΑ
ΧΆΡΗ
ΚΡΑΓΙΌΝ
ΜΑΚΙΓΙΆΖ
ΜΆΣΚΑΡΑ
ΚΑΘΡΕΦΤΗΣ
ΈΛΑΙΑ
ΦΩΤΟΓΕΝΗΣ
ΠΡΟΪΌΝ
ΨΑΛΊΔΙ
ΥΠΗΡΕΣΊΑ
ΣΑΜΠΟΥΆΝ
ΔΈΡΜΑ
ΣΤΥΛΊΣΤΑΣ

35 - Clothes

Π	Τ	Ψ	Ε	Ψ	Υ	Σ	Α	Κ	Ά	Κ	Ι	Φ	Β	Γ
Μ	Π	Λ	Ο	Ύ	Ζ	Α	Μ	Λ	Τ	Έ	Σ	Ο	Σ	Ί
Κ	Ρ	Β	Η	Α	Α	Ψ	Ε	Χ	Ξ	Λ	Τ	Ύ	Α	Γ
Έ	Α	Ί	Ρ	Β	Ί	Γ	Ρ	Ψ	Λ	Σ	Ύ	Σ	Ν	Η
Λ	Η	Π	Η	Α	Π	Ο	Ό	Α	Μ	Α	Ο	Τ	Δ	Χ
Γ	Ω	Ξ	Έ	Γ	Χ	Σ	Φ	Υ	Υ	Υ	Π	Α	Ά	Π
Μ	Ό	Δ	Α	Λ	Υ	Ι	Λ	Ξ	Ί	Ν	Α	Κ	Λ	Α
Λ	Υ	Λ	Μ	Ι	Ο	Μ	Ό	Τ	Λ	Α	Π	Α	Ι	Ν
Π	Β	Γ	Σ	Η	Έ	Ά	Ι	Λ	Ρ	Ι	Ί	Σ	Α	Τ
Μ	Ο	Ο	Ι	Ν	Ο	Κ	Ν	Ί	Ι	Τ	Α	Κ	Ψ	Ε
Ω	Α	Δ	Τ	Ώ	Ξ	Υ	Ω	Ω	Ρ	Ν	Ξ	Ό	Ψ	Λ
Ξ	Β	Ν	Ι	Ζ	Τ	Ο	Υ	Τ	Ί	Ά	Π	Λ	Α	Ό
Μ	Ξ	Ρ	Β	Ά	Έ	Π	Ω	Έ	Σ	Γ	Λ	Τ	Σ	Ν
Κ	Ο	Σ	Μ	Ή	Μ	Α	Τ	Α	Σ	Ε	Τ	Μ	Σ	Ι
Π	Ι	Τ	Ζ	Ά	Μ	Α	Π	Ο	Υ	Λ	Ό	Β	Ε	Ρ

ΠΟΔΙΆ
ΖΏΝΗ
ΜΠΛΟΎΖΑ
ΒΡΑΧΙΌΛΙ
ΠΑΛΤΌ
ΦΌΡΕΜΑ
ΜΌΔΑ
ΓΆΝΤΙΑ
ΚΑΠΈΛΟ
ΣΑΚΆΚΙ
ΤΖΙΝ
ΚΟΣΜΉΜΑΤΑ
ΠΙΤΖΆΜΑ
ΠΑΝΤΕΛΌΝΙ
ΣΑΝΔΆΛΙΑ
ΚΑΣΚΌΛ
ΠΟΥΚΆΜΙΣΟ
ΠΑΠΟΎΤΣΙ
ΦΟΎΣΤΑ
ΠΟΥΛΌΒΕΡ

36 - Ethics

Α	Ν	Ε	Κ	Τ	Ι	Κ	Ό	Τ	Η	Τ	Α	Α	Α	Α
Σ	Υ	Ν	Ε	Ρ	Γ	Α	Σ	Ί	Α	Ρ	Τ	Τ	Λ	Ν
Η	Ν	Ύ	Σ	Ο	Λ	Α	Κ	Δ	Χ	Λ	Ε	Ο	Τ	Θ
Ν	Α	Ί	Ξ	Ο	Δ	Ο	Ι	Σ	Ι	Α	Α	Μ	Ρ	Ρ
Δ	Ι	Π	Λ	Ω	Μ	Α	Τ	Ι	Κ	Ό	Τ	Ι	Ο	Ω
Σ	Ν	Μ	Ν	Υ	Ε	Σ	Ψ	Ρ	Χ	Β	Η	Κ	Υ	Π
Α	Ξ	Ι	Ε	Σ	Π	Ύ	Ι	Η	Ο	Υ	Τ	Ι	Ι	Ό
Σ	Ο	Φ	Ί	Α	Χ	Ο	Λ	Λ	Ψ	Η	Ό	Σ	Σ	Τ
Υ	Π	Ω	Ρ	Ο	Ξ	Ω	Μ	Ο	Α	Χ	Ι	Μ	Μ	Η
Ψ	Σ	Χ	Α	Έ	Ο	Α	Έ	Ο	Γ	Ε	Α	Ό	Ό	Τ
Φ	Ι	Λ	Ο	Σ	Ο	Φ	Ί	Α	Ν	Ο	Ρ	Σ	Σ	Α
Ξ	Ν	Ψ	Λ	Ψ	Δ	Λ	Δ	Ε	Σ	Ή	Ε	Ι	Α	Α
Ε	Ι	Λ	Ι	Κ	Ρ	Ί	Ν	Ε	Ι	Α	Κ	Έ	Χ	Ψ
Σ	Υ	Μ	Π	Ό	Ν	Ι	Α	Ρ	Έ	Η	Α	Έ	Δ	Ο
Λ	Ο	Γ	Ι	Κ	Ό	Τ	Η	Τ	Α	Η	Ο	Ν	Γ	Χ

ΑΛΤΡΟΥΙΣΜΌΣ
ΣΥΜΠΌΝΙΑ
ΣΥΝΕΡΓΑΣΊΑ
ΔΙΠΛΩΜΑΤΙΚΌ
ΕΙΛΙΚΡΊΝΕΙΑ
ΑΝΘΡΩΠΌΤΗΤΑ
ΑΤΟΜΙΚΙΣΜΌΣ
ΑΚΕΡΑΙΌΤΗΤΑ
ΚΑΛΟΣΎΝΗ
ΑΙΣΙΟΔΟΞΊΑ
ΥΠΟΜΟΝΉ
ΦΙΛΟΣΟΦΊΑ
ΛΟΓΙΚΌΤΗΤΑ
ΡΕΑΛΙΣΜΟΣ
ΈΥΛΟΓΟ
ΑΝΕΚΤΙΚΌΤΗΤΑ
ΑΞΙΕΣ
ΣΟΦΊΑ

37 - Astronomy

Ο	Χ	Γ	Π	Σ	Ί	Η	Υ	Δ	Σ	Η	Γ	Ε	Α	Ρ
Η	Υ	Σ	Η	Τ	Ή	Ν	Α	Λ	Π	Α	Α	Ι	Κ	Ο
Λ	Ι	Ρ	Ά	Γ	Γ	Ε	Φ	Ι	Μ	Τ	Λ	Σ	Τ	Υ
Ι	Ψ	Α	Α	Μ	Ω	Λ	Έ	Φ	Ε	Ν	Α	Η	Ι	Κ
Α	Ω	Ξ	Π	Ν	Δ	Ζ	Ώ	Δ	Ι	Ο	Ξ	Μ	Ν	Έ
Κ	Ο	Ω	Δ	Σ	Ό	Ο	Ω	Ε	Λ	Η	Ί	Ε	Ο	Τ
Ή	Η	Λ	Υ	Η	Χ	Σ	Ρ	Ω	Ί	Σ	Α	Ρ	Β	Α
Μ	Ε	Τ	Έ	Ω	Ρ	Ο	Γ	Υ	Σ	Γ	Σ	Ί	Ο	Τ
Α	Σ	Τ	Ε	Ρ	Ι	Σ	Μ	Ό	Φ	Γ	Τ	Α	Λ	Ί
Σ	Ο	Υ	Π	Ε	Ρ	Ν	Ό	Β	Α	Ο	Ρ	Λ	Ί	Υ
Α	Σ	Τ	Ε	Ρ	Ο	Ε	Ι	Δ	Ή	Σ	Ρ	Έ	Α	Ν
Α	Σ	Τ	Ρ	Ο	Ν	Α	Ύ	Τ	Η	Σ	Μ	Ι	Τ	Ω
Έ	Κ	Λ	Ε	Ι	Ψ	Η	Χ	Α	Η	Γ	Ο	Χ	Κ	Η
Π	Α	Ρ	Α	Τ	Η	Ρ	Η	Τ	Ή	Ρ	Ι	Ο	Τ	Ή
Α	Σ	Τ	Ρ	Ο	Ν	Ό	Μ	Ο	Σ	Σ	Π	Ε	Υ	Η

ΑΣΤΕΡΟΕΙΔΉΣ
ΑΣΤΡΟΝΑΎΤΗΣ
ΑΣΤΡΟΝΌΜΟΣ
ΑΣΤΕΡΙΣΜΌ
ΓΗ
ΈΚΛΕΙΨΗ
ΙΣΗΜΕΡΊΑ
ΓΑΛΑΞΊΑΣ
ΜΕΤΈΩΡΟ
ΦΕΓΓΆΡΙ
ΝΕΦΈΛΩΜΑ
ΠΑΡΑΤΗΡΗΤΉΡΙΟ
ΠΛΑΝΉΤΗΣ
ΑΚΤΙΝΟΒΟΛΊΑ
ΡΟΥΚΈΤΑ
ΔΟΡΥΦΟΡΙΚΉ
ΟΥΡΑΝΌΣ
ΗΛΙΑΚΉ
ΣΟΥΠΕΡΝΌΒΑ
ΖΏΔΙΟ

38 - Health and Wellness #2

Ξ	Ε	Λ	Η	Ν	Ί	Μ	Α	Τ	Ι	Β	Χ	Β	Μ	Ξ
Έ	Ν	Μ	Ξ	Υ	Ο	Ζ	Υ	Γ	Ί	Ζ	Ω	Δ	Α	Β
Λ	Έ	Ν	Ε	Έ	Η	Σ	Ν	Υ	Λ	Ό	Μ	Π	Σ	Τ
Λ	Ρ	Π	Ρ	Θ	Ή	Φ	Ο	Ρ	Τ	Α	Ι	Δ	Ά	Σ
Τ	Γ	Α	Ό	Ε	Ε	Τ	Λ	Κ	Π	Ρ	Τ	Έ	Ζ	Α
Τ	Ε	Τ	Ν	Ω	Υ	Ρ	Ρ	Ι	Ο	Υ	Η	Ψ	Τ	Ί
Ή	Ι	Γ	Υ	Α	Σ	Γ	Μ	Ψ	Τ	Μ	Σ	Δ	Υ	Μ
Μ	Α	Τ	Δ	Έ	Τ	Χ	Δ	Ί	Χ	Υ	Ε	Α	Ε	Α
Ψ	Έ	Σ	Ε	Ι	Ρ	Ο	Γ	Β	Δ	Μ	Θ	Ί	Ρ	Π
Χ	Α	Υ	Η	Γ	Ο	Χ	Μ	Ρ	Τ	Α	Ά	Γ	Ο	Ί
Α	Ν	Ά	Κ	Τ	Η	Σ	Η	Ί	Ρ	Ν	Ι	Ρ	Χ	Ε
Α	Ρ	Ρ	Ώ	Σ	Τ	Ι	Α	Ξ	Α	Τ	Δ	Ε	Ψ	Σ
Α	Φ	Υ	Δ	Ά	Τ	Ω	Σ	Η	Λ	Χ	Π	Λ	Τ	Η
Υ	Γ	Ι	Ε	Ι	Ν	Ή	Β	Έ	Ε	Ν	Γ	Λ	Ρ	Τ
Γ	Ε	Ν	Ε	Τ	Ι	Κ	Ή	Α	Η	Γ	Α	Α	Χ	Λ

ΑΛΛΕΡΓΊΑ
ΑΝΑΤΟΜΊΑ
ΌΡΕΞΗ
ΑΊΜΑ
ΘΕΡΜΊΔΑ
ΑΦΥΔΆΤΩΣΗ
ΔΙΑΤΡΟΦΉ
ΑΡΡΏΣΤΙΑ
ΕΝΈΡΓΕΙΑ
ΓΕΝΕΤΙΚΉ

ΥΓΙΉ
ΝΟΣΟΚΟΜΕΊΟ
ΥΓΙΕΙΝΉ
ΜΌΛΥΝΣΗ
ΜΑΣΆΖ
ΔΙΆΘΕΣΗ
ΑΝΆΚΤΗΣΗ
ΠΊΕΣΗ
ΒΙΤΑΜΊΝΗ
ΖΥΓΊΖΩ

39 - Disease

Α	Ι	Κ	Ξ	Ω	Ξ	Έ	Α	Ψ	Κ	Ν	Ε	Δ	Λ	Χ
Ν	Μ	Ρ	Ο	Δ	Ρ	Η	Β	Σ	Α	Ε	Έ	Τ	Ν	Ρ
Α	Λ	Γ	Ι	Ι	Τ	Ξ	Ξ	Ε	Ρ	Υ	Π	Ο	Ί	Ό
Π	Ρ	Ξ	Α	Ί	Λ	Υ	Σ	Α	Δ	Ρ	Α	Ρ	Ο	Ν
Ν	Ί	Ψ	Μ	Μ	Ρ	Ι	Ψ	Χ	Ι	Ο	Ν	Ε	Ό	Ι
Ε	Χ	Ρ	Ώ	Σ	Μ	Ρ	Α	Ί	Ά	Π	Ό	Λ	Κ	Ο
Υ	Έ	Α	Σ	Ι	Β	Έ	Υ	Κ	Ξ	Ά	Γ	Υ	Ι	Σ
Σ	Σ	Ύ	Ν	Δ	Ρ	Ο	Μ	Ο	Ή	Θ	Ο	Σ	Τ	Ά
Τ	Ο	Σ	Φ	Υ	Ϊ	Κ	Ή	Ο	Ψ	Ε	Θ	Ω	Ο	Λ
Ι	Ο	Α	Λ	Λ	Ε	Ρ	Γ	Ί	Α	Ι	Α	Μ	Δ	Ξ
Κ	Φ	Λ	Ε	Γ	Μ	Ο	Ν	Ή	Ι	Α	Π	Έ	Α	Ν
Ή	Κ	Ι	Τ	Ε	Ν	Ε	Γ	Ω	Π	Ί	Μ	Γ	Τ	Η
Ρ	Α	Ε	Ξ	Α	Ί	Ε	Π	Α	Ρ	Ε	Θ	Τ	Ε	Ν
Π	Ν	Ε	Υ	Μ	Ο	Ν	Ι	Κ	Ή	Γ	Σ	Λ	Μ	Λ
Ε	Υ	Ε	Ξ	Ί	Α	Η	Χ	Β	Γ	Υ	Ν	Γ	Ρ	Η

ΚΟΙΛΙΑΚΉ
ΑΛΛΕΡΓΊΑ
ΣΏΜΑ
ΟΣΤΆ
ΧΡΌΝΙΟΣ
ΜΕΤΑΔΟΤΙΚΌ
ΓΕΝΕΤΙΚΉ
ΥΓΕΊΑ
ΚΑΡΔΙΆ
ΑΣΥΛΊΑ
ΦΛΕΓΜΟΝΉ
ΟΣΦΥΪΚΉ
ΝΕΥΡΟΠΆΘΕΙΑ
ΠΑΘΟΓΌΝΑ
ΠΝΕΥΜΟΝΙΚΉ
ΑΝΑΠΝΕΥΣΤΙΚΉ
ΣΎΝΔΡΟΜΟ
ΘΕΡΑΠΕΊΑ
ΕΥΕΞΊΑ

40 - Time

Ρ	Ρ	Ε	Δ	Ι	Ξ	Ε	Ψ	Ξ	Ο	Έ	Β	Ε	Ι	Π
Ε	Τ	Ή	Σ	Ι	Α	Δ	Ά	Μ	Ο	Δ	Β	Ε	Α	Υ
Μ	Π	Ι	Ν	Ό	Ί	Ο	Α	Τ	Χ	Ύ	Ν	Σ	Ι	Ι
Α	Ω	Ο	Ω	Ξ	Τ	Λ	Ί	Έ	Ν	Ή	Τ	Ν	Ώ	Τ
Μ	Ή	Ν	Α	Σ	Ω	Π	Τ	Υ	Α	Χ	Ω	Π	Ν	Α
Ο	Ι	Γ	Ό	Λ	Ο	Ρ	Ε	Μ	Η	Ρ	Ω	Π	Α	Μ
Τ	Σ	Ρ	Ρ	Β	Λ	Ω	Α	Λ	Ω	Α	Ε	Λ	Σ	Ξ
Ν	Τ	Σ	Μ	Ο	Α	Ί	Κ	Λ	Β	Ρ	Ι	Μ	Γ	Λ
Ύ	Η	Ρ	Χ	Ξ	Λ	Β	Ε	Λ	Ρ	Ώ	Ρ	Α	Ή	Τ
Σ	Ο	Τ	Ε	Χ	Α	Ό	Δ	Ι	Μ	Τ	Έ	Ρ	Β	Σ
Υ	Ξ	Ι	Μ	Ρ	Π	Ν	Ι	Α	Ί	Ρ	Μ	Έ	Χ	Ρ
Μ	Έ	Λ	Λ	Ο	Ν	Ι	Ρ	Π	Ω	Ί	Η	Μ	Ί	Α
Ρ	Β	Χ	Γ	Λ	Ψ	Ι	Γ	Δ	Υ	Ν	Σ	Ρ	Έ	Λ
Υ	Χ	Β	Μ	Π	Τ	Ρ	Υ	Υ	Σ	Δ	Ε	Ψ	Ε	Ω
Ω	Λ	Ο	Σ	Π	Ρ	Β	Β	Χ	Έ	Χ	Μ	Ρ	Ο	Υ

ΕΤΉΣΙΑ
ΠΡΙΝ
ΗΜΕΡΟΛΌΓΙΟ
ΑΙΏΝΑΣ
ΡΟΛΌΙ
ΜΈΡΑ
ΔΕΚΑΕΤΊΑ
ΑΡΧΉ
ΜΈΛΛΟΝ
ΏΡΑ
ΛΕΠΤΌ
ΜΉΝΑΣ
ΠΡΩΊ
ΝΎΧΤΑ
ΜΕΣΗΜΈΡΙ
ΤΏΡΑ
ΣΎΝΤΟΜΑ
ΣΉΜΕΡΑ
ΕΒΔΟΜΆΔΑ
ΕΤΟΣ

41 - Buildings

Δ	Ι	Α	Μ	Έ	Ρ	Ι	Σ	Μ	Α	Μ	Η	Ε	Δ	Ρ
Ξ	Ε	Ν	Ώ	Ν	Α	Σ	Τ	Ν	Ω	Ά	Ε	Π	Η	Ε
Λ	Ω	Ο	Ι	Ρ	Ή	Τ	Σ	Α	Γ	Ρ	Ε	Έ	Η	Ι
Λ	Ρ	Ρ	Δ	Υ	Ο	Ί	Ε	Μ	Ο	Κ	Ο	Σ	Ο	Ν
Α	Λ	Ν	Ο	Έ	Υ	Έ	Λ	Ο	Ί	Ε	Σ	Υ	Ο	Μ
Α	Α	Γ	Ρ	Ό	Κ	Τ	Η	Μ	Α	Τ	Σ	Έ	Ι	Η
Ν	Χ	Π	Α	Ρ	Α	Τ	Η	Ρ	Η	Τ	Ή	Ρ	Ι	Ο
Ί	Δ	Υ	Π	Ύ	Ρ	Γ	Ο	Σ	Β	Ω	Α	Π	Τ	Τ
Π	Χ	Ο	Ρ	Τ	Α	Έ	Θ	Ι	Ω	Λ	Ξ	Ί	Ο	Ρ
Μ	Έ	Σ	Ω	Ώ	Ξ	Ε	Ν	Ο	Δ	Ο	Χ	Ε	Ί	Ο
Α	Λ	Ω	Η	Π	Ν	Χ	Χ	Σ	Α	Ά	Χ	Β	Ε	Γ
Κ	Μ	Ο	Α	Χ	Η	Α	Π	Η	Κ	Ο	Τ	Ω	Λ	Η
Π	Ρ	Ε	Σ	Β	Ε	Ί	Α	Ι	Τ	Η	Ε	Σ	Ο	Έ
Ε	Ρ	Γ	Ο	Σ	Τ	Ά	Σ	Ι	Ο	Έ	Ν	Π	Χ	Έ
Η	Ω	Ψ	Ε	Δ	Χ	Κ	Ά	Σ	Τ	Ρ	Ο	Ή	Σ	Λ

ΔΙΑΜΈΡΙΣΜΑ
ΑΧΥΡΏΝΑ
ΚΑΜΠΊΝΑ
ΚΆΣΤΡΟ
ΠΡΕΣΒΕΊΑ
ΕΡΓΟΣΤΆΣΙΟ
ΑΓΡΌΚΤΗΜΑ
ΝΟΣΟΚΟΜΕΊΟ
ΞΕΝΏΝΑΣ
ΞΕΝΟΔΟΧΕΊΟ
ΕΡΓΑΣΤΉΡΙΟ
ΜΟΥΣΕΊΟ
ΠΑΡΑΤΗΡΗΤΉΡΙΟ
ΣΧΟΛΕΊΟ
ΣΤΆΔΙΟ
ΜΆΡΚΕΤ
ΣΚΗΝΉ
ΘΈΑΤΡΟ
ΠΎΡΓΟΣ

42 - Gardening

Α	Μ	Ι	Σ	Ώ	Ρ	Β	Σ	Ε	Ξ	Ω	Τ	Ι	Κ	Ό
Μ	Τ	Ξ	Ξ	Ε	Φ	Ο	Ω	Ν	Δ	Δ	Β	Π	Ξ	Κ
Ω	Π	Ι	Έ	Σ	Ύ	Ί	Λ	Μ	Α	Ε	Μ	Ε	Λ	Λ
Χ	Ί	Ο	Β	Ω	Λ	Γ	Ή	Έ	Β	Π	Δ	Ρ	Ο	Ί
Ό	Ω	Ρ	Υ	Σ	Λ	Ρ	Ν	Δ	Ρ	Ο	Ξ	Ι	Υ	Μ
Ρ	Γ	Ό	Π	Κ	Ο	Ξ	Α	Δ	Ω	Χ	Χ	Β	Λ	Α
Π	Γ	Π	Ψ	Ω	Έ	Θ	Έ	Ρ	Μ	Ι	Ή	Ό	Ο	Μ
Ο	Ν	Σ	Ψ	Υ	Μ	Τ	Ν	Τ	Ι	Α	Κ	Λ	Υ	Ω
Κ	Σ	Ο	Ν	Σ	Ι	Η	Ο	Ά	Ά	Κ	Ι	Ι	Δ	Λ
Υ	Ι	Δ	Ξ	Ω	Ρ	Δ	Ό	Α	Τ	Ή	Ν	Η	Ι	Λ
Σ	Ω	Ί	Ο	Λ	Υ	Γ	Ρ	Α	Σ	Ί	Α	Ε	Ώ	Ύ
Χ	Ω	Ε	Χ	Χ	Ρ	Β	Ε	Ι	Π	Ν	Τ	Ψ	Ν	Φ
Γ	Δ	Λ	Ω	Ψ	Ε	Χ	Ν	Ι	Ί	Β	Ο	Έ	Ψ	Ψ
Σ	Τ	Γ	Ω	Ω	Ο	Ί	Μ	Ε	Ί	Ί	Β	Α	Ε	Τ
Σ	Π	Ε	Ρ	Λ	Έ	Ξ	Ο	Υ	Ρ	Υ	Λ	Ρ	Α	Ι

ΆΝΘΟΣ
ΒΟΤΑΝΙΚΉ
ΜΠΟΥΚΈΤΟ
ΚΛΊΜΑ
ΚΟΠΡΌΧΩΜΑ
ΔΟΧΕΊΟ
ΒΡΩΜΙΆ
ΒΡΏΣΙΜΑ
ΕΞΩΤΙΚΌ
ΛΟΥΛΟΥΔΙΏΝ
ΦΎΛΛΩΜΑ
ΣΩΛΉΝΑ
ΦΎΛΛΟ
ΥΓΡΑΣΊΑ
ΠΕΡΙΒΌΛΙ
ΕΠΟΧΙΑΚΉ
ΣΠΌΡΟΙ
ΕΊΔΟΣ
ΝΕΡΌ

43 - Herbalism

Τ	Η	Σ	Ω	Ψ	Η	Ο	Θ	Α	Ρ	Ά	Μ	Ε	Σ	Σ
Λ	Χ	Ν	Σ	Σ	Ό	Ν	Α	Τ	Ν	Ϊ	Α	Μ	Υ	Τ
Κ	Ε	Μ	Α	Γ	Ε	Ι	Ρ	Ι	Κ	Ή	Λ	Ψ	Σ	Ί
Σ	Ρ	Β	Α	Ψ	Ί	Σ	Δ	Μ	Δ	Γ	Α	Δ	Τ	Ι
Ι	Έ	Ο	Ά	Δ	Δ	Ά	Γ	Ύ	Ξ	Έ	Ν	Σ	Α	Δ
Π	Έ	Λ	Κ	Ν	Μ	Ρ	Μ	Ε	Ο	Χ	Ά	Σ	Τ	Α
Π	Ξ	Π	Σ	Ο	Τ	Π	Έ	Υ	Β	Λ	Ρ	Ν	Ι	Κ
Σ	Ν	Δ	Δ	Ί	Σ	Α	Ν	Ε	Α	Ο	Υ	Ι	Κ	Ή
Ρ	Ί	Γ	Α	Ν	Η	Η	Τ	Ρ	Σ	Δ	Ο	Ο	Ό	Π
Γ	Ε	Ύ	Σ	Η	Ε	Ν	Α	Γ	Ι	Ρ	Ζ	Υ	Λ	Ο
Ψ	Η	Λ	Χ	Ξ	Τ	Γ	Ί	Ε	Λ	Ό	Τ	Υ	Φ	Σ
Ί	Ο	Ω	Σ	Γ	Ξ	Έ	Έ	Τ	Ι	Κ	Ν	Ν	Β	Β
Ξ	Ρ	Ρ	Έ	Έ	Σ	Π	Ω	Ι	Κ	Σ	Α	Ω	Ψ	Ο
Ο	Χ	Β	Ο	Ρ	Ο	Γ	Δ	Κ	Ο	Η	Μ	Λ	Ξ	Η
Χ	Β	Γ	Ω	Ξ	Α	Τ	Λ	Ή	Ύ	Έ	Χ	Ξ	Ε	Ί

ΒΑΣΙΛΙΚΟΎ
ΕΥΕΡΓΕΤΙΚΉ
ΜΑΓΕΙΡΙΚΉ
ΜΆΡΑΘΟ
ΓΕΎΣΗ
ΛΟΥΛΟΎΔΙ
ΚΉΠΟΣ
ΣΚΌΡΔΟ
ΠΡΆΣΙΝΟ
ΣΥΣΤΑΤΙΚΌ
ΛΕΒΆΝΤΑ
ΜΑΝΤΖΟΥΡΆΝΑ
ΜΈΝΤΑ
ΡΊΓΑΝΗ
ΜΑΪΝΤΑΝΌΣ
ΦΥΤΌ
ΚΡΟΚΟΣ

44 - Vehicles

Ω	Τ	Μ	Η	Σ	Χ	Σ	Ψ	Μ	Ο	Τ	Χ	Χ	Μ	Γ
Ο	Χ	Ρ	Η	Ε	Υ	Σ	Σ	Φ	Ο	Ρ	Τ	Η	Γ	Ό
Ρ	Ω	Ρ	Β	Χ	Ρ	Δ	Β	Ω	Β	Ο	Τ	Γ	Τ	Ο
Ε	Ο	Μ	Ε	Ξ	Α	Ί	Δ	Ε	Χ	Σ	Ό	Α	Τ	Μ
Τ	Λ	Υ	Ξ	Π	Ο	Ν	Ά	Λ	Π	Ο	Ρ	Ε	Α	Ε
Π	Ω	Α	Κ	Ρ	Ά	Β	Ή	Ε	Ρ	Ψ	Τ	Ξ	Α	Τ
Ό	Η	Α	Ί	Έ	Υ	Π	Ο	Ρ	Θ	Μ	Ε	Ί	Ο	Ρ
Κ	Ν	Ω	Σ	Λ	Τ	Π	Ο	Τ	Σ	Α	Μ	Ξ	Τ	Α
Ι	Τ	Τ	Ψ	Π	Ί	Α	Ο	Ν	Ρ	Ω	Ξ	Α	Α	Κ
Λ	Ά	Σ	Τ	Ι	Χ	Α	Ψ	Β	Ξ	Μ	Ν	Τ	Λ	Τ
Ε	Ο	Τ	Ι	Π	Σ	Ό	Χ	Ο	Ρ	Τ	Ι	Τ	Ή	Έ
Λ	Ε	Ω	Φ	Ο	Ρ	Ε	Ί	Ο	Β	Ύ	Β	Β	Δ	Ρ
Α	Υ	Τ	Ο	Κ	Ί	Ν	Η	Τ	Ο	Ε	Χ	Ξ	Ο	Υ
Α	Σ	Θ	Ε	Ν	Ο	Φ	Ό	Ρ	Ο	Δ	Ν	Ι	Π	Π
Σ	Κ	Ο	Ύ	Τ	Ε	Ρ	Έ	Τ	Ο	Μ	Α	Ψ	Ο	Ψ

ΑΕΡΟΠΛΆΝΟ
ΑΣΘΕΝΟΦΌΡΟ
ΠΟΔΉΛΑΤΟ
ΒΆΡΚΑ
ΛΕΩΦΟΡΕΊΟ
ΑΥΤΟΚΊΝΗΤΟ
ΤΡΟΧΌΣΠΙΤΟ
ΜΗΧΑΝΉ
ΠΟΡΘΜΕΊΟ
ΕΛΙΚΌΠΤΕΡΟ
ΜΟΤΈΡ
ΣΧΕΔΊΑ
ΡΟΥΚΈΤΑ
ΣΚΟΎΤΕΡ
ΥΠΟΒΡΎΧΙΟ
ΜΕΤΡΌ
ΤΑΞΊ
ΛΆΣΤΙΧΑ
ΤΡΑΚΤΈΡ
ΦΟΡΤΗΓΌ

45 - Flowers

Δ	Π	Σ	Σ	Χ	Σ	Μ	Λ	Ε	Β	Ά	Ν	Τ	Α	Π
Π	Π	Ο	Ψ	Ψ	Έ	Η	Α	Ί	Ν	Ω	Ι	Α	Π	Α
Η	Ο	Λ	Λ	Υ	Φ	Ά	Τ	Ν	Α	Ι	Ρ	Τ	Τ	Σ
Π	Α	Π	Α	Ρ	Ο	Ύ	Ν	Α	Ό	Ι	Γ	Δ	Τ	Σ
Κ	Α	Λ	Έ	Ν	Τ	Ο	Υ	Λ	Α	Λ	Ο	Ο	Μ	Ι
Π	Μ	Π	Ο	Η	Μ	Ξ	Ω	Υ	Ι	Ο	Ι	Λ	Π	Φ
Π	Ο	Σ	Ι	Ν	Ω	Κ	Ρ	Ί	Ν	Ο	Σ	Α	Ο	Λ
Τ	Ι	Ο	Π	Τ	Η	Β	Ρ	Γ	Έ	Β	Π	Τ	Υ	Ό
Ρ	Ί	Κ	Ό	Ο	Α	Δ	Λ	Ι	Δ	Ο	Α	Ί	Κ	Ρ
Ι	Α	Σ	Ρ	Λ	Π	Ί	Υ	Α	Ρ	Ρ	Σ	Ρ	Έ	Α
Φ	Π	Ί	Τ	Α	Ί	Π	Γ	Σ	Α	Χ	Χ	Α	Τ	Υ
Ύ	Δ	Β	Ο	Τ	Λ	Ί	Έ	Ε	Γ	Ι	Α	Γ	Ο	Υ
Λ	Τ	Ι	Ι	Έ	Υ	Ί	Μ	Μ	Ο	Δ	Λ	Ρ	Ρ	Ψ
Λ	Ξ	Μ	Λ	Π	Ο	Τ	Δ	Ί	Π	Έ	Ι	Α	Β	Δ
Ι	Λ	Α	Η	Π	Τ	Ι	Ρ	Α	Ω	Α	Ά	Μ	Ί	Π

ΜΠΟΥΚΈΤΟ
ΚΑΛΈΝΤΟΥΛΑ
ΤΡΙΦΎΛΛΙ
ΜΑΡΓΑΡΊΤΑ
ΠΙΚΡΑΛΊΔΑ
ΓΑΡΔΈΝΙΑ
ΙΒΊΣΚΟΣ
ΓΙΑΣΕΜΊ
ΛΕΒΆΝΤΑ
ΠΑΣΧΑΛΙΆ
ΚΡΊΝΟΣ
ΜΑΝΌΛΙΑ
ΟΡΧΙΔΈΑ
ΠΑΣΣΙΦΛΌΡΑ
ΠΑΙΩΝΊΑ
ΠΈΤΑΛΟ
ΠΑΠΑΡΟΎΝΑ
ΤΡΙΑΝΤΆΦΥΛΛΟ
ΗΛΙΟΤΡΌΠΙΟ
ΤΟΥΛΊΠΑ

46 - Health and Wellness #1

Χ	Σ	Υ	Δ	Α	Δ	Ο	Ρ	Μ	Ό	Ν	Η	Ξ	Η	Σ
Σ	Υ	Ό	Μ	Σ	Ι	Τ	Α	Μ	Υ	Α	Ρ	Τ	Τ	Τ
Σ	Ν	Χ	Α	Τ	Δ	Ρ	Σ	Σ	Ω	Ξ	Τ	Α	Β	Ά
Υ	Ή	Α	Έ	Ω	Ά	Π	Ή	Κ	Ι	Ν	Ι	Λ	Κ	Σ
Μ	Θ	Λ	Μ	Ή	Κ	Ι	Ρ	Τ	Α	Ι	Ε	Λ	Π	Η
Π	Ε	Ά	Δ	Ι	Τ	Α	Ν	Ω	Κ	Ξ	Σ	Έ	Υ	Ι
Λ	Ι	Ρ	Π	Ι	Ω	Φ	Α	Ρ	Μ	Α	Κ	Ε	Ί	Ο
Η	Α	Ω	Ή	Γ	Ρ	Ε	Ν	Ε	Ο	Ο	Β	Ι	Σ	Θ
Ρ	Ξ	Σ	Η	Κ	Β	Μ	Ί	Ν	Τ	Σ	Ι	Ό	Σ	Ε
Ώ	Τ	Η	Ί	Ά	Υ	Λ	Ε	Μ	Ε	Ω	Τ	Ε	Υ	Ρ
Μ	Ι	Χ	Ω	Τ	Σ	Έ	Π	Ψ	Ν	Ύ	Δ	Ά	Ψ	Α
Α	Ο	Σ	Ί	Α	Δ	Έ	Ρ	Μ	Α	Τ	Ρ	Σ	Ο	Π
Τ	Δ	Μ	Μ	Γ	Χ	Ε	Λ	Ε	Ι	Ί	Δ	Α	Σ	Ε
Α	Α	Ψ	Τ	Μ	Ί	Τ	Μ	Ε	Τ	Α	Ω	Ν	Έ	Ί
Σ	Υ	Σ	Β	Α	Β	Τ	Η	Ε	Υ	Ε	Π	Σ	Σ	Α

ΕΝΕΡΓΉ
ΒΑΚΤΉΡΙΑ
ΟΣΤΆ
ΚΛΙΝΙΚΉ
ΔΙΔΆΚΤΩΡ
ΚΆΤΑΓΜΑ
ΣΥΝΉΘΕΙΑ
ΥΨΟΣ
ΟΡΜΌΝΗ
ΠΕΊΝΑ
ΤΡΑΥΜΑΤΙΣΜΌ
ΙΑΤΡΙΚΉ
ΝΕΎΡΑ
ΦΑΡΜΑΚΕΊΟ
ΣΤΆΣΗ
ΧΑΛΆΡΩΣΗ
ΔΈΡΜΑ
ΣΥΜΠΛΗΡΏΜΑΤΑ
ΘΕΡΑΠΕΊΑ
ΙΌΣ

47 - Town

Υ	Π	Ψ	Ι	Λ	Κ	Κ	Λ	Ι	Ν	Ι	Κ	Ή	Δ	Η
Η	Μ	Α	Σ	Ν	Η	Α	Μ	Ξ	Η	Γ	Υ	Ν	Ο	Ν
Ξ	Ρ	Ο	Σ	Ο	Β	Ψ	Φ	Τ	Η	Χ	Ι	Ρ	Έ	Ε
Τ	Ε	Ι	Υ	Τ	Α	Ω	Ύ	Ε	Κ	Η	Θ	Ο	Π	Α
Ρ	Τ	Ν	Ρ	Σ	Λ	Η	Ρ	Κ	Ν	Ξ	Έ	Ο	Ω	Ψ
Ά	Λ	Τ	Ο	Ψ	Ε	Λ	Ω	Ρ	Γ	Ε	Ι	Λ	Ψ	Ε
Π	Ο	Χ	Υ	Δ	Τ	Ί	Ε	Ά	Ο	Μ	Ί	Ω	Σ	Ι
Ε	Χ	Α	Δ	Η	Ο	Ψ	Ο	Μ	Τ	Ά	Ρ	Ο	Γ	Α
Ζ	Β	Β	Μ	Ί	Ο	Χ	Γ	Σ	Έ	Χ	Β	Ί	Γ	Υ
Α	Ι	Β	Β	Ο	Ε	Ί	Ε	Ε	Β	Η	Ί	Ε	Θ	Ί
Σ	Τ	Ά	Δ	Ι	Ο	Γ	Β	Ί	Έ	Ν	Ί	Λ	Έ	Α
Φ	Α	Ρ	Μ	Α	Κ	Ε	Ί	Ο	Ο	Υ	Σ	Ο	Α	Ε
Π	Α	Ν	Ε	Π	Ι	Σ	Τ	Ή	Μ	Ι	Ο	Χ	Τ	Α
Ψ	Λ	Ί	Ε	Ρ	Λ	Ή	Γ	Ο	Λ	Λ	Υ	Σ	Ρ	Α
Α	Ν	Θ	Ο	Π	Ω	Λ	Ε	Ί	Ο	Γ	Ω	Β	Ο	Ω

ΤΡΆΠΕΖΑ
ΚΑΦΕΝΕΊΟ
ΚΛΙΝΙΚΉ
ΑΝΘΟΠΩΛΕΊΟ
ΣΥΛΛΟΓΉ
ΞΕΝΟΔΟΧΕΊΟ
ΑΓΟΡΆ
ΜΟΥΣΕΊΟ
ΦΑΡΜΑΚΕΊΟ
ΣΧΟΛΕΊΟ
ΣΤΆΔΙΟ
ΑΠΟΘΗΚΕΎΩ
ΜΆΡΚΕΤ
ΘΈΑΤΡΟ
ΠΑΝΕΠΙΣΤΉΜΙΟ

48 - Antarctica

Ψ	Α	Ί	Μ	Ω	Ί	Ν	Α	Ξ	Δ	Ν	Μ	Μ	Μ	Ε
Σ	Ύ	Ν	Ν	Ε	Φ	Α	Η	Ο	Β	Ο	Θ	Ξ	Ε	Π
Η	Ο	Ό	Ρ	Μ	Ο	Ί	Σ	Σ	Ρ	Λ	Ε	Ο	Τ	Ι
Δ	Η	Γ	Λ	Ι	Δ	Φ	Η	Η	Ι	Λ	Ρ	Ι	Α	Σ
Ώ	Έ	Ι	Ά	Γ	Έ	Α	Ρ	Ν	Χ	Ά	Μ	Π	Ν	Τ
Χ	Β	Π	Δ	Π	Χ	Ρ	Ή	Ό	Ω	Β	Ο	Ε	Ά	Η
Α	Σ	Β	Σ	Γ	Ί	Γ	Τ	Σ	Γ	Ι	Κ	Ε	Σ	Μ
Ρ	Π	Ο	Ω	Γ	Π	Ω	Α	Ρ	Ο	Ρ	Ρ	Κ	Τ	Ο
Β	Τ	Ό	Ρ	Ε	Ν	Ε	Ι	Ε	Κ	Ε	Α	Δ	Ε	Ν
Π	Ο	Υ	Λ	Ι	Ά	Γ	Δ	Χ	Ό	Π	Σ	Ρ	Υ	Ι
Δ	Ι	Τ	Τ	Λ	Ε	Ί	Μ	Χ	Λ	Υ	Ί	Ο	Σ	Κ
Ε	Ψ	Ω	Ν	Ο	Έ	Π	Χ	Β	Π	Α	Α	Μ	Η	Ή
Ε	Ρ	Ε	Υ	Ν	Η	Τ	Ή	Σ	Ο	Ί	Λ	Ή	Π	Μ
Ο	Ρ	Υ	Κ	Τ	Ά	Υ	Δ	Ψ	Β	Λ	Υ	Ε	Ι	Ε
Ξ	Η	Α	Ν	Τ	Ο	Π	Ο	Γ	Ρ	Α	Φ	Ί	Α	Ε

ΚΌΛΠΟ
ΠΟΥΛΙΆ
ΣΎΝΝΕΦΑ
ΔΙΑΤΉΡΗΣΗ
ΉΠΕΙΡΟΣ
ΌΡΜΟ
ΠΕΡΙΒΆΛΛΟΝ
ΕΚΔΡΟΜΉ
ΓΕΩΓΡΑΦΊΑ
ΠΆΓΟΣ
ΝΗΣΙΆ
ΜΕΤΑΝΆΣΤΕΥΣΗ
ΟΡΥΚΤΆ
ΧΕΡΣΌΝΗΣΟ
ΕΡΕΥΝΗΤΉΣ
ΒΡΑΧΏΔΗΣ
ΕΠΙΣΤΗΜΟΝΙΚΉ
ΘΕΡΜΟΚΡΑΣΊΑ
ΤΟΠΟΓΡΑΦΊΑ
ΝΕΡΌ

49 - Ballet

Κ	Α	Λ	Λ	Ι	Τ	Ε	Χ	Ν	Ι	Κ	Ή	Σ	Χ	Χ
Ε	Κ	Φ	Ρ	Α	Σ	Τ	Ι	Κ	Ή	Ξ	Ί	Υ	Ε	Ε
Ο	Ι	Ρ	Ή	Τ	Α	Ο	Ρ	Κ	Α	Ε	Π	Ν	Ι	Ι
Σ	Ρ	Α	Ρ	Β	Ν	Ω	Γ	Ο	Ε	Χ	Ε	Θ	Ρ	Ρ
Τ	Μ	Χ	Β	Χ	Ν	Μ	Ι	Υ	Ι	Α	Π	Έ	Ο	Ο
Υ	Ν	Ψ	Ή	Ρ	Υ	Θ	Μ	Ο	Ύ	Ί	Ι	Τ	Κ	Ν
Λ	Ή	Κ	Ι	Σ	Υ	Ο	Μ	Ψ	Ο	Φ	Δ	Η	Ρ	Ο
Β	Γ	Χ	Τ	Έ	Τ	Π	Ρ	Ό	Β	Α	Ε	Σ	Ό	Μ
Ν	Π	Ι	Ν	Ξ	Ν	Ρ	Ρ	Χ	Ξ	Ρ	Ξ	Ό	Τ	Ί
Ή	Κ	Ι	Ν	Χ	Ε	Τ	Α	Ψ	Η	Γ	Ι	Λ	Η	Α
Ά	Σ	Κ	Η	Σ	Η	Έ	Α	Υ	Μ	Ο	Ό	Ο	Μ	Ρ
Χ	Ο	Ρ	Ε	Υ	Τ	Ε	Σ	Σ	Σ	Ρ	Τ	Ι	Α	Χ
Μ	Π	Α	Λ	Α	Ρ	Ί	Ν	Α	Η	Ο	Η	Α	Λ	Ο
Η	Τ	Ξ	Έ	Ι	Ε	Γ	Ξ	Ψ	Υ	Χ	Τ	Ε	Β	Λ
Τ	Ε	Α	Μ	Α	Ψ	Ι	Ξ	Ί	Ί	Ρ	Α	Ν	Ω	Ω

ΧΕΙΡΟΚΡΌΤΗΜΑ
ΚΑΛΛΙΤΕΧΝΙΚΉ
ΑΚΡΟΑΤΉΡΙΟ
ΜΠΑΛΑΡΊΝΑ
ΧΟΡΟΓΡΑΦΊΑ
ΣΥΝΘΈΤΗ
ΧΟΡΕΥΤΕΣ
ΕΚΦΡΑΣΤΙΚΉ
ΧΕΙΡΟΝΟΜΊΑ
ΈΝΤΑΣΗ
ΜΟΥΣΙΚΉ
ΟΡΧΉΣΤΡΑ
ΆΣΚΗΣΗ
ΠΡΌΒΑ
ΡΥΘΜΟΎ
ΕΠΙΔΕΞΙΌΤΗΤΑ
ΣΌΛΟ
ΣΤΥΛ
ΤΕΧΝΙΚΉ

50 - Fashion

Ο	Ω	Ρ	Π	Ί	Γ	Ψ	Ω	Δ	Ύ	Ε	Ε	Η	Β	Ω
Υ	Ο	Η	Ε	Γ	Γ	Υ	Δ	Ο	Φ	Λ	Γ	Λ	Ο	Μ
Σ	Έ	Έ	Η	Τ	Μ	Υ	Σ	Α	Α	Δ	Β	Μ	Ο	Ι
Έ	Ξ	Ρ	Α	Ί	Π	Π	Έ	Λ	Σ	Ό	Λ	Π	Α	Ν
Ά	Ψ	Λ	Π	Ν	Ο	Ξ	Ρ	Μ	Μ	Ω	Ψ	Υ	Ο	Ι
Β	Μ	Τ	Λ	Λ	Υ	Τ	Σ	Α	Α	Υ	Έ	Ο	Σ	Μ
Ι	Σ	Ι	Μ	Γ	Τ	Ν	Ε	Ή	Κ	Ι	Χ	Ρ	Α	Α
Ρ	Έ	Υ	Ρ	Λ	Ί	Ξ	Χ	Ν	Β	Τ	Ψ	Λ	Λ	Λ
Κ	Δ	Β	Ο	Α	Κ	Ί	Η	Σ	Ά	Τ	Ι	Υ	Π	Ι
Α	Έ	Λ	Ι	Λ	Τ	Μ	Ο	Τ	Ί	Β	Ο	Κ	Δ	Σ
Π	Ο	Ν	Ρ	Έ	Τ	Ν	Ο	Μ	Ε	Χ	Μ	Ν	Ή	Τ
Υ	Ω	Μ	Τ	Ξ	Ξ	Ν	Π	Ρ	Ο	Σ	Ι	Τ	Ή	Ι
Ε	Ν	Μ	Έ	Η	Κ	Ο	Μ	Ψ	Ό	Ρ	Ο	Π	Φ	Κ
Δ	Ν	Ι	Μ	Τ	Μ	Δ	Α	Ν	Τ	Έ	Λ	Α	Υ	Ό
Δ	Ί	Γ	Σ	Μ	Χ	Α	Κ	Ο	Υ	Μ	Π	Ι	Ά	Σ

ΠΡΟΣΙΤΉ
ΜΠΟΥΤΊΚ
ΚΟΥΜΠΙΆ
ΆΝΕΤΟ
ΚΟΜΨΌ
ΚΈΝΤΗΜΑ
ΑΚΡΙΒΆ
ΎΦΑΣΜΑ
ΔΑΝΤΈΛΑ
ΜΙΝΙΜΑΛΙΣΤΙΚΌ
ΜΟΝΤΈΡΝΟ
ΜΈΤΡΙΟ
ΑΡΧΙΚΉ
ΜΟΤΊΒΟ
ΠΡΑΚΤΙΚΉ
ΑΠΛΌΣ
ΣΤΥΛ
ΥΦΉ
ΤΆΣΗ

51 - Human Body

Μ	Π	Π	Ο	Δ	Δ	Έ	Ξ	Η	Ω	Σ	Χ	Β	Έ	Χ
Ύ	Ρ	Δ	Η	Ρ	Σ	Χ	Ω	Δ	Δ	Σ	Ψ	Έ	Μ	Μ
Τ	Ό	Έ	Χ	Γ	Σ	Γ	Γ	Μ	Β	Τ	Η	Μ	Ρ	Ξ
Η	Σ	Ρ	Β	Σ	Ο	Λ	Α	Γ	Ά	Ρ	Τ	Σ	Α	Ι
Π	Ω	Μ	Ι	Ν	Ω	Ύ	Α	Π	Ί	Σ	Β	Ω	Ν	Ν
Ό	Π	Α	Τ	Λ	Λ	Ι	Ν	Μ	Υ	Α	Λ	Ό	Ώ	Ό
Δ	Ο	Έ	Ώ	Ψ	Ι	Α	Ά	Ι	Λ	Ά	Φ	Ε	Κ	Γ
Ι	Ι	Ω	Μ	Ξ	Ρ	Μ	Ι	Υ	Ο	Τ	Ψ	Έ	Γ	Α
Ω	Έ	Β	Ο	Π	Β	Ό	Δ	Μ	Ί	Σ	Υ	Ξ	Α	Σ
Η	Λ	Α	Σ	Υ	Ψ	Τ	Ρ	Χ	Ό	Ο	Έ	Χ	Ι	Δ
Τ	Π	Α	Α	Υ	Λ	Σ	Α	Ο	Ί	Σ	Ρ	Ι	Τ	Ι
Η	Α	Ξ	Μ	Ε	Ο	Δ	Κ	Ι	Έ	Μ	Β	Έ	Σ	Η
Ο	Π	Ψ	Ί	Τ	Υ	Α	Ω	Β	Ο	Α	Η	Ψ	Υ	Ν
Γ	Ό	Ν	Α	Τ	Ο	Λ	Υ	Τ	Χ	Ά	Δ	Π	Ί	Τ
Ω	Ξ	Χ	Ε	Ν	Β	Ο	Δ	Υ	Σ	Ι	Α	Χ	Β	Έ

ΑΣΤΡΆΓΑΛΟΣ
ΑΊΜΑ
ΟΣΤΆ
ΜΥΑΛΌ
ΠΗΓΟΎΝΙ
ΑΥΤΊ
ΑΓΚΏΝΑ
ΠΡΌΣΩΠΟ
ΔΆΧΤΥΛΟ
ΧΈΡΙ
ΚΕΦΆΛΙ
ΚΑΡΔΙΆ
ΣΑΓΌΝΙ
ΓΌΝΑΤΟ
ΠΌΔΙ
ΣΤΌΜΑ
ΛΑΙΜΌΣ
ΜΎΤΗ
ΏΜΟΣ
ΔΈΡΜΑ

52 - Musical Instruments

Μ	Φ	Ν	Ν	Γ	Ι	Υ	Η	Ι	Β	Μ	Δ	Β	Χ	Κ
Π	Π	Λ	Ι	Ο	Β	Η	Ρ	Ι	Ι	Φ	Έ	Τ	Ν	Λ
Β	Ε	Ά	Ά	Λ	Ο	Ν	Ί	Λ	Ο	Τ	Ν	Α	Μ	Α
Ι	Κ	Γ	Ν	Ο	Κ	Γ	Ρ	Δ	Λ	Ρ	Μ	Π	Δ	Ρ
Ο	Ι	Ω	Ψ	Τ	Υ	Μ	Δ	Κ	Ο	Ο	Ι	Μ	Α	Ι
Λ	Η	Μ	Α	Τ	Ζ	Τ	Ν	Ρ	Ν	Μ	Η	Ί	Γ	Ν
Ί	Γ	Α	Έ	Ξ	Ω	Ο	Ο	Ο	Τ	Π	Κ	Ρ	Σ	Έ
Τ	Ρ	Ο	Μ	Π	Έ	Τ	Α	Ύ	Σ	Ό	Ν	Α	Ο	Τ
Ό	Μ	Π	Ο	Ε	Π	Ό	Ψ	Σ	Έ	Ν	Ή	Μ	Ψ	Ο
Κ	Σ	Π	Ξ	Ν	Α	Κ	Η	Η	Λ	Ι	Μ	Ξ	Π	Α
Π	Ι	Γ	Ω	Υ	Ε	Γ	Ω	Μ	Ο	Ί	Ε	Γ	Π	Δ
Ι	Σ	Θ	Π	Α	Ω	Α	Ο	Υ	Ν	Δ	Σ	Σ	Ρ	Σ
Ά	Π	Ξ	Ά	Η	Ω	Φ	Σ	Α	Ξ	Ό	Φ	Ω	Ν	Ο
Ν	Σ	Ο	Μ	Ρ	Ί	Τ	Ύ	Μ	Π	Α	Ν	Ο	Σ	Ρ
Ο	Σ	Υ	Μ	Υ	Α	Γ	Ί	Β	Έ	Ο	Ά	Ρ	Π	Α

ΜΠΆΝΤΖΟ
ΦΑΓΚΌΤΟ
ΒΙΟΛΟΝΤΣΈΛΟ
ΚΛΑΡΙΝΈΤΟ
ΤΎΜΠΑΝΟ
ΚΝΉΜΕΣ
ΦΛΆΟΥΤΟ
ΓΚΟΝΓΚ
ΚΙΘΆΡΑ
ΆΡΠΑ
ΜΑΝΤΟΛΊΝΟ
ΜΑΡΊΜΠΑ
ΌΜΠΟΕ
ΚΡΟΎΣΗ
ΠΙΆΝΟ
ΣΑΞΌΦΩΝΟ
ΝΤΈΦΙ
ΤΡΟΜΠΌΝΙ
ΤΡΟΜΠΈΤΑ
ΒΙΟΛΊ

53 - Fruit

Β	Α	Τ	Ό	Μ	Ο	Υ	Ρ	Ο	Π	Ί	Ρ	Έ	Λ	Α
Τ	Δ	Μ	Α	Ρ	Α	Ψ	Α	Β	Ά	Υ	Ο	Κ	Γ	Χ
Τ	Μ	Η	Ί	Ξ	Ο	Τ	Ν	Ά	Κ	Ο	Β	Α	Έ	Π
Έ	Υ	Ω	Ρ	Τ	Κ	Χ	Α	Υ	Χ	Κ	Ί	Τ	Ί	Ω
Ρ	Α	Ρ	Λ	Ε	Ο	Τ	Ν	Α	Δ	Ύ	Ρ	Α	Κ	Ν
Κ	Ε	Έ	Γ	Λ	Κ	Σ	Ά	Χ	Δ	Σ	Λ	Γ	Τ	Α
Ψ	Ε	Ο	Έ	Σ	Ί	Α	Τ	Ο	Ι	Β	Λ	Ο	Μ	Α
Ψ	Χ	Ρ	Γ	Π	Ρ	Χ	Π	Α	Χ	Λ	Π	Ι	Ά	Α
Ί	Ε	Ύ	Ά	Α	Ε	Λ	Ν	Ί	Φ	Γ	Γ	Δ	Ν	Λ
Ι	Ε	Ο	Μ	Σ	Β	Ά	Ξ	Μ	Ρ	Ύ	Μ	Ί	Γ	Ε
Σ	Β	Μ	Ε	Ω	Ι	Δ	Π	Β	Π	Ψ	Λ	Ν	Κ	Μ
Β	Μ	Ή	Λ	Ο	Ν	Ι	Κ	Ά	Δ	Ο	Ρ	Ι	Ο	Ό
Ν	Ε	Κ	Τ	Α	Ρ	Ί	Ν	Ι	Τ	Υ	Ψ	Τ	Β	Ν
Ω	Α	Γ	Μ	Π	Α	Ν	Ά	Ν	Α	Υ	Ω	Κ	Η	Ι
Π	Ε	Π	Ό	Ν	Ι	Ξ	Α	Ι	Γ	Ά	Π	Α	Π	Τ

ΜΉΛΟ
ΒΕΡΊΚΟΚΟ
ΑΒΟΚΆΝΤΟ
ΜΠΑΝΆΝΑ
ΜΟΎΡΟ
ΚΕΡΆΣΙ
ΚΑΡΎΔΑ
ΣΎΚΟ
ΣΤΑΦΎΛΙ
ΓΚΟΥΆΒΑ
ΑΚΤΙΝΊΔΙΟ
ΛΕΜΌΝΙ
ΜΆΝΓΚΟ
ΠΕΠΌΝΙ
ΝΕΚΤΑΡΊΝΙ
ΠΑΠΆΓΙΑ
ΡΟΔΆΚΙΝΟ
ΑΧΛΆΔΙ
ΑΝΑΝΆ
ΒΑΤΌΜΟΥΡΟ

54 - Engineering

Ε	Ν	Έ	Ρ	Γ	Ε	Ι	Α	Ο	Ξ	Μ	Ά	Υ	Δ	Δ
Μ	Ε	Γ	Ω	Τ	Δ	Τ	Ρ	Ι	Β	Ή	Ξ	Π	Ι	Ι
Ί	Ο	Π	Χ	Σ	Ύ	Ν	Λ	Ν	Β	Ι	Ο	Ο	Α	Ά
Ω	Ι	Τ	Τ	Ξ	Ν	Τ	Α	Ο	Ά	Ο	Ν	Λ	Ν	Μ
Μ	Β	Γ	Έ	Ό	Α	Ί	Λ	Υ	Θ	Ή	Α	Ο	Ο	Ε
Α	Τ	Υ	Λ	Ρ	Μ	Ζ	Ώ	Μ	Ο	Υ	Σ	Γ	Μ	Τ
Μ	Ί	Υ	Μ	Γ	Η	Ε	Δ	Θ	Σ	Ε	Α	Ι	Ή	Ρ
Μ	Έ	Ω	Ε	Υ	Τ	Λ	Ξ	Μ	Η	Κ	Ψ	Σ	Έ	Ο
Α	Δ	Τ	Τ	Γ	Γ	Ι	Υ	Η	Η	Σ	Γ	Μ	Ι	Σ
Ρ	Ο	Μ	Ρ	Η	Β	Δ	Ξ	Χ	Ί	Α	Η	Ό	Ι	Π
Γ	Μ	Λ	Χ	Η	Ί	Ψ	Π	Α	Έ	Τ	Ρ	Σ	Ω	Μ
Ά	Ή	Β	Ν	Τ	Σ	Ω	Ψ	Ν	Ω	Α	Δ	Π	Υ	Π
Ι	Έ	Α	Σ	Ρ	Β	Η	Ψ	Ή	Ε	Κ	Ε	Ρ	Α	Υ
Δ	Σ	Τ	Α	Θ	Ε	Ρ	Ό	Τ	Η	Τ	Α	Ν	Μ	Έ
Γ	Ρ	Α	Ν	Ά	Ζ	Ι	Α	Ο	Ο	Γ	Ω	Ν	Ί	Α

ΓΩΝΊΑ
ΆΞΟΝΑΣ
ΥΠΟΛΟΓΙΣΜΌΣ
ΚΑΤΑΣΚΕΥΉ
ΒΆΘΟΣ
ΔΙΆΓΡΑΜΜΑ
ΔΙΆΜΕΤΡΟΣ
ΝΤΊΖΕΛ
ΔΙΑΝΟΜΉ
ΕΝΈΡΓΕΙΑ
ΤΡΙΒΉ
ΓΡΑΝΆΖΙΑ
ΥΓΡΌ
ΜΗΧΑΝΉ
ΜΈΤΡΗΣΗ
ΜΟΤΈΡ
ΏΘΗΣΗ
ΣΤΑΘΕΡΌΤΗΤΑ
ΔΎΝΑΜΗ
ΔΟΜΉ

55 - Government

Ί	Σ	Δ	Δ	Ι	Κ	Α	Ι	Ο	Σ	Ύ	Ν	Η	Ω	Σ
Α	Α	Ύ	Η	Κ	Α	Τ	Ά	Σ	Τ	Α	Σ	Η	Χ	Υ
Ί	Ί	Ρ	Ν	Μ	Π	Ο	Λ	Ι	Τ	Ι	Κ	Ή	Τ	Ζ
Ρ	Ν	Π	Ψ	Τ	Ο	Ν	Έ	Λ	Π	Ξ	Έ	Ψ	Ι	Ή
Ε	Ω	Ξ	Τ	Σ	Α	Κ	Π	Ε	Ρ	Ι	Ο	Χ	Ή	Τ
Θ	Φ	Χ	Ψ	Ρ	Ν	Γ	Ρ	Λ	Ι	Ω	Ί	Ι	Υ	Η
Υ	Α	Ί	Β	Χ	Ο	Ή	Μ	Α	Ο	Χ	Ω	Θ	Ω	Σ
Ε	Ι	Ρ	Η	Ν	Ι	Κ	Ή	Α	Τ	Η	Υ	Α	Δ	Η
Λ	Δ	Π	Σ	Λ	Ω	Ι	Ρ	Ι	Ε	Ί	Ν	Γ	Ί	Σ
Ε	Β	Χ	Α	Τ	Η	Τ	Ό	Σ	Ι	Ε	Α	Έ	Κ	Ύ
Ο	Μ	Ι	Λ	Ί	Α	Σ	Υ	Ό	Ψ	Ψ	Ρ	Ν	Α	Μ
Έ	Θ	Ν	Ο	Σ	Β	Α	Σ	Μ	Σ	Ι	Ι	Ε	Ι	Β
Ρ	Π	Α	Ε	Β	Δ	Κ	Έ	Η	Τ	Ι	Υ	Ι	Ο	Ο
Ι	Λ	Ψ	Ρ	Σ	Υ	Ι	Ω	Δ	Υ	Υ	Δ	Α	Ξ	Λ
Ν	Ί	Ι	Τ	Δ	Ξ	Δ	Μ	Ν	Η	Μ	Ε	Ί	Ο	Ο

ΙΘΑΓΈΝΕΙΑ
ΔΗΜΌΣΙΑ
ΣΎΝΤΑΓΜΑ
ΔΗΜΟΚΡΑΤΊΑ
ΣΥΖΉΤΗΣΗ
ΔΙΑΦΩΝΊΑ
ΠΕΡΙΟΧΉ
ΙΣΌΤΗΤΑ
ΔΙΚΑΣΤΙΚΉ
ΔΙΚΑΙΟΣΎΝΗ
ΔΊΚΑΙΟ
ΕΛΕΥΘΕΡΊΑ
ΜΝΗΜΕΊΟ
ΈΘΝΟΣ
ΕΙΡΗΝΙΚΉ
ΠΟΛΙΤΙΚΉ
ΟΜΙΛΊΑ
ΚΑΤΆΣΤΑΣΗ
ΣΎΜΒΟΛΟ

56 - Art Supplies

Ρ	Ό	Π	Ί	Α	Ξ	Σ	Ω	Χ	Ρ	Ώ	Μ	Α	Τ	Α
Λ	Κ	Ι	Μ	Β	Η	Υ	Α	Λ	Δ	Β	Π	Ρ	Ι	Λ
Ν	Ι	Ν	Γ	Ξ	Γ	Γ	Ψ	Δ	Π	Ψ	Η	Μ	Α	Ο
Ι	Λ	Έ	Ρ	Ε	Γ	Έ	Ν	Ι	Έ	Η	Δ	Ε	Σ	Μ
Α	Υ	Λ	Ο	Β	Β	Γ	Σ	Ε	Ν	Ί	Ξ	Λ	Ω	Τ
Λ	Ρ	Ο	Σ	Α	Τ	Χ	Σ	Α	Ο	Α	Α	Ά	Ν	Ο
Κ	Κ	Ε	Δ	Μ	Β	Ψ	Ξ	Ψ	Ν	Ο	Π	Ν	Μ	Ο
Έ	Α	Λ	Α	Ι	Ν	Ό	Ι	Γ	Α	Ρ	Κ	Ι	Ξ	Τ
Ρ	Λ	Β	Β	Δ	Τ	Τ	Χ	Μ	Ο	Λ	Ύ	Β	Ι	Α
Α	Λ	Υ	Α	Ά	Π	Ί	Γ	Α	Ι	Έ	Μ	Μ	Ο	Έ
Κ	Ό	Υ	Α	Λ	Ί	Χ	Λ	Ό	Ρ	Ε	Ν	Ρ	Λ	Δ
Ω	Κ	Ρ	Ε	Α	Έ	Ο	Υ	Ε	Μ	Τ	Ω	Γ	Π	Ι
Υ	Έ	Ε	Μ	Λ	Έ	Τ	Σ	Α	Π	Α	Ί	Ί	Ξ	Β
Τ	Ρ	Α	Π	Έ	Ζ	Ι	Ο	Ν	Υ	Ο	Β	Ρ	Ά	Κ
Α	Κ	Ο	Υ	Α	Ρ	Έ	Λ	Ε	Σ	Π	Ξ	Ι	Δ	Ξ

ΑΚΡΥΛΙΚΌ
ΠΙΝΈΛΟ
ΚΑΡΈΚΛΑ
ΚΆΡΒΟΥΝΟ
ΧΡΏΜΑΤΑ
ΚΡΑΓΙΌΝΙΑ
ΚΑΒΑΛΈΤΟ
ΓΌΜΑ
ΚΌΛΛΑ
ΙΔΈΑ
ΜΕΛΆΝΙ
ΛΆΔΙ
ΧΑΡΤΊ
ΠΑΣΤΈΛ
ΜΟΛΎΒΙΑ
ΤΡΑΠΈΖΙ
ΝΕΡΌ
ΑΚΟΥΑΡΈΛΕΣ

57 - Science Fiction

Μ	Υ	Σ	Τ	Η	Ρ	Ι	Ώ	Δ	Η	Σ	Τ	Μ	Ο	Ψ
Χ	Η	Μ	Ι	Κ	Ή	Σ	Σ	Ι	Λ	Α	Ε	Υ	Μ	Γ
Ν	Ί	Ο	Ν	Ε	Π	Ψ	Έ	Ι	Ω	Ί	Χ	Θ	Δ	Ο
Ν	Η	Ο	Ρ	Κ	Ά	Π	Ν	Μ	Ό	Ξ	Ν	Ι	Υ	Χ
Η	Ε	Υ	Π	Ψ	Ι	Ψ	Έ	Μ	Κ	Α	Ο	Σ	Σ	Ψ
Ί	Ψ	Τ	Τ	Λ	Ω	Δ	Ο	Ρ	Ι	Λ	Λ	Τ	Τ	Ε
Έ	Μ	Ο	Χ	Ξ	Α	Π	Φ	Έ	Μ	Α	Ο	Ο	Ο	Υ
Λ	Α	Π	Ρ	Γ	Ω	Ν	Τ	Ω	Ο	Γ	Γ	Ρ	Π	Δ
Ρ	Ν	Ί	Ξ	Ο	Ε	Μ	Ή	Π	Τ	Δ	Ί	Ή	Ί	Α
Έ	Τ	Α	Ξ	Η	Μ	Μ	Υ	Τ	Α	Ι	Α	Μ	Α	Ί
Κ	Ε	Ι	Ε	Ρ	Π	Π	Β	Τ	Η	Ί	Ά	Α	Έ	Σ
Ρ	Ί	Λ	Ι	Ί	Ψ	Τ	Ό	Ψ	Έ	Σ	Χ	Τ	Ξ	Θ
Η	Ο	Β	Κ	Ό	Σ	Μ	Ο	Τ	Ψ	Ψ	Ι	Α	Δ	Η
Ξ	Β	Ι	Φ	Α	Ν	Τ	Α	Σ	Τ	Ι	Κ	Ό	Γ	Σ
Η	Τ	Β	Μ	Α	Κ	Ρ	Ι	Ν	Ό	Ι	Μ	Ί	Μ	Η

ΑΤΟΜΙΚΌ
ΒΙΒΛΙΑ
ΧΗΜΙΚΉ
ΜΑΚΡΙΝΌ
ΔΥΣΤΟΠΊΑ
ΈΚΡΗΞΗ
ΆΚΡΟ
ΦΩΤΙΆ
ΓΑΛΑΞΊΑΣ
ΨΕΥΔΑΊΣΘΗΣΗ
ΦΑΝΤΑΣΤΙΚΌ
ΜΥΣΤΗΡΙΏΔΗΣ
ΜΥΘΙΣΤΟΡΉΜΑΤΑ
ΜΑΝΤΕΊΟ
ΠΛΑΝΉΤΗΣ
ΡΟΜΠΌΤ
ΤΕΧΝΟΛΟΓΊΑ
ΟΥΤΟΠΊΑ
ΚΌΣΜΟ

58 - Geometry

Σ	Α	Ί	Ρ	Ω	Ε	Θ	Ε	Δ	Σ	Υ	Ε	Ο	Έ	Σ
Υ	Ρ	Ξ	Ί	Υ	Ξ	Ω	Ί	Ξ	Ρ	Η	Γ	Ψ	Δ	Χ
Μ	Ι	Λ	Μ	Λ	Ί	Ε	Π	Ι	Φ	Ά	Ν	Ε	Ι	Α
Μ	Θ	Υ	Ξ	Η	Σ	Α	Τ	Σ	Ά	Ι	Δ	Ι	Τ	Χ
Ε	Μ	Ι	Χ	Ε	Ω	Μ	Β	Λ	Μ	Ί	Ψ	Η	Η	Ί
Τ	Ό	Ε	Μ	Λ	Σ	Ή	Υ	Μ	Λ	Ο	Γ	Ι	Κ	Ή
Ρ	Σ	Ο	Ψ	Υ	Η	Μ	Η	Γ	Ά	Β	Χ	Π	Ο	Σ
Ί	Π	Ο	Σ	Ο	Σ	Τ	Ό	Ω	Υ	Ζ	Ι	Α	Ρ	Ε
Α	Ρ	Υ	Ψ	Ο	Ί	Γ	Σ	Ν	Η	Σ	Α	Ρ	Ι	Π
Έ	Η	Ν	Σ	Λ	Λ	Η	Σ	Ί	Σ	Τ	Α	Ά	Ζ	Π
Τ	Μ	Δ	Η	Δ	Γ	Κ	Μ	Α	Έ	Δ	Ε	Λ	Ό	Χ
Η	Η	Α	Π	Μ	Η	Λ	Ύ	Π	Μ	Α	Κ	Λ	Ν	Ψ
Τ	Ρ	Ι	Γ	Ώ	Ν	Ο	Υ	Κ	Β	Ί	Υ	Η	Τ	Σ
Λ	Ε	Δ	Ι	Ά	Μ	Ε	Τ	Ρ	Ο	Σ	Ο	Λ	Ι	Λ
Υ	Π	Ο	Λ	Ο	Γ	Ι	Σ	Μ	Ό	Σ	Π	Η	Α	Γ

ΓΩΝΊΑ
ΥΠΟΛΟΓΙΣΜΌΣ
ΚΎΚΛΟΣ
ΚΑΜΠΎΛΗ
ΔΙΆΜΕΤΡΟΣ
ΔΙΆΣΤΑΣΗ
ΕΞΊΣΩΣΗ
ΥΨΟΣ
ΟΡΙΖΌΝΤΙΑ
ΛΟΓΙΚΉ
ΜΆΖΑ
ΜΈΣΗ
ΑΡΙΘΜΌΣ
ΠΑΡΆΛΛΗΛΗ
ΠΟΣΟΣΤΌ
ΤΜΉΜΑ
ΕΠΙΦΆΝΕΙΑ
ΣΥΜΜΕΤΡΊΑ
ΘΕΩΡΊΑ
ΤΡΙΓΏΝΟΥ

59 - Creativity

Κ	Ρ	Ε	Υ	Σ	Τ	Ό	Τ	Η	Τ	Α	Γ	Α	Ο	Δ
Υ	Α	Έ	Δ	Ι	Ω	Ε	Ν	Ρ	Τ	Ε	Ω	Υ	Ρ	Ι
Ω	Ν	Λ	Έ	Μ	Π	Ν	Ε	Υ	Σ	Η	Γ	Θ	Ά	Α
Η	Μ	Ί	Λ	Σ	Β	Π	Ξ	Ε	Μ	Ί	Υ	Ε	Μ	Ί
Σ	Φ	Ή	Κ	Ι	Τ	Α	Μ	Α	Ρ	Δ	Η	Ν	Α	Σ
Α	Η	Α	Ο	Η	Τ	Ω	Σ	Δ	Π	Ο	Γ	Τ	Τ	Θ
Ρ	Ί	Σ	Ν	Α	Ι	Ε	Ν	Ή	Φ	Α	Σ	Ι	Α	Η
Φ	Π	Σ	Δ	Τ	Α	Ο	Χ	Δ	Υ	Ι	Ω	Κ	Ε	Σ
Κ	Ο	Α	Θ	Ν	Α	Έ	Τ	Ν	Γ	Ι	Τ	Ό	Ν	Η
Έ	Ι	Ν	Ε	Η	Ψ	Σ	Μ	Χ	Ι	Η	Ξ	Τ	Τ	Έ
Χ	Β	Ό	Ψ	Ξ	Σ	Τ	Ί	Α	Δ	Κ	Γ	Η	Ύ	Ν
Β	Π	Κ	Ω	Μ	Ω	Η	Χ	Α	Ρ	Ξ	Ή	Τ	Π	Τ
Ε	Π	Ι	Δ	Ε	Ξ	Ι	Ό	Τ	Η	Τ	Α	Α	Ω	Α
Ε	Φ	Ε	Υ	Ρ	Ε	Τ	Ι	Κ	Ή	Π	Α	Η	Σ	Σ
Π	Σ	Υ	Ν	Α	Ι	Σ	Θ	Ή	Μ	Α	Τ	Α	Η	Η

ΚΑΛΛΙΤΕΧΝΙΚΉ
ΑΥΘΕΝΤΙΚΌΤΗΤΑ
ΣΑΦΉΝΕΙΑ
ΔΡΑΜΑΤΙΚΉ
ΣΥΝΑΙΣΘΉΜΑΤΑ
ΈΚΦΡΑΣΗ
ΡΕΥΣΤΌΤΗΤΑ
ΙΔΈΑ
ΕΙΚΌΝΑ
ΦΑΝΤΑΣΊΑ
ΕΝΤΎΠΩΣΗ
ΈΜΠΝΕΥΣΗ
ΈΝΤΑΣΗ
ΔΙΑΊΣΘΗΣΗ
ΕΦΕΥΡΕΤΙΚΉ
ΑΊΣΘΗΣΗ
ΕΠΙΔΕΞΙΌΤΗΤΑ
ΟΡΆΜΑΤΑ

60 - Airplanes

Μ	Υ	Κ	Γ	Ρ	Ρ	Σ	Έ	Λ	Τ	Σ	Α	Ρ	Έ	Α
Ν	Η	Δ	Α	Ρ	Ι	Α	Φ	Σ	Ό	Μ	Τ	Α	Λ	Ί
Τ	Σ	Χ	Ρ	Τ	Ο	Ι	Ή	Κ	Ι	Τ	Ο	Λ	Ι	Π
Ο	Χ	Ί	Α	Ο	Α	Μ	Π	Α	Λ	Ό	Ν	Ι	Κ	Π
Μ	Έ	Μ	Ί	Ν	Γ	Γ	Ρ	Δ	Ο	Τ	Ε	Ξ	Α	Δ
Ι	Δ	Γ	Σ	Ι	Ή	Ό	Ω	Ω	Ν	Α	Ρ	Χ	Ί	Ε
Σ	Ι	Ί	Ω	Ω	Γ	Τ	Ν	Γ	Σ	Ρ	Ω	Η	Ρ	Ί
Ύ	Ο	Σ	Ό	Ν	Α	Ρ	Υ	Ο	Ή	Α	Ο	Υ	Ο	Β
Α	Α	Ν	Α	Τ	Α	Ρ	Α	Χ	Ή	Υ	Ρ	Ψ	Τ	Ε
Κ	Α	Τ	Α	Σ	Κ	Ε	Υ	Ή	Έ	Ψ	Έ	Ό	Σ	Σ
Π	Λ	Ή	Ρ	Ω	Μ	Α	Σ	Μ	Έ	Ε	Ρ	Μ	Ι	Β
Δ	Β	Ξ	Ψ	Μ	Ο	Η	Τ	Ά	Β	Ι	Π	Ε	Β	Α
Π	Ε	Ρ	Ι	Π	Έ	Τ	Ε	Ι	Α	Β	Ί	Τ	Ν	Λ
Ε	Ξ	Ω	Ο	Ξ	Υ	Έ	Π	Υ	Ψ	Ο	Σ	Ρ	Λ	Μ
Τ	Ν	Ο	Μ	Η	Η	Σ	Ω	Ί	Ε	Γ	Σ	Ο	Ρ	Π

ΠΕΡΙΠΈΤΕΙΑ
ΑΈΡΑΣ
ΥΨΌΜΕΤΡΟ
ΑΤΜΌΣΦΑΙΡΑ
ΜΠΑΛΌΝΙ
ΚΑΤΑΣΚΕΥΉ
ΠΛΉΡΩΜΑ
ΚΑΤΑΓΩΓΉ
ΣΧΈΔΙΟ
ΜΗΧΑΝΉ
ΚΑΎΣΙΜΟ
ΥΨΟΣ
ΙΣΤΟΡΊΑ
ΥΔΡΟΓΌΝΟ
ΠΡΟΣΓΕΊΩΣΗ
ΕΠΙΒΆΤΗ
ΠΙΛΟΤΙΚΉ
ΈΛΙΚΑ
ΟΥΡΑΝΌΣ
ΑΝΑΤΑΡΑΧΉ

61 - Ocean

Ω	Ψ	Δ	Λ	Κ	Χ	Τ	Α	Π	Ό	Δ	Ι	Χ	Δ	Ω
Η	Ί	Β	Δ	Ο	Α	Έ	Γ	Δ	Ι	Α	Ν	Ε	Ε	Η
Ψ	Ά	Ρ	Ι	Ν	Ρ	Β	Χ	Ε	Λ	Υ	Δ	Λ	Λ	Ο
Ί	Δ	Ο	Λ	Ί	Έ	Δ	Ο	Ε	Λ	Ε	Μ	Ώ	Φ	Υ
Χ	Ο	Ο	Έ	Ω	Ξ	Σ	Ε	Ύ	Ά	Δ	Έ	Ν	Ί	Ω
Κ	Α	Ρ	Χ	Α	Ρ	Ί	Α	Σ	Ρ	Μ	Δ	Α	Ν	Η
Η	Ν	Χ	Έ	Σ	Ο	Α	Ρ	Τ	Ο	Ι	Ο	Δ	Ι	Ί
Γ	Ι	Ι	Χ	Έ	Φ	Ι	Ί	Χ	Κ	Η	Υ	Ί	Δ	Η
Λ	Α	Ω	Δ	Μ	Φ	Ο	Δ	Δ	Η	Η	Σ	Γ	Ί	Η
Ά	Λ	Ρ	Σ	Δ	Ύ	Ρ	Υ	Τ	Ξ	Τ	Ε	Ι	Ε	Έ
Δ	Ά	Ω	Ί	Ξ	Κ	Ρ	Η	Γ	Ν	Μ	Σ	Α	Ρ	Ι
Α	Φ	Σ	Ω	Δ	Ι	Ί	Χ	Υ	Γ	Ξ	Ν	Τ	Τ	Μ
Τ	Ό	Ν	Ο	Σ	Α	Λ	Ί	Ι	Τ	Ά	Λ	Α	Σ	Υ
Σ	Ν	Π	Ο	Ω	Υ	Α	Γ	Δ	Ί	Ρ	Ρ	Κ	Δ	Γ
Έ	Π	Σ	Ω	Έ	Ι	Π	Ί	Λ	Γ	Τ	Ξ	Ι	Ξ	Έ

ΆΛΓΗ
ΚΟΡΆΛΛΙ
ΚΑΒΟΎΡΙ
ΔΕΛΦΊΝΙ
ΧΈΛΙ
ΨΆΡΙ
ΜΈΔΟΥΣΕΣ
ΧΤΑΠΌΔΙ
ΣΤΡΕΊΔΙ
ΞΈΡΑ

ΑΛΆΤΙ
ΦΎΚΙ
ΚΑΡΧΑΡΊΑΣ
ΓΑΡΊΔΑ
ΣΦΟΥΓΓΆΡΙ
ΚΑΤΑΙΓΊΔΑ
ΠΑΛΊΡΡΟΙΑ
ΤΌΝΟΣ
ΧΕΛΏΝΑ
ΦΆΛΑΙΝΑ

62 - Force and Gravity

Μ	Η	Χ	Α	Ν	Ι	Κ	Ή	Γ	Κ	Α	Α	Ε	Σ	Ζ
Κ	Ί	Λ	Λ	Ρ	Ν	Ο	Κ	Έ	Ί	Π	Χ	Β	Γ	Υ
Ε	Έ	Β	Υ	Ω	Ώ	Μ	Ι	Τ	Ν	Ό	Μ	Ρ	Γ	Γ
Σ	Τ	Ν	Η	Μ	Ρ	Ρ	Σ	Ί	Η	Σ	Ε	Ί	Π	Ί
Μ	Ν	Ν	Τ	Ω	Υ	Γ	Υ	Δ	Σ	Τ	Ε	Ω	Δ	Ζ
Λ	Ί	Μ	Ο	Ρ	Ξ	Α	Φ	Δ	Η	Α	Π	Ν	Η	Ω
Ά	Ή	Κ	Ι	Λ	Ο	Θ	Α	Κ	Σ	Σ	Ι	Ο	Η	Γ
Μ	Ξ	Έ	Δ	Τ	Ρ	Ο	Χ	Ι	Ά	Η	Δ	Ξ	Ι	Ξ
Π	Έ	Ο	Δ	Υ	Ν	Α	Μ	Ι	Κ	Ή	Ι	Υ	Ί	Ι
Π	Τ	Β	Ν	Τ	Ρ	Ι	Β	Ή	Ί	Μ	Ό	Ρ	Β	Ι
Ω	Μ	Η	Σ	Α	Τ	Κ	Έ	Π	Ε	Ρ	Τ	Μ	Χ	Ί
Έ	Η	Α	Η	Ω	Σ	Χ	Υ	Β	Ψ	Ο	Η	Τ	Ξ	Ο
Μ	Α	Γ	Ν	Η	Τ	Ι	Σ	Μ	Ό	Σ	Τ	Ξ	Ν	Ρ
Τ	Ρ	Ο	Ρ	Λ	Α	Τ	Η	Τ	Ύ	Χ	Α	Τ	Χ	Μ
Ε	Λ	Α	Ν	Α	Κ	Ά	Λ	Υ	Ψ	Η	Ν	Χ	Μ	Χ

ΆΞΟΝΑΣ
ΚΈΝΤΡΟ
ΑΝΑΚΆΛΥΨΗ
ΑΠΌΣΤΑΣΗ
ΔΥΝΑΜΙΚΉ
ΕΠΈΚΤΑΣΗ
ΤΡΙΒΉ
ΜΑΓΝΗΤΙΣΜΌΣ
ΜΗΧΑΝΙΚΉ
ΟΡΜΉ
ΚΊΝΗΣΗ
ΤΡΟΧΙΆ
ΦΥΣΙΚΉ
ΠΊΕΣΗ
ΙΔΙΌΤΗΤΑ
ΤΑΧΎΤΗΤΑ
ΏΡΑ
ΚΑΘΟΛΙΚΉ
ΖΥΓΊΖΩ

63 - Birds

Χ	Π	Π	Κ	Ι	Ο	Ο	Τ	Λ	Δ	Σ	Δ	Ν	Ε	Π
Λ	Ι	Α	Ύ	Ο	Ί	Ν	Κ	Α	Ε	Τ	Ό	Σ	Ρ	Ε
Μ	Γ	Π	Κ	Τ	Μ	Ο	Ι	Γ	Μ	Ε	Ξ	Ί	Ω	Λ
Α	Κ	Α	Ν	Π	Υ	Χ	Ι	Σ	Ν	Ω	Ω	Α	Δ	Ε
Υ	Ο	Γ	Ο	Ά	Έ	Β	Κ	Ξ	Σ	Ί	Ί	Α	Ι	Κ
Γ	Υ	Ά	Σ	Π	Ω	Ε	Ά	Μ	Η	Ο	Μ	Π	Ο	Α
Ό	Ί	Λ	Γ	Ι	Ν	Ί	Ρ	Α	Ν	Α	Κ	Α	Σ	Ν
Ί	Ν	Ο	Υ	Α	Υ	Π	Ε	Τ	Γ	Μ	Π	Γ	Λ	Ξ
Ω	Ο	Σ	Ο	Ρ	Ά	Λ	Γ	Χ	Ή	Ν	Α	Ώ	Δ	Φ
Χ	Σ	Π	Ε	Λ	Α	Ρ	Γ	Ό	Σ	Χ	Π	Ν	Ο	Ω
Κ	Ο	Τ	Ό	Π	Ο	Υ	Λ	Ο	Γ	Ω	Ρ	Ι	Ξ	Δ
Ρ	Τ	Λ	Ξ	Γ	Δ	Ι	Μ	Κ	Ο	Ρ	Ά	Κ	Ι	Ί
Σ	Π	Ο	Υ	Ρ	Γ	Ί	Τ	Ι	Ω	Π	Ί	Έ	Έ	Α
Κ	Ο	Ύ	Κ	Ο	Σ	Τ	Ο	Υ	Κ	Ά	Ν	Λ	Ν	Ν
Χ	Ο	Ο	Σ	Έ	Ε	Ι	Ε	Ι	Ε	Δ	Δ	Π	Σ	Ί

ΚΑΝΑΡΊΝΙ
ΚΟΤΌΠΟΥΛΟ
ΚΟΡΆΚΙ
ΚΟΎΚΟΣ
ΠΆΠΙΑ
ΑΕΤΌΣ
ΑΥΓΌ
ΦΛΑΜΊΝΓΚΟ
ΧΉΝΑ
ΓΛΆΡΟΣ
ΓΕΡΆΚΙ
ΕΡΩΔΙΟΣ
ΠΑΠΑΓΆΛΟΣ
ΠΑΓΩΝΙ
ΠΕΛΕΚΑΝ
ΠΙΓΚΟΥΊΝΟΣ
ΣΠΟΥΡΓΊΤΙ
ΠΕΛΑΡΓΌΣ
ΚΎΚΝΟΣ
ΤΟΥΚΆΝ

64 - Nutrition

Ζ	Χ	Ί	Ί	Σ	Ό	Τ	Γ	Β	Ε	Η	Ί	Η	Ζ	Δ
Β	Ύ	Β	Τ	Π	Ρ	Ο	Ε	Ε	Λ	Σ	Ε	Ν	Υ	Ι
Ρ	Β	Μ	Α	Η	Ε	Ξ	Ύ	Β	Ν	Έ	Ξ	Ί	Γ	Α
Ώ	Λ	Ψ	Ω	Σ	Ξ	Ί	Σ	Τ	Ρ	Ψ	Έ	Μ	Ί	Τ
Σ	Ν	Ρ	Ο	Σ	Η	Ν	Η	Μ	Π	Σ	Λ	Α	Ζ	Ρ
Ι	Ν	Ρ	Τ	Ε	Η	Η	Ί	Ξ	Ό	Υ	Η	Τ	Ω	Ο
Μ	Λ	Λ	Ί	Ν	Ί	Α	Θ	Ι	Κ	Υ	Γ	Ι	Ή	Φ
Α	Ξ	Ε	Ι	Ϊ	Ψ	Ο	Τ	Ε	Ι	Ψ	Έ	Β	Ρ	Ή
Ξ	Δ	Π	Ν	Ε	Γ	Λ	Α	Ά	Ρ	Γ	Υ	Σ	Κ	Υ
Σ	Ή	Κ	Ι	Τ	Π	Ε	Ρ	Θ	Α	Μ	Ε	Δ	Ι	Χ
Σ	Ρ	Δ	Λ	Ω	Ε	Ρ	Χ	Ω	Χ	Λ	Ι	Γ	Π	Γ
Ω	Γ	Λ	Λ	Ρ	Π	Ψ	Έ	Ψ	Α	Σ	Π	Δ	Δ	Γ
Ρ	Έ	Η	Ν	Π	Λ	Έ	Σ	Ψ	Π	Α	Β	Τ	Ε	Ρ
Υ	Γ	Ε	Ί	Α	Χ	Ψ	Ψ	Γ	Μ	Η	Λ	Α	Σ	Σ
Σ	Ά	Λ	Τ	Σ	Α	Α	Τ	Η	Τ	Ό	Ι	Ο	Π	Α

ΌΡΕΞΗ
ΠΙΚΡΉ
ΘΕΡΜΙΔΕΣ
ΔΙΑΤΡΟΦΉ
ΠΈΨΗ
ΒΡΏΣΙΜΑ
ΖΎΜΩΣΗ
ΓΕΎΣΗ
ΥΓΕΊΑ
ΥΓΙΉ
ΥΓΡΆ
ΘΡΕΠΤΙΚΉ
ΠΡΩΤΕΪΝΕΣ
ΠΟΙΌΤΗΤΑ
ΣΆΛΤΣΑ
ΜΠΑΧΑΡΙΚΌ
ΤΟΞΊΝΗ
ΒΙΤΑΜΊΝΗ
ΖΥΓΊΖΩ

65 - Hiking

Π	Χ	Έ	Υ	Ί	Ο	Μ	Ή	Φ	Υ	Ρ	Ο	Κ	Ψ	Π
Α	Ά	Γ	Ρ	Ι	Ο	Ι	Ν	Ύ	Σ	Α	Μ	Ί	Λ	Κ
Ρ	Λ	Ν	Σ	Ο	Ν	Έ	Μ	Σ	Α	Ρ	Υ	Ο	Κ	Α
Α	Ι	Μ	Μ	Χ	Ο	Σ	Ί	Η	Ρ	Ρ	Σ	Γ	Γ	Ι
Σ	Π	Έ	Ν	Ά	Ί	Ε	Ρ	Ν	Τ	Λ	Λ	Η	Ν	Ρ
Κ	Δ	Χ	Έ	Ρ	Τ	Ν	Ω	Η	Έ	Ρ	Υ	Δ	Ι	Ό
Ε	Τ	Η	Ε	Β	Τ	Μ	Ό	Ι	Π	Τ	Ά	Ο	Π	Σ
Υ	Χ	Ξ	Μ	Σ	Ο	Έ	Ν	Π	Β	Ν	Ι	Χ	Μ	Τ
Ή	Α	Ι	Π	Ύ	Ο	Ν	Υ	Ο	Κ	Ε	Ρ	Δ	Ά	Π
Ι	Δ	Π	Ό	Ή	Λ	Ι	Ο	Σ	Δ	Ρ	Α	Α	Κ	Ι
Ζ	Ώ	Α	Τ	Ι	Ε	Π	Β	Ν	Γ	Ό	Β	Δ	Η	Έ
Π	Α	Κ	Ε	Υ	Ω	Ν	Β	Ω	Δ	Ε	Η	Δ	Β	Ξ
Υ	Δ	Ρ	Σ	Γ	Ν	Ν	Έ	Υ	Α	Ω	Λ	Υ	Α	Ω
Τ	Χ	Ά	Ξ	Λ	Ψ	Χ	Ί	Ι	Η	Ψ	Β	Ο	Υ	Γ
Ν	Η	Π	Γ	Σ	Ω	Ε	Π	Γ	Ε	Ξ	Ω	Δ	Σ	Γ

ΖΏΑ
ΜΠΌΤΕΣ
ΚΆΜΠΙΝΓΚ
ΒΡΆΧΟ
ΚΛΊΜΑ
ΟΔΗΓΟΊ
ΒΑΡΙΆ
ΧΆΡΤΗ
ΚΟΥΝΟΎΠΙΑ
ΒΟΥΝΌ
ΦΎΣΗ
ΠΆΡΚΑ
ΠΑΡΑΣΚΕΥΉ
ΠΈΤΡΑ
ΚΟΡΥΦΉ
ΉΛΙΟΣ
ΚΟΥΡΑΣΜΈΝΟΣ
ΝΕΡΌ
ΚΑΙΡΌΣ
ΆΓΡΙΟ

66 - Professions #1

Κ	Τ	Η	Ν	Ί	Α	Τ	Ρ	Ο	Σ	Ε	Ε	Π	Δ	Β
Α	Η	Έ	Ε	Η	Β	Ω	Ε	Ξ	Η	Π	Έ	Ρ	Ι	Η
Α	Σ	Τ	Ρ	Ο	Ν	Ό	Μ	Ο	Σ	Ε	Χ	Ο	Δ	Δ
Ψ	Υ	Χ	Ο	Λ	Ό	Γ	Ο	Σ	Σ	Ξ	Π	Σ	Ά	Α
Χ	Ο	Ρ	Ε	Υ	Τ	Ή	Σ	Ξ	Ξ	Ε	Υ	Α	Κ	Ξ
Υ	Δ	Ρ	Α	Υ	Λ	Ι	Κ	Ό	Σ	Ρ	Ρ	Ρ	Τ	Μ
Σ	Ο	Ρ	Ό	Γ	Η	Κ	Ι	Δ	Ί	Γ	Ο	Μ	Ω	Ο
Α	Ω	Χ	Α	Λ	Π	Α	Μ	Γ	Λ	Α	Σ	Ο	Ρ	Υ
Τ	Ρ	Α	Π	Ε	Ζ	Ί	Τ	Η	Σ	Σ	Β	Σ	Κ	Σ
Σ	Ο	Γ	Ό	Λ	Ω	Ε	Γ	Ί	Η	Ί	Έ	Μ	Υ	Ι
Ί	Ν	Ο	Σ	Ο	Κ	Ό	Μ	Α	Τ	Α	Σ	Έ	Ν	Κ
Ν	Α	Ε	Χ	Ι	Ι	Χ	Ω	Έ	Ύ	Χ	Τ	Ν	Η	Ό
Α	Π	Ρ	Έ	Σ	Β	Η	Σ	Ί	Α	Δ	Η	Α	Γ	Σ
Ι	Ψ	Υ	Υ	Ψ	Ε	Λ	Δ	Τ	Ν	Π	Σ	Μ	Ό	Ω
Π	Π	Ρ	Ο	Π	Ο	Ν	Η	Τ	Ή	Σ	Ν	Υ	Σ	Β

ΠΡΈΣΒΗΣ
ΑΣΤΡΟΝΌΜΟΣ
ΔΙΚΗΓΌΡΟΣ
ΤΡΑΠΕΖΊΤΗΣ
ΠΡΟΠΟΝΗΤΉΣ
ΧΟΡΕΥΤΉΣ
ΔΙΔΆΚΤΩΡ
ΕΠΕΞΕΡΓΑΣΊΑ
ΠΥΡΟΣΒΈΣΤΗΣ
ΓΕΩΛΌΓΟΣ
ΚΥΝΗΓΌΣ
ΜΟΥΣΙΚΌΣ
ΝΟΣΟΚΌΜΑ
ΠΙΑΝΊΣΤΑΣ
ΥΔΡΑΥΛΙΚΌΣ
ΨΥΧΟΛΌΓΟΣ
ΝΑΎΤΗΣ
ΠΡΟΣΑΡΜΟΣΜΈΝΑ
ΚΤΗΝΊΑΤΡΟΣ

67 - Barbecues

Ζ	Α	Υ	Σ	Λ	Λ	Χ	Α	Υ	Μ	Τ	Μ	Α	Ω	Σ
Χ	Ε	Δ	Λ	Μ	Α	Μ	Έ	Α	Β	Ω	Χ	Λ	Ί	Ψ
Ψ	Β	Σ	Σ	Ξ	Χ	Α	Τ	Ά	Λ	Α	Σ	Υ	Ε	Ο
Τ	Σ	Τ	Τ	Η	Α	Χ	Τ	Ο	Π	Υ	Γ	Μ	Γ	Ρ
Ρ	Ο	Η	Τ	Ό	Ν	Α	Ι	Δ	Ί	Ν	Χ	Ι	Α	Π
Ο	Ν	Ι	Ή	Έ	Ι	Ί	Μ	Σ	Έ	Ν	Β	Ξ	Ι	Δ
Φ	Π	Ρ	Κ	Α	Κ	Ρ	Ξ	Γ	Ξ	Σ	Γ	Σ	Ν	Ξ
Ή	Ί	Ί	Ι	Ο	Ά	Ι	Ο	Λ	Ί	Φ	Χ	Ε	Ύ	Ο
Ν	Ε	Α	Σ	Α	Γ	Α	Ν	Ί	Ε	Π	Π	Ά	Ο	Έ
Γ	Δ	Κ	Υ	Σ	Έ	Έ	Ω	Ν	Ο	Τ	Ύ	Ο	Ρ	Φ
Έ	Ι	Ο	Ο	Τ	Ω	Ρ	Ν	Ο	Ί	Τ	Γ	Β	Ι	Α
Ο	Γ	Λ	Μ	Λ	Λ	Π	Π	Ε	Δ	Ι	Ε	Τ	Π	Ο
Β	Δ	Α	Τ	Ά	Μ	Ο	Τ	Ν	Ι	Τ	Ά	Λ	Α	Η
Υ	Ι	Κ	Σ	Σ	Τ	Έ	Ω	Ί	Α	Α	Ρ	Χ	Π	Ί
Δ	Π	Ψ	Δ	Α	Κ	Ο	Τ	Ό	Π	Ο	Υ	Λ	Ο	Ο

ΚΟΤΌΠΟΥΛΟ
ΠΑΙΔΊ
ΔΕΊΠΝΟ
ΟΙΚΟΓΈΝΕΙΑ
ΤΡΟΦΉ
ΠΙΡΟΎΝΙΑ
ΦΊΛΟΙ
ΦΡΟΎΤΟ
ΠΑΙΧΝΊΔΙΑ
ΣΧΆΡΑ
ΖΕΣΤΌ
ΠΕΊΝΑ
ΜΑΧΑΊΡΙΑ
ΜΟΥΣΙΚΉ
ΣΑΛΆΤΑ
ΑΛΆΤΙ
ΣΆΛΤΣΑ
ΚΑΛΟΚΑΊΡΙ
ΝΤΟΜΆΤΑ
ΛΑΧΑΝΙΚΆ

68 - Chocolate

Ζ	Ό	Κ	Ι	Τ	Α	Τ	Σ	Υ	Σ	Γ	Σ	Ω	Θ	Ξ
Ε	Ά	Γ	Λ	Ρ	Δ	Γ	Λ	Ρ	Ω	Λ	Κ	Π	Ε	Ξ
Ι	Έ	Χ	Χ	Α	Τ	Ή	Α	Ε	Ω	Υ	Ό	Ψ	Ρ	Ν
Υ	Δ	Τ	Α	Μ	Ω	Ρ	Ά	Π	Ρ	Κ	Ν	Υ	Μ	Τ
Σ	Ο	Ο	Ι	Ρ	Α	Κ	Ω	Σ	Η	Ό	Η	Ω	Ι	Ο
Ψ	Ε	Α	Κ	Β	Η	Ι	Ξ	Α	Υ	Μ	Σ	Τ	Δ	Α
Η	Σ	Λ	Ί	Γ	Ί	Π	Μ	Ω	Ο	Ν	Έ	Δ	Ε	Ο
Η	Έ	Α	Τ	Η	Τ	Ό	Ι	Ο	Π	Τ	Τ	Ν	Σ	Λ
Ι	Π	Λ	Σ	Σ	Α	Κ	Κ	Α	Κ	Ά	Ο	Α	Ο	Έ
Έ	Ι	Έ	Ι	Ύ	Ν	Ι	Λ	Δ	Π	Ξ	Μ	Ί	Γ	Σ
Α	Σ	Μ	Φ	Ε	Ω	Τ	Ο	Ύ	Ο	Λ	Ι	Ο	Τ	Ή
Χ	Ψ	Α	Δ	Γ	Τ	Ω	Μ	Ρ	Γ	Έ	Τ	Ο	Δ	Α
Π	Ί	Ρ	Ψ	Β	Ο	Ξ	Υ	Α	Σ	Υ	Σ	Η	Ι	Ξ
Χ	Π	Α	Υ	Ξ	Ψ	Ε	Ο	Κ	Σ	Δ	Ό	Ω	Π	Ψ
Χ	Ή	Κ	Ι	Ν	Χ	Ε	Τ	Ο	Ι	Β	Ν	Ο	Ε	Σ

ΆΡΩΜΑ
ΒΙΟΤΕΧΝΙΚΉ
ΠΙΚΡΉ
ΚΑΚΆΟ
ΘΕΡΜΙΔΕΣ
ΚΑΡΑΜΈΛΑ
ΚΑΡΎΔΑ
ΝΌΣΤΙΜΟ
ΕΞΩΤΙΚΌ
ΑΓΑΠΗΜΈΝΟΣ
ΣΥΣΤΑΤΙΚΌ
ΦΙΣΤΊΚΙΑ
ΣΚΌΝΗ
ΠΟΙΌΤΗΤΑ
ΣΥΝΤΑΓΉ
ΖΆΧΑΡΗ
ΓΛΥΚΌ
ΓΕΎΣΗ

69 - Vegetables

Η	Α	Μ	Κ	Ω	Ε	Γ	Τ	Α	Σ	Ω	Ρ	Μ	Η	Μ
Σ	Γ	Π	Ξ	Ο	Τ	Ό	Ρ	Α	Κ	Ι	Α	Σ	Π	Α
Ό	Κ	Ρ	Χ	Ε	Υ	Δ	Ί	Π	Ό	Ρ	Π	Β	Χ	Ν
Ν	Ι	Ό	Ρ	Δ	Β	Ν	Α	Ρ	Ρ	Ε	Α	Β	Ω	Ι
Α	Ν	Κ	Τ	Ε	Έ	Υ	Ο	Δ	Δ	Ζ	Ν	Α	Ο	Τ
Τ	Ά	Ο	Ν	Ι	Λ	Έ	Σ	Υ	Ο	Τ	Ά	Ν	Ε	Ά
Ν	Ρ	Λ	Σ	Α	Λ	Ά	Τ	Α	Π	Ν	Κ	Ά	Σ	Ρ
Ϊ	Α	Ο	Α	Γ	Κ	Ξ	Δ	Α	Ξ	Ί	Ι	Ζ	Κ	Ι
Α	Ί	Β	Μ	Η	Ξ	Ρ	Δ	Τ	Η	Ζ	Δ	Τ	Α	Σ
Μ	Π	Ι	Ζ	Έ	Λ	Ι	Ε	Ά	Ο	Τ	Ν	Ι	Λ	Π
Κ	Ο	Λ	Ο	Κ	Ύ	Θ	Α	Μ	Ί	Ί	Ω	Λ	Ω	Α
Α	Γ	Γ	Ο	Ύ	Ρ	Ι	Η	Ο	Μ	Δ	Α	Ε	Ν	Ν
Η	Γ	Τ	Ν	Π	Π	Χ	Α	Τ	Υ	Ύ	Υ	Μ	Ί	Ά
Γ	Ο	Γ	Γ	Ύ	Λ	Ι	Π	Ν	Σ	Η	Δ	Β	Δ	Κ
Η	Τ	Β	Δ	Ψ	Χ	Δ	Μ	Έ	Α	Ε	Λ	Ι	Α	Ι

ΑΓΚΙΝΆΡΑ
ΜΠΡΌΚΟΛΟ
ΚΑΡΌΤΟ
ΚΟΥΝΟΥΠΊΔΙ
ΣΈΛΙΝΟ
ΑΓΓΟΎΡΙ
ΜΕΛΙΤΖΆΝΑ
ΣΚΌΡΔΟ
ΤΖΊΝΤΖΕΡ
ΜΑΝΙΤΆΡΙ
ΚΡΕΜΜΎΔΙ
ΜΑΪΝΤΑΝΌΣ
ΜΠΙΖΈΛΙ
ΚΟΛΟΚΎΘΑ
ΡΑΠΑΝΆΚΙ
ΣΑΛΆΤΑ
ΕΣΚΑΛΩΝΊΔΑ
ΣΠΑΝΆΚΙ
ΝΤΟΜΆΤΑ
ΓΟΓΓΎΛΙ

70 - Boats

Σ	Γ	Λ	Γ	Α	Α	Η	Σ	Π	Μ	Ν	Π	Ι	Ν	Ν
Έ	Η	Η	Ί	Α	Π	Ρ	Ω	Σ	Η	Α	Ο	Σ	Α	Δ
Μ	Σ	Μ	Ι	Μ	Α	Μ	Σ	Ν	Χ	Ύ	Τ	Τ	Υ	Ψ
Μ	Ό	Ν	Α	Κ	Ν	Σ	Ί	Ι	Α	Τ	Α	Ι	Τ	Ω
Τ	Μ	Α	Σ	Δ	Σ	Η	Β	Τ	Ν	Η	Μ	Ο	Ι	Κ
Ί	Τ	Π	Σ	Λ	Ο	Σ	Ι	Ρ	Ή	Σ	Ό	Φ	Κ	Ε
Ε	Ο	Ρ	Α	Υ	Ί	Ύ	Α	Ά	Ι	Ω	Σ	Ό	Ό	Α
Π	Α	Υ	Λ	Α	Ε	Β	Ρ	Τ	Β	Ε	Ί	Ρ	Π	Ν
Δ	Ω	Κ	Ά	Έ	Μ	Γ	Θ	Α	Τ	Ω	Τ	Ο	Γ	Ό
Α	Ι	Ά	Θ	Γ	Θ	Ξ	Ά	Κ	Ί	Ν	Ι	Ο	Χ	Σ
Υ	Σ	Ι	Τ	Ι	Ρ	Ί	Β	Ο	Έ	Δ	Τ	Η	Β	Β
Ξ	Β	Γ	Λ	Ο	Ο	Ι	Ο	Ψ	Τ	Χ	Ε	Ο	Υ	Ο
Χ	Ο	Α	Ί	Τ	Π	Σ	Π	Ί	Μ	Ξ	Ί	Χ	Τ	Ι
Ά	Γ	Κ	Υ	Ρ	Α	Α	Α	Ω	Γ	Π	Σ	Η	Σ	Ξ
Ρ	Γ	Ί	Μ	Ι	Π	Λ	Ή	Ρ	Ω	Μ	Α	Σ	Έ	Ρ

ΆΓΚΥΡΑ
ΣΗΜΑΔΟΎΡΑ
ΚΑΝΌ
ΠΛΉΡΩΜΑ
ΑΠΟΒΆΘΡΑ
ΜΗΧΑΝΉ
ΠΟΡΘΜΕΊΟ
ΚΑΓΙΆΚ
ΛΊΜΝΗ
ΣΩΣΊΒΙΑ
ΚΑΤΆΡΤΙ
ΝΑΥΤΙΚΌ
ΩΚΕΑΝΌΣ
ΣΧΕΔΊΑ
ΠΟΤΑΜΌΣ
ΣΧΟΙΝΊ
ΙΣΤΙΟΦΌΡΟ
ΝΑΎΤΗΣ
ΘΆΛΑΣΣΑ
ΓΙΟΤ

71 - Activities and Leisure

Γ	Π	Β	Λ	Λ	Ε	Ψ	Σ	Κ	Μ	Π	Ο	Ξ	Ο	Μ
Κ	Κ	Ψ	Μ	Τ	Π	Ά	Έ	Ο	Χ	Ο	Σ	Ψ	Σ	Η
Μ	Α	Ο	Ο	Χ	Έ	Ρ	Ρ	Λ	Γ	Ψ	Μ	Π	Ε	Ν
Χ	Π	Τ	Λ	Τ	Μ	Ε	Φ	Ύ	Τ	Μ	Τ	Ξ	Π	Τ
Β	Μ	Έ	Α	Φ	Η	Μ	Ι	Μ	Β	Ε	Ν	Η	Ε	Ψ
Α	Σ	Π	Ι	Δ	Ρ	Α	Ν	Β	Δ	Σ	Δ	Ε	Ζ	Χ
Τ	Ξ	Έ	Π	Ζ	Ύ	Ο	Γ	Η	Τ	Γ	Π	Ρ	Ο	Ξ
Τ	Έ	Χ	Ν	Η	Μ	Σ	Κ	Σ	Ι	Ν	Έ	Τ	Π	Τ
Β	Ό	Λ	Ε	Ϊ	Σ	Π	Ε	Η	Π	Α	Λ	Σ	Ο	Α
Ψ	Π	Ο	Ν	Λ	Χ	Ρ	Ο	Ι	Π	Μ	Ό	Χ	Ρ	Ξ
Μ	Π	Ά	Σ	Κ	Ε	Τ	Η	Λ	Σ	Β	Ί	Χ	Ί	Ί
Τ	Ω	Ν	Π	Ο	Δ	Ό	Σ	Φ	Α	Ι	Ρ	Ο	Α	Δ
Ζ	Ω	Γ	Ρ	Α	Φ	Ι	Κ	Ή	Ν	Ε	Τ	Έ	Β	Ι
Κ	Η	Π	Ο	Υ	Ρ	Ι	Κ	Ή	Σ	Η	Ρ	Έ	Ξ	Α
Ψ	Κ	Ά	Μ	Π	Ι	Ν	Γ	Κ	Τ	Ν	Γ	Α	Π	Ω

ΤΈΧΝΗ
ΜΠΈΙΖΜΠΟΛ
ΜΠΆΣΚΕΤ
ΜΠΟΞ
ΚΆΜΠΙΝΓΚ
ΚΑΤΑΔΎΣΕΙΣ
ΨΆΡΕΜΑ
ΚΗΠΟΥΡΙΚΉ
ΓΚΟΛΦ
ΠΕΖΟΠΟΡΊΑ
ΧΌΜΠΙ
ΖΩΓΡΑΦΙΚΉ
ΠΟΔΌΣΦΑΙΡΟ
ΣΈΡΦΙΝΓΚ
ΚΟΛΎΜΒΗΣΗ
ΤΈΝΙΣ
ΤΑΞΊΔΙ
ΒΌΛΕΪ

72 - Driving

Α	Η	Α	Μ	Η	Χ	Ύ	Τ	Α	Γ	Ξ	Σ	Α	Ε	Τ
Υ	Ο	Ι	Σ	Ο	Ν	Ι	Ξ	Ν	Α	Τ	Ή	Ω	Λ	Α
Τ	Ο	Ε	Γ	Ι	Τ	Ο	Ν	Έ	Τ	Χ	Ρ	Ω	Δ	Χ
Ο	Π	Λ	Γ	Ρ	Ξ	Ο	Ί	Ρ	Τ	Ά	Α	Έ	Χ	Ύ
Κ	Ξ	Ά	Ε	Έ	Α	Μ	Σ	Φ	Ί	Ρ	Γ	Γ	Ι	Τ
Ί	Ε	Φ	Χ	Α	Ί	Ι	Ο	Υ	Π	Τ	Γ	Γ	Δ	Η
Ν	Β	Σ	Λ	Ί	Ρ	Σ	Μ	Έ	Κ	Η	Α	Τ	Ρ	Τ
Η	Ί	Α	Λ	Μ	Ο	Ύ	Ό	Ε	Β	Λ	Μ	Δ	Ό	Α
Τ	Ρ	Ψ	Α	Ο	Φ	Α	Ρ	Ι	Υ	Α	Έ	Ί	Μ	Ρ
Ο	Έ	Ω	Δ	Ν	Ο	Κ	Δ	Π	Ι	Ρ	Έ	Τ	Ο	Μ
Ψ	Γ	Σ	Ε	Υ	Λ	Υ	Τ	Ο	Λ	Ν	Η	Τ	Α	Δ
Δ	Β	Ό	Π	Τ	Κ	Ψ	Ι	Ε	Ω	Μ	Μ	Σ	Ψ	Ξ
Έ	Τ	Ζ	Ξ	Σ	Υ	Π	Β	Γ	Κ	Α	Ρ	Ά	Ζ	Γ
Ά	Δ	Ε	Ι	Α	Κ	Ι	Ν	Δ	Ύ	Ν	Ο	Υ	Υ	Ν
Ν	Τ	Π	Β	Ρ	Ψ	Τ	Φ	Ο	Ρ	Τ	Η	Γ	Ό	Ρ

ΑΤΎΧΗΜΑ
ΦΡΈΝΑ
ΑΥΤΟΚΊΝΗΤΟ
ΚΙΝΔΎΝΟΥ
ΚΑΎΣΙΜΟ
ΓΚΑΡΆΖ
ΑΈΡΙΟ
ΆΔΕΙΑ
ΧΆΡΤΗ
ΜΟΤΈΡ
ΜΟΤΟΣΥΚΛΈΤΑ
ΠΕΖΌΣ
ΑΣΤΥΝΟΜΊΑ
ΔΡΌΜΟΣ
ΑΣΦΆΛΕΙΑ
ΤΑΧΎΤΗΤΑ
ΔΡΌΜΟ
ΚΥΚΛΟΦΟΡΊΑ
ΦΟΡΤΗΓΌ
ΣΉΡΑΓΓΑ

73 - Biology

Ψ	Ν	Η	Ψ	Α	Ν	Ύ	Σ	Έ	Σ	Ι	Γ	Υ	Έ	Θ
Π	Ό	Ξ	Ο	Ρ	Μ	Ό	Ν	Η	Ν	Ο	Ψ	Ί	Ε	Η
Κ	Τ	Α	Ι	Ρ	Ή	Τ	Κ	Α	Β	Ζ	Λ	Ε	Ε	Λ
Λ	Ε	Λ	Η	Έ	Ό	Σ	Μ	Ω	Σ	Η	Υ	Τ	Ξ	Α
Τ	Π	Λ	Γ	Μ	Κ	Μ	Έ	Ι	Τ	Μ	Ν	Μ	Έ	Σ
Γ	Ρ	Ά	Ί	Β	Ψ	Ο	Ρ	Ύ	Ε	Ν	Υ	Α	Ο	Τ
Α	Ε	Τ	Ο	Ρ	Ξ	Λ	Λ	Υ	Δ	Α	Α	Ε	Ψ	Ι
Μ	Υ	Ε	Ω	Υ	Λ	Ο	Σ	Λ	Χ	Λ	Μ	Ι	Ρ	Κ
Τ	Ο	Μ	Ψ	Ο	Ο	Π	Β	Λ	Α	Α	Ω	Σ	Π	Ό
Φ	Υ	Σ	Ι	Κ	Ή	Ω	Λ	Λ	Ω	Γ	Σ	Ο	Π	Η
Φ	Ω	Τ	Ο	Σ	Ύ	Ν	Θ	Ε	Σ	Η	Ό	Β	Χ	Α
Π	Ρ	Ω	Τ	Ε	Ι	¨	´	Ν	Η	Τ	Μ	Ν	Ρ	Π
Σ	Υ	Μ	Β	Ί	Ω	Σ	Η	Ν	Σ	Β	Ω	Έ	Ο	Π
Α	Ν	Α	Τ	Ο	Μ	Ί	Α	Α	Ν	Ώ	Ρ	Υ	Ε	Ν
Ε	Ξ	Έ	Λ	Ι	Ξ	Η	Β	Τ	Ψ	Ω	Χ	Τ	Χ	Ο

ΑΝΑΤΟΜΊΑ
ΒΑΚΤΉΡΙΑ
ΚΕΛΊ
ΧΡΩΜΌΣΩΜΑ
ΚΟΛΛΑΓΌΝΟ
ΈΜΒΡΥΟ
ΈΝΖΥΜΟ
ΕΞΈΛΙΞΗ
ΟΡΜΌΝΗ
ΘΗΛΑΣΤΙΚΌ
ΜΕΤΆΛΛΑΞΗ
ΦΥΣΙΚΉ
ΝΕΎΡΟ
ΝΕΥΡΏΝΑ
ΌΣΜΩΣΗ
ΦΩΤΟΣΎΝΘΕΣΗ
ΠΡΩΤΕΪΝΗ
ΕΡΠΕΤΌ
ΣΥΜΒΊΩΣΗ
ΣΎΝΑΨΗ

74 - Professions #2

Α	Ν	Ρ	Β	Η	Δ	Β	Ι	Ν	Σ	Β	Σ	Έ	Γ	Φ
Δ	Γ	Σ	Ξ	Ω	Ν	Ά	Α	Σ	Η	Σ	Ο	Ν	Ο	Ι
Β	Η	Ρ	Έ	Ί	Ε	Ε	Σ	Ό	Τ	Ο	Φ	Χ	Δ	Λ
Χ	Μ	Σ	Ο	Μ	Ω	Ψ	Ό	Κ	Ύ	Γ	Ά	Ψ	Ο	Ό
Ν	Ε	Ί	Α	Τ	Υ	Β	Ρ	Ι	Α	Ό	Ρ	Λ	Ν	Σ
Ε	Α	Ι	Υ	Ψ	Η	Ν	Υ	Ν	Ν	Λ	Γ	Ο	Τ	Ο
Ξ	Α	Ψ	Ρ	Ψ	Β	Σ	Ο	Α	Ο	Ο	Ο	Ί	Ί	Φ
Ή	Κ	Ι	Τ	Ο	Λ	Ι	Π	Χ	Ρ	Σ	Ι	Σ	Α	Ο
Μ	Μ	Υ	Ι	Τ	Υ	Μ	Η	Η	Τ	Σ	Σ	Ρ	Τ	Σ
Ι	Α	Τ	Ρ	Ο	Σ	Ρ	Κ	Μ	Σ	Ω	Ο	Ξ	Ρ	Β
Ξ	Λ	Π	Ξ	Ν	Έ	Ρ	Γ	Ρ	Α	Λ	Μ	Ι	Ο	Δ
Ζ	Ω	Γ	Ρ	Ά	Φ	Ο	Σ	Ό	Σ	Γ	Η	Π	Σ	Β
Ε	Ρ	Ε	Υ	Ν	Η	Τ	Ή	Σ	Σ	Ο	Δ	Ι	Υ	Ε
Ε	Ι	Κ	Ο	Ν	Ο	Γ	Ρ	Ά	Φ	Ο	Σ	Ν	Ρ	Ο
Β	Ι	Ο	Λ	Ό	Γ	Ο	Σ	Π	Λ	Ο	Ο	Ο	Χ	Ν

ΑΣΤΡΟΝΑΎΤΗΣ
ΒΙΟΛΌΓΟΣ
ΟΔΟΝΤΊΑΤΡΟΣ
ΜΗΧΑΝΙΚΌΣ
ΑΓΡΟΤΗΣ
ΚΗΠΟΥΡΌΣ
ΕΙΚΟΝΟΓΡΆΦΟΣ
ΔΗΜΟΣΙΟΓΡΆΦΟΣ
ΓΛΩΣΣΟΛΌΓΟΣ
ΖΩΓΡΆΦΟΣ
ΦΙΛΌΣΟΦΟΣ
ΙΑΤΡΟΣ
ΠΙΛΟΤΙΚΉ
ΕΡΕΥΝΗΤΉΣ
ΧΕΙΡΟΥΡΓΌΣ
ΔΆΣΚΑΛΟΣ

75 - Mythology

Τ	Ρ	Ί	Ή	Π	Α	Ρ	Τ	Σ	Α	Δ	Χ	Υ	Δ	Λ
Ο	Έ	Ά	Λ	Ι	Ρ	Β	Ρ	Ο	Ν	Τ	Ή	Ί	Η	Α
Κ	Α	Ρ	Ψ	Ι	Χ	Ί	Τ	Ζ	Ή	Λ	Ι	Α	Μ	Β
Α	Θ	Ο	Α	Ψ	Έ	Δ	Ύ	Ν	Α	Μ	Η	Γ	Ι	Ύ
Τ	Α	Φ	Μ	Σ	Τ	Π	Μ	Σ	Ν	Ψ	Γ	Λ	Ο	Ρ
Α	Ν	Ι	Σ	Ι	Υ	Ε	Θ	Ρ	Ύ	Λ	Ο	Σ	Υ	Ι
Σ	Α	Ρ	Ά	Ε	Π	Ο	Κ	Ί	Β	Λ	Δ	Π	Ρ	Ν
Τ	Σ	Ε	Λ	Σ	Ο	Έ	Α	Δ	Ί	Ω	Ρ	Η	Γ	Θ
Ρ	Ί	Π	Π	Ή	Ό	Η	Ψ	Ι	Ί	Ε	Μ	Δ	Ί	Ο
Ο	Α	Μ	Χ	Θ	Σ	Τ	Η	Υ	Υ	Κ	Μ	Ω	Α	Σ
Φ	Ρ	Υ	Ι	Ι	Γ	Ω	Η	Ν	Μ	Τ	Η	Ί	Έ	Ψ
Ή	Μ	Σ	Σ	Ο	Σ	Τ	Ρ	Ν	Ι	Α	Λ	Σ	Ο	Γ
Ν	Γ	Δ	Δ	Π	Σ	Λ	Ψ	Υ	Θ	Τ	Α	Π	Η	Χ
Π	Ε	Υ	Ι	Ε	Π	Ο	Λ	Ι	Τ	Ι	Σ	Μ	Ό	Σ
Τ	Ο	Ν	Χ	Π	Ή	Ρ	Ω	Α	Σ	Τ	Σ	Π	Δ	Ξ

ΑΡΧΈΤΥΠΟ
ΣΥΜΠΕΡΙΦΟΡΆ
ΠΕΠΟΙΘΉΣΕΙΣ
ΔΗΜΙΟΥΡΓΊΑ
ΠΛΆΣΜΑ
ΠΟΛΙΤΙΣΜΌΣ
ΚΑΤΑΣΤΡΟΦΉ
ΉΡΩΑΣ
ΗΡΩΊΔΑ
ΑΘΑΝΑΣΊΑ
ΖΉΛΙΑ
ΛΑΒΎΡΙΝΘΟΣ
ΘΡΎΛΟΣ
ΑΣΤΡΑΠΉ
ΤΈΡΑΣ
ΘΝΗΤΌΣ
ΕΚΔΊΚΗΣΗ
ΔΎΝΑΜΗ
ΒΡΟΝΤΉ

76 - Agronomy

Α	Τ	Γ	Χ	Η	Τ	Έ	Λ	Ε	Μ	Χ	Δ	Τ	Ί	Γ
Τ	Ο	Τ	Γ	Ή	Γ	Ω	Γ	Α	Ρ	Α	Π	Ρ	Γ	Χ
Α	Ν	Ά	Π	Τ	Υ	Ξ	Η	Ί	Χ	Γ	Η	Ο	Σ	Η
Σ	Ν	Ι	Χ	Π	Η	Σ	Μ	Γ	Ί	Α	Σ	Φ	Τ	Η
Έ	Ύ	Ε	Ε	Ψ	Γ	Λ	Ή	Ρ	Α	Β	Ν	Ή	Ψ	Ρ
Ε	Η	Σ	Ρ	Λ	Τ	Μ	Τ	Ω	Γ	Ι	Α	Ι	Η	Ξ
Β	Ι	Β	Τ	Ό	Τ	Ξ	Σ	Ε	Ρ	Ο	Π	Ο	Κ	Έ
Β	Ε	Ο	Ρ	Η	Ρ	Ε	Ι	Γ	Ο	Λ	Ύ	Ρ	Α	Ά
Λ	Ψ	Ί	Γ	Ξ	Μ	Γ	Π	Ι	Τ	Ο	Ρ	Ό	Σ	Τ
Π	Υ	Γ	Ω	Δ	Ι	Α	Ε	Λ	Ι	Γ	Α	Π	Θ	Υ
Δ	Ι	Ά	Β	Ρ	Ω	Σ	Η	Ξ	Κ	Ι	Η	Σ	Έ	Φ
Ο	Ι	Κ	Ο	Λ	Ο	Γ	Ί	Α	Ή	Κ	Υ	Η	Ν	Υ
Λ	Ί	Π	Α	Σ	Μ	Α	Δ	Μ	Α	Ή	Α	Ί	Ε	Ω
Ε	Ν	Έ	Ρ	Γ	Ε	Ι	Α	Υ	Μ	Ί	Ι	Ξ	Ι	Χ
Π	Ε	Ρ	Ι	Β	Ά	Λ	Λ	Ο	Ν	Ν	Π	Λ	Α	Μ

ΓΕΩΡΓΊΑ
ΑΣΘΈΝΕΙΑ
ΟΙΚΟΛΟΓΊΑ
ΕΝΈΡΓΕΙΑ
ΠΕΡΙΒΆΛΛΟΝ
ΔΙΆΒΡΩΣΗ
ΛΊΠΑΣΜΑ
ΤΡΟΦΉ
ΑΝΆΠΤΥΞΗ
ΒΙΟΛΟΓΙΚΉ
ΦΥΤΆ
ΡΎΠΑΝΣΗ
ΠΑΡΑΓΩΓΉ
ΑΓΡΟΤΙΚΉ
ΕΠΙΣΤΉΜΗ
ΣΠΌΡΟΙ
ΜΕΛΈΤΗ
ΣΎΣΤΗΜΑ
ΛΑΧΑΝΙΚΆ
ΝΕΡΌ

77 - Hair Types

Δ	Τ	Ο	Τ	Ψ	Ο	Ν	Έ	Μ	Γ	Ε	Λ	Π	Π	Κ
Ε	Υ	Ω	Χ	Έ	Ρ	Π	Ο	Α	Α	Ι	Α	Ρ	Λ	Α
Ί	Μ	Χ	Ρ	Π	Ύ	Ρ	Κ	Α	Μ	Δ	Μ	Μ	Ε	Φ
Υ	Γ	Ι	Ή	Λ	Α	Μ	Ο	Α	Ρ	Σ	Π	Α	Ξ	Έ
Λ	Α	Ρ	Ξ	Σ	Μ	Χ	Ρ	Φ	Π	Α	Ε	Λ	Ο	Α
Ε	Σ	Κ	Ε	Α	Υ	Ί	Ύ	Α	Κ	Ξ	Ρ	Α	Ύ	Μ
Π	Η	Γ	Έ	Ψ	Ν	Έ	Ί	Λ	Ξ	Ο	Ά	Κ	Δ	Π
Τ	Μ	Ο	Σ	Γ	Δ	Θ	Ρ	Α	Ί	Η	Ν	Ό	Ε	Ο
Ή	Έ	Ψ	Η	Α	Χ	Η	Ά	Κ	Δ	Γ	Α	Τ	Σ	Ύ
Ξ	Ν	Γ	Λ	Α	Ν	Ρ	Ρ	Ρ	Ί	Α	Ί	Έ	Ό	Κ
Α	Ι	Δ	Χ	Χ	Ι	Π	Υ	Ό	Ρ	Η	Ξ	Ν	Μ	Λ
Υ	Ο	Ψ	Ε	Β	Ω	Δ	Ο	Σ	Π	Ξ	Π	Έ	Ι	Ε
Ν	Λ	Ε	Μ	Β	Δ	Μ	Γ	Έ	Ί	Η	Λ	Ξ	Δ	Σ
Ψ	Σ	Ξ	Ί	Β	Ρ	Ω	Σ	Ψ	Τ	Ξ	Η	Ψ	Ο	Μ
Λ	Ε	Υ	Κ	Ό	Ε	Έ	Ψ	Ε	Χ	Έ	Έ	Η	Ω	Ο

ΦΑΛΑΚΡΌΣ
ΜΑΎΡΟ
ΞΑΝΘΆ
ΠΛΕΓΜΈΝΟ
ΠΛΕΞΟΎΔΕΣ
ΚΑΦΈ
ΜΠΟΎΚΛΕΣ
ΣΓΟΥΡΆ
ΞΗΡΌ
ΓΚΡΙ
ΥΓΙΉ
ΜΑΚΡΎ
ΛΑΜΠΕΡΆ
ΚΟΝΤΌ
ΑΣΗΜΈΝΙΟ
ΟΜΑΛΉ
ΜΑΛΑΚΌ
ΠΑΧΎ
ΛΕΠΤΉ
ΛΕΥΚΌ

78 - Diplomacy

Σ	Π	Σ	Γ	Π	Η	Σ	Υ	Ο	Ρ	Κ	Γ	Ύ	Σ	Σ
Υ	Ο	Ύ	Ω	Ο	Ι	Λ	Χ	Ρ	Π	Ο	Α	Ρ	Η	Υ
Ζ	Λ	Μ	Υ	Λ	Ψ	Δ	Ό	Τ	Ο	Ι	Κ	Δ	Β	Ν
Ή	Ί	Β	Ψ	Ι	Β	Ι	Κ	Ή	Έ	Ν	Ε	Ι	Σ	Ε
Τ	Τ	Ο	Η	Τ	Η	Θ	Ι	Κ	Ή	Ό	Ρ	Κ	Έ	Ρ
Η	Η	Υ	Σ	Ι	Σ	Ί	Τ	Ι	Σ	Τ	Α	Α	Ρ	Γ
Σ	Ν	Λ	Η	Κ	Ύ	Ι	Α	Τ	Υ	Η	Ι	Ι	Π	Α
Η	Ι	Ο	Ν	Ή	Λ	Ι	Μ	Σ	Ν	Τ	Ό	Ο	Ι	Σ
Λ	Έ	Σ	Ρ	Α	Β	Ν	Ω	Ι	Θ	Α	Τ	Σ	Ξ	Ί
Β	Έ	Β	Έ	Σ	Έ	Έ	Λ	Π	Ή	Έ	Η	Ύ	Έ	Α
Α	Ί	Ε	Β	Σ	Ε	Ρ	Π	Ω	Κ	Η	Τ	Ν	Ν	Ω
Ω	Β	Ο	Υ	Σ	Α	Ψ	Ι	Ρ	Η	Χ	Α	Η	Ο	Β
Ψ	Π	Β	Κ	Λ	Τ	Η	Δ	Θ	Ψ	Τ	Ψ	Έ	Σ	Ί
Ν	Δ	Β	Η	Σ	Υ	Λ	Ά	Ν	Α	Γ	Ω	Γ	Ω	Σ
Α	Σ	Φ	Ά	Λ	Ε	Ι	Α	Α	Έ	Π	Υ	Ξ	Ι	Ι

ΣΎΜΒΟΥΛΟΣ
ΠΡΈΣΒΗΣ
ΠΟΛΊΤΗ
ΚΟΙΝΌΤΗΤΑ
ΣΎΓΚΡΟΥΣΗ
ΣΥΝΕΡΓΑΣΊΑ
ΔΙΠΛΩΜΑΤΙΚΌ
ΣΥΖΉΤΗΣΗ
ΠΡΕΣΒΕΊΑ
ΗΘΙΚΉ
ΞΈΝΟ
ΚΥΒΈΡΝΗΣΗ
ΑΝΘΡΩΠΙΣΤΙΚΉ
ΑΚΕΡΑΙΌΤΗΤΑ
ΔΙΚΑΙΟΣΎΝΗ
ΠΟΛΙΤΙΚΉ
ΑΝΆΛΥΣΗ
ΑΣΦΆΛΕΙΑ
ΛΎΣΗ
ΣΥΝΘΉΚΗ

79 - Beach

Ω	Λ	Γ	Χ	Π	Ο	Ν	Π	Ξ	Έ	Α	Μ	Ί	Α	Ε
Κ	Κ	Ρ	Ν	Ρ	Έ	Β	Ο	Έ	Χ	Π	Β	Ψ	Γ	Ε
Ο	Χ	Ε	Χ	Ξ	Β	Ε	Τ	Ρ	Α	Λ	Ί	Ι	Η	Γ
Χ	Η	Ο	Α	Ρ	Σ	Ω	Ι	Α	Τ	Έ	Σ	Τ	Ε	Π
Ύ	Α	Ι	Δ	Ν	Η	Ν	Ρ	Γ	Ο	Α	Η	Β	Μ	Υ
Λ	Μ	Η	Α	Ξ	Ό	Ν	Ύ	Ι	Ψ	Σ	Ν	Λ	Ω	Ψ
Ι	Γ	Π	Ι	Η	Ο	Σ	Ο	Ι	Λ	Ή	Τ	Κ	Α	Α
Α	Θ	Α	Λ	Β	Τ	Η	Β	Έ	Ξ	Υ	Η	Ε	Γ	Ί
Η	Ά	Π	Ά	Ε	Ι	Ψ	Α	Λ	Έ	Ρ	Π	Μ	Ο	Η
Ά	Λ	Ο	Δ	Ρ	Β	Τ	Κ	Ρ	Υ	Δ	Σ	Ν	Έ	Ω
Μ	Α	Β	Ν	Έ	Ξ	Ά	Δ	Ι	Α	Κ	Ο	Π	Έ	Σ
Μ	Σ	Ά	Α	Ψ	Α	Ο	Ρ	Ό	Φ	Ο	Ι	Τ	Σ	Ι
Ο	Σ	Θ	Σ	Ψ	Α	Ν	Γ	Κ	Λ	Χ	Λ	Χ	Τ	Η
Ψ	Α	Ρ	Σ	Υ	Α	Η	Υ	Τ	Α	Τ	Δ	Ω	Ξ	Υ
Ψ	Ί	Α	Λ	Ι	Μ	Ν	Ο	Θ	Ά	Λ	Α	Σ	Σ	Α

ΜΠΛΕ
ΒΆΡΚΑ
ΑΚΤΉ
ΚΑΒΟΎΡΙ
ΑΠΟΒΆΘΡΑ
ΝΗΣΊ
ΛΙΜΝΟΘΆΛΑΣΣΑ
ΩΚΕΑΝΌΣ
ΞΈΡΑ
ΙΣΤΙΟΦΌΡΟ
ΆΜΜΟ
ΣΑΝΔΆΛΙΑ
ΘΆΛΑΣΣΑ
ΚΟΧΎΛΙΑ
ΉΛΙΟΣ
ΠΕΤΣΈΤΑ
ΟΜΠΡΈΛΑ
ΔΙΑΚΟΠΈΣ

80 - Countries #1

Β	Π	Τ	Β	Σ	Φ	Ι	Σ	Π	Α	Ν	Ί	Α	Η	Β
Μ	Ο	Ρ	Α	Ί	Λ	Ι	Ζ	Α	Ρ	Β	Ν	Γ	Μ	Ε
Λ	Ε	Τ	Ο	Ν	Ί	Α	Ν	Ι	Ο	Ξ	Τ	Η	Α	Ν
Π	Α	Ν	Α	Μ	Ά	Ξ	Ε	Λ	Τ	Ξ	Ε	Α	Ρ	Ε
Γ	Ε	Ρ	Μ	Α	Ν	Ί	Α	Ω	Α	Α	Έ	Β	Ό	Ζ
Η	Ύ	Β	Ι	Λ	Ή	Α	Ρ	Σ	Ι	Ν	Λ	Μ	Κ	Ο
Α	Ί	Γ	Υ	Π	Τ	Ο	Σ	Ο	Λ	Α	Δ	Ί	Ο	Υ
Τ	Β	Ο	Ψ	Ν	Ξ	Ε	Σ	Τ	Υ	Π	Ι	Ί	Α	Έ
Σ	Ε	Ν	Ε	Γ	Ά	Λ	Η	Υ	Έ	Μ	Ξ	Ξ	Α	Λ
Ξ	Ο	Ί	Η	Χ	Δ	Β	Ο	Υ	Ξ	Λ	Α	Π	Β	Α
Ν	Ν	Ί	Έ	Έ	Α	Ί	Ν	Ω	Λ	Ο	Π	Ν	Χ	Ρ
Δ	Ψ	Ω	Ι	Δ	Ν	Β	Ι	Ε	Τ	Ν	Ά	Μ	Ί	Β
Ρ	Ψ	Δ	Έ	Ο	Α	Ί	Γ	Η	Β	Ρ	Ο	Ν	Ί	Α
Α	Β	Τ	Ρ	Τ	Κ	Ά	Ρ	Ι	Λ	Α	Τ	Β	Ο	Υ
Ν	Ι	Κ	Α	Ρ	Ά	Γ	Ο	Υ	Α	Χ	Λ	Ρ	Μ	Ρ

ΒΡΑΖΙΛΊΑ
ΚΑΝΑΔΆ
ΑΊΓΥΠΤΟΣ
ΦΙΝΛΑΝΔΊΑ
ΓΕΡΜΑΝΊΑ
ΙΡΆΚ
ΙΣΡΑΉΛ
ΙΤΑΛΊΑ
ΛΕΤΟΝΊΑ
ΛΙΒΎΗ
ΜΑΡΌΚΟ
ΝΙΚΑΡΆΓΟΥΑ
ΝΟΡΒΗΓΊΑ
ΠΑΝΑΜΆ
ΠΟΛΩΝΊΑ
ΡΟΥΜΑΝΊΑ
ΣΕΝΕΓΆΛΗ
ΙΣΠΑΝΊΑ
ΒΕΝΕΖΟΥΈΛΑ
ΒΙΕΤΝΆΜ

81 - Adjectives #1

Ί	Α	Κ	Α	Λ	Λ	Ι	Τ	Ε	Χ	Ν	Ι	Κ	Ή	Τ
Δ	Ρ	Γ	Τ	Τ	Ε	Ρ	Ά	Σ	Τ	Ι	Ο	Λ	Υ	Η
Ι	Ω	Σ	Ο	Ν	Έ	Μ	Σ	Ι	Χ	Υ	Τ	Υ	Ε	Ψ
Α	Μ	Ε	Η	Β	Ο	Ι	Δ	Ή	Ρ	Α	Β	Ο	Σ	Φ
Ε	Α	Λ	Τ	Μ	Μ	Γ	Χ	Ω	Γ	Α	Η	Α	Ρ	Ι
Ξ	Τ	Κ	Υ	Γ	Α	Ψ	Μ	Ω	Μ	Η	Β	Λ	Χ	Λ
Ω	Ι	Υ	Λ	Ρ	Ο	Ν	Ρ	Έ	Τ	Ν	Ο	Μ	Ξ	Ό
Τ	Κ	Σ	Ό	Ν	Α	Λ	Τ	Ό	Μ	Ο	Ρ	Φ	Η	Δ
Ι	Ό	Τ	Π	Δ	Χ	Ι	Ε	Ι	Έ	Λ	Ύ	Η	Έ	Ο
Κ	Έ	Ι	Α	Β	Ί	Έ	Τ	Π	Κ	Σ	Ο	Ο	Β	Ξ
Ό	Υ	Κ	Α	Υ	Δ	Ω	Τ	Ν	Τ	Ό	Κ	Σ	Έ	Ο
Έ	Γ	Ό	Λ	Ο	Λ	Ο	Ί	Ο	Σ	Ή	Σ	Τ	Δ	Ί
Χ	Ρ	Ή	Σ	Ι	Μ	Η	Σ	Έ	Ρ	Γ	Η	Π	Ι	Ε
Π	Ο	Λ	Ύ	Τ	Ι	Μ	Α	Υ	Ξ	Ρ	Σ	Έ	Ψ	Ί
Α	Ε	Ι	Ξ	Η	Ρ	Ω	Δ	Ό	Ι	Α	Ν	Ν	Ε	Γ

ΑΠΌΛΥΤΗ
ΦΙΛΌΔΟΞΟ
ΑΡΩΜΑΤΙΚΌ
ΚΑΛΛΙΤΕΧΝΙΚΉ
ΕΛΚΥΣΤΙΚΌ
ΌΜΟΡΦΗ
ΣΚΟΎΡΟ
ΕΞΩΤΙΚΌ
ΓΕΝΝΑΙΌΔΩΡΗ
ΕΥΤΥΧΙΣΜΈΝΟ
ΒΑΡΙΆ
ΧΡΉΣΙΜΗ
ΤΕΡΆΣΤΙΟ
ΊΔΙΑ
ΣΗΜΑΝΤΙΚΌ
ΜΟΝΤΈΡΝΟ
ΣΟΒΑΡΉ
ΑΡΓΉ
ΛΕΠΤΉ
ΠΟΛΎΤΙΜΑ

82 - Rainforest

Λ	Ρ	Δ	Γ	Ψ	Ά	Ε	Β	Χ	Ν	Η	Λ	Δ	Π	Α
Β	Ο	Τ	Α	Ν	Ι	Κ	Ή	Ρ	Μ	Σ	Κ	Ι	Ο	Π
Π	Σ	Σ	Μ	Υ	Λ	Έ	Ξ	Τ	Ύ	Ο	Ο	Α	Λ	Ο
Π	Ο	Τ	Ί	Έ	Υ	Ω	Ψ	Η	Δ	Α	Ι	Τ	Ύ	Κ
Π	Δ	Ι	Λ	Γ	Ο	Μ	Σ	Γ	Ρ	Φ	Ν	Ή	Τ	Α
Χ	Ί	Ά	Κ	Α	Π	Ω	Ο	Υ	Ψ	Ε	Ό	Ρ	Ι	Τ
Έ	Ε	Κ	Ι	Ι	Β	Σ	Ψ	Χ	Ο	Ν	Τ	Η	Μ	Ά
Φ	Ν	Ι	Α	Β	Λ	Π	Ο	Τ	Υ	Ν	Η	Σ	Α	Σ
Ύ	Ψ	Τ	Μ	Ί	Τ	Ί	Α	Υ	Ο	Ύ	Τ	Η	Έ	Τ
Σ	Β	Σ	Ο	Φ	Γ	Ο	Α	Α	Ξ	Σ	Α	Ι	Υ	Α
Η	Γ	Α	Β	Μ	Κ	Α	Τ	Α	Φ	Ύ	Γ	Ι	Ο	Σ
Π	Δ	Λ	Έ	Α	Α	Ζ	Ο	Ύ	Γ	Κ	Λ	Α	Ι	Η
Ι	Υ	Η	Σ	Ω	Ί	Β	Ι	Π	Ε	Έ	Ί	Τ	Β	Δ
Α	Μ	Θ	Δ	Έ	Ί	Ο	Ν	Μ	Β	Ν	Η	Σ	Π	Ε
Ε	Χ	Ε	Τ	Μ	Ε	Έ	Ν	Υ	Ί	Π	Χ	Ι	Α	Έ

ΑΜΦΊΒΙΑ
ΠΟΥΛΙΆ
ΒΟΤΑΝΙΚΉ
ΚΛΊΜΑ
ΣΎΝΝΕΦΑ
ΚΟΙΝΌΤΗΤΑ
ΠΟΙΚΙΛΊΑ
ΈΝΤΟΜΑ
ΖΟΎΓΚΛΑ
ΘΗΛΑΣΤΙΚΆ
ΒΡΎΑ
ΦΎΣΗ
ΔΙΑΤΉΡΗΣΗ
ΚΑΤΑΦΎΓΙΟ
ΣΈΒΟΜΑΙ
ΑΠΟΚΑΤΆΣΤΑΣΗ
ΕΊΔΟΣ
ΕΠΙΒΊΩΣΗ
ΠΟΛΎΤΙΜΑ

83 - Landscapes

Κ	Η	Τ	Έ	Ω	Ε	Α	Τ	Ω	Λ	Έ	Ί	Ω	Ρ	Ι
Α	Ξ	Π	Λ	Σ	Γ	Ρ	Μ	Σ	Ί	Ί	Σ	Η	Ν	Β
Τ	Σ	Ο	Ο	Π	Α	Δ	Ή	Ψ	Β	Ν	Μ	Χ	Ρ	Ά
Α	Κ	Τ	Π	Ή	Ί	Ν	Ε	Μ	Δ	Γ	Η	Ν	Υ	Λ
Ρ	Ο	Α	Α	Λ	Λ	Ύ	Ώ	Έ	Ο	Φ	Ό	Λ	Η	Τ
Ρ	Ι	Μ	Γ	Α	Α	Ο	Α	Τ	Ι	Υ	Ξ	Ρ	Σ	Ο
Ά	Λ	Ό	Ό	Ι	Ρ	Τ	Χ	Σ	Ε	Ο	Έ	Ο	Α	Σ
Κ	Ά	Σ	Β	Ο	Α	Ρ	Ε	Υ	Τ	Γ	Χ	Ξ	Ό	Π
Τ	Δ	Π	Ο	Χ	Π	Ω	Ρ	Α	Σ	Σ	Α	Λ	Ά	Θ
Η	Α	Λ	Υ	Ά	Π	Ξ	Σ	Ρ	Ί	Β	Ί	Π	Γ	Ν
Ο	Ψ	Υ	Ν	Ρ	Υ	Σ	Ό	Ν	Α	Ε	Κ	Ω	Ε	Υ
Ν	Σ	Γ	Ο	Β	Ο	Λ	Ν	Α	Φ	Ω	Μ	Έ	Ί	Έ
Ε	Ε	Χ	Π	Ω	Υ	Σ	Η	Ρ	Η	Β	Ο	Υ	Ν	Ό
Ί	Σ	Σ	Ρ	Π	Χ	Α	Σ	Π	Χ	Μ	Μ	Π	Υ	Ι
Έ	Ο	Ο	Τ	Μ	Ε	Ι	Ο	Δ	Β	Ε	Η	Η	Δ	Σ

ΠΑΡΑΛΊΑ
ΣΠΉΛΑΙΟ
ΒΡΆΧΟ
ΕΡΉΜΟΥ
ΠΑΓΕΤΏΝΑΣ
ΛΌΦΟ
ΠΑΓΌΒΟΥΝΟ
ΝΗΣΊ
ΛΊΜΝΗ
ΒΟΥΝΌ
ΌΑΣΗ
ΩΚΕΑΝΌΣ
ΧΕΡΣΌΝΗΣΟ
ΠΟΤΑΜΌΣ
ΘΆΛΑΣΣΑ
ΒΆΛΤΟΣ
ΤΟΎΝΔΡΑ
ΚΟΙΛΆΔΑ
ΗΦΑΊΣΤΕΙΟ
ΚΑΤΑΡΡΆΚΤΗ

84 - Visual Arts

Μ	Τ	Ο	Ξ	Ή	Κ	Ι	Μ	Α	Ρ	Ε	Κ	Μ	Α	Ρ
Χ	Ε	Ο	Ν	Υ	Ο	Β	Ρ	Ά	Κ	Ψ	Ί	Π	Α	Ν
Α	Ρ	Ι	Σ	Τ	Ο	Ύ	Ρ	Γ	Η	Μ	Α	Ν	Β	Δ
Τ	Ί	Ρ	Ε	Κ	Σ	Λ	Γ	Λ	Υ	Π	Τ	Ι	Κ	Ή
Ι	Α	Φ	Π	Ρ	Ο	Ο	Π	Τ	Ι	Κ	Ή	Χ	Κ	Δ
Χ	Ε	Ι	Α	Έ	Η	Μ	Ω	Σ	Τ	Υ	Λ	Ό	Α	Ο
Ρ	Γ	Ί	Ν	Ρ	Κ	Ι	Μ	Ω	Λ	Ί	Α	Ε	Β	Π
Β	Ε	Ι	Ω	Ί	Γ	Σ	Ύ	Ν	Θ	Ε	Σ	Η	Α	Ο
Ο	Ο	Ω	Ρ	Έ	Α	Ο	Ε	Λ	Β	Ο	Ρ	Ο	Λ	Ρ
Π	Ί	Σ	Η	Ν	Χ	Έ	Τ	Ι	Λ	Λ	Α	Κ	Έ	Τ
Ν	Ή	Κ	Ι	Φ	Α	Ρ	Γ	Ω	Ζ	Ε	Ψ	Ψ	Τ	Ρ
Π	Ο	Λ	Υ	Γ	Ρ	Ά	Φ	Ο	Φ	Η	Ι	Ν	Ο	Έ
Ί	Ί	Ψ	Χ	Μ	Ε	Ω	Σ	Έ	Τ	Σ	Λ	Έ	Γ	Τ
Έ	Ω	Δ	Β	Ε	Ρ	Ν	Ί	Κ	Ι	Α	Γ	Σ	Σ	Ο
Α	Ρ	Χ	Ι	Τ	Ε	Κ	Τ	Ο	Ν	Ι	Κ	Ή	Ρ	Ξ

ΑΡΧΙΤΕΚΤΟΝΙΚΉ
ΚΑΛΛΙΤΈΧΝΗΣ
ΚΕΡΑΜΙΚΉ
ΚΙΜΩΛΊΑ
ΚΆΡΒΟΥΝΟ
ΣΎΝΘΕΣΗ
ΚΑΒΑΛΈΤΟ
ΤΑΙΝΊΑ
ΑΡΙΣΤΟΎΡΓΗΜΑ
ΖΩΓΡΑΦΙΚΉ
ΣΤΥΛΌ
ΜΟΛΎΒΙ
ΠΡΟΟΠΤΙΚΉ
ΦΩΤΟΓΡΑΦΊΑ
ΠΟΡΤΡΈΤΟ
ΓΛΥΠΤΙΚΉ
ΠΟΛΥΓΡΆΦΟ
ΒΕΡΝΊΚΙ
ΚΕΡΊ

85 - Plants

Κ	Ά	Κ	Τ	Ο	Σ	Μ	Δ	Έ	Α	Τ	Τ	Ο	Ί	Ω
Λ	Α	Ρ	Ψ	Μ	Ό	Ο	Μ	Ι	Ν	Η	Τ	Ψ	Τ	Ξ
Ί	Μ	Χ	Ί	Δ	Σ	Ύ	Ο	Π	Μ	Α	Π	Μ	Ο	Χ
Π	Έ	Π	Δ	Δ	Σ	Ρ	Α	Γ	Ρ	Ψ	Α	Ο	Ω	Ψ
Α	Ξ	Ρ	Ρ	Έ	Ι	Ο	Η	Β	Γ	Ν	Ι	Έ	Η	Ε
Σ	Ι	Α	Ξ	Ί	Κ	Γ	Ρ	Α	Σ	Ί	Δ	Ι	Σ	Έ
Μ	Ν	Ι	Ι	Ά	Ζ	Π	Σ	Ρ	Ο	Ε	Ψ	Ι	Η	Ξ
Α	Ρ	Ξ	Η	Ν	Η	Α	Α	Ν	Α	Κ	Ό	Π	Τ	Ω
Χ	Ι	Β	Σ	Θ	Υ	Η	Γ	Υ	Α	Α	Α	Ρ	Σ	Κ
Π	Λ	Τ	Σ	Ο	Σ	Α	Δ	Β	Ι	Υ	Μ	Α	Ά	Ή
Έ	Ό	Ω	Β	Σ	Δ	Έ	Ν	Τ	Ρ	Ο	Ξ	Α	Λ	Π
Τ	Σ	Η	Ρ	Ρ	Ρ	Υ	Ν	Ψ	Γ	Ξ	Σ	Ν	Β	Ο
Α	Α	Ι	Ε	Ί	Ύ	Λ	Ο	Υ	Λ	Ο	Ύ	Δ	Ι	Σ
Λ	Φ	Ι	Γ	Ε	Δ	Α	Μ	Ω	Λ	Λ	Ύ	Φ	Σ	Ρ
Ο	Ι	Ή	Κ	Ι	Ν	Α	Τ	Ο	Β	Π	Ε	Έ	Γ	Ρ

ΜΠΑΜΠΟΎ
ΦΑΣΌΛΙ
ΜΟΎΡΟ
ΆΝΘΟΣ
ΒΟΤΑΝΙΚΉ
ΚΆΚΤΟΣ
ΛΊΠΑΣΜΑ
ΧΛΩΡΊΔΑ
ΛΟΥΛΟΎΔΙ
ΦΎΛΛΩΜΑ
ΔΑΣΟΣ
ΚΉΠΟΣ
ΓΡΑΣΊΔΙ
ΚΙΣΣΌΣ
ΒΡΎΑ
ΠΈΤΑΛΟ
ΡΊΖΑ
ΑΝΑΚΌΠΤΩ
ΔΈΝΤΡΟ
ΒΛΆΣΤΗΣΗ

86 - Boxing

Α	Χ	Δ	Γ	Υ	Α	Ν	Ά	Κ	Τ	Η	Σ	Η	Χ	Π
Γ	Ω	Γ	Β	Ω	Ρ	Σ	Λ	Ο	Λ	Β	Σ	Ψ	Ξ	Η
Κ	Ο	Ι	Π	Χ	Ν	Χ	Γ	Γ	Ρ	Ο	Θ	Ι	Ά	Γ
Ώ	Σ	Ο	Λ	Α	Π	Ί	Τ	Ν	Α	Μ	Ώ	Σ	Ι	Ο
Ν	Δ	Ν	Π	Έ	Η	Σ	Α	Ί	Τ	Σ	Ε	Ί	Ν	Ύ
Α	Ί	Α	Β	Δ	Ι	Α	Ι	Τ	Η	Τ	Ή	Σ	Ι	Ν
Γ	Ά	Ν	Τ	Ι	Α	Α	Σ	Ω	Δ	Ο	Χ	Α	Ο	Ι
Δ	Ο	Β	Έ	Ν	Γ	Ξ	Ί	Έ	Μ	Δ	Σ	Ο	Χ	Δ
Ύ	Υ	Ω	Ώ	Η	Η	Χ	Σ	Ω	Μ	Ι	Α	Ψ	Σ	Έ
Ν	Ω	Ο	Σ	Ή	Τ	Η	Χ	Α	Μ	Ψ	Γ	Λ	Β	Ε
Α	Α	Α	Τ	Η	Τ	Ό	Ι	Ξ	Ε	Δ	Ι	Π	Ε	Υ
Μ	Δ	Ί	Ω	Ε	Μ	Η	Τ	Β	Μ	Ο	Δ	Έ	Ε	Α
Η	Ρ	Ψ	Λ	Α	Ί	Ε	Θ	Η	Λ	Τ	Ν	Α	Ξ	Ε
Λ	Ψ	Μ	Κ	Ν	Χ	Υ	Ί	Μ	Ν	Ρ	Β	Γ	Ι	Ξ
Κ	Ο	Υ	Δ	Ο	Ύ	Ν	Ι	Α	Μ	Γ	Ν	Χ	Γ	Η

ΚΟΥΔΟΎΝΙ
ΣΏΜΑ
ΠΗΓΟΎΝΙ
ΓΩΝΊΑ
ΑΓΚΏΝΑ
ΕΞΑΝΤΛΗΘΕΊ
ΜΑΧΗΤΉΣ
ΓΡΟΘΙΆ
ΕΣΤΊΑΣΗ
ΓΆΝΤΙΑ
ΚΛΩΤΣΏ
ΑΝΤΊΠΑΛΟΣ
ΣΗΜΕΊΑ
ΑΝΆΚΤΗΣΗ
ΔΙΑΙΤΗΤΉΣ
ΣΧΟΙΝΙΆ
ΕΠΙΔΕΞΙΌΤΗΤΑ
ΔΎΝΑΜΗ

87 - Countries #2

Α	Δ	Χ	Π	Χ	Ο	Ο	Ο	Υ	Κ	Ρ	Α	Ν	Ί	Α
Ι	Ι	Α	Π	Ι	Ή	Υ	Σ	Ί	Ρ	Λ	Ι	Ω	Ω	Ω
Θ	Ν	Ί	Ν	Α	Τ	Γ	Ν	Ρ	Γ	Ν	Ο	Σ	Σ	Β
Ι	Ι	Ρ	Ά	Ί	Ϊ	Κ	Σ	Ε	Έ	Τ	Τ	Ξ	Τ	Μ
Ο	Γ	Ε	Δ	Δ	Α	Ά	Α	Λ	Π	Ι	Ρ	Δ	Ε	Λ
Π	Η	Β	Υ	Η	Ί	Ν	Α	Κ	Ι	Ά	Μ	Α	Ζ	Τ
Ί	Ρ	Ι	Ο	Δ	Ν	Τ	Υ	Ν	Ρ	Σ	Λ	Η	Η	Β
Α	Ί	Λ	Σ	Α	Α	Α	Π	Α	Κ	Ι	Σ	Τ	Ά	Ν
Ι	Α	Δ	Ο	Λ	Β	Γ	Ί	Ί	Ο	Τ	Γ	Έ	Ε	Υ
Σ	Ρ	Τ	Ν	Μ	Λ	Ξ	Μ	Ν	Ό	Ρ	Ψ	Ν	Ί	Λ
Ξ	Υ	Ο	Α	Τ	Α	Ρ	Τ	Ω	Κ	Ν	Έ	Ί	Α	Π
Ξ	Β	Ρ	Β	Χ	Ρ	Ω	Χ	Π	Ι	Τ	Γ	Ε	Π	Λ
Ι	Α	Ο	Ί	Τ	Δ	Σ	Ρ	Α	Ξ	Τ	Έ	Γ	Ε	Ά
Ί	Α	Γ	Λ	Α	Έ	Ί	Λ	Ι	Ε	Η	Μ	Π	Ί	Ο
Ε	Λ	Λ	Ά	Δ	Α	Α	Σ	Ο	Μ	Α	Λ	Ί	Α	Σ

ΑΛΒΑΝΊΑ
ΔΑΝΊΑ
ΑΙΘΙΟΠΊΑ
ΕΛΛΆΔΑ
ΑΪΤΉ
ΤΖΑΜΆΙΚΑ
ΙΑΠΩΝΊΑ
ΛΆΟΣ
ΛΊΒΑΝΟΣ
ΛΙΒΕΡΊΑ
ΜΕΞΙΚΌ
ΝΕΠΆΛ
ΝΙΓΗΡΊΑ
ΠΑΚΙΣΤΆΝ
ΡΩΣΊΑ
ΣΟΜΑΛΊΑ
ΣΟΥΔΆΝ
ΣΥΡΊΑ
ΟΥΓΚΆΝΤΑ
ΟΥΚΡΑΝΊΑ

88 - Ecology

Β	Ο	Υ	Ν	Ά	Λ	Β	Ξ	Χ	Β	Ψ	Π	Κ	Φ	Ν
Ο	Β	Η	Π	Ρ	Η	Σ	Β	Μ	Ι	Ψ	Ο	Ο	Ύ	Ί
Ψ	Ε	Ο	Ξ	Β	Γ	Υ	Π	Ρ	Ώ	Υ	Ι	Ι	Σ	Υ
Η	Ί	Ο	Ξ	Ω	Β	Ν	Ι	Έ	Σ	Π	Κ	Ν	Η	Χ
Τ	Ρ	Ρ	Ξ	Υ	Γ	Α	Π	Έ	Ι	Ί	Ι	Ό	Ρ	Ε
Ε	Τ	Ρ	Μ	Π	Φ	Υ	Τ	Ά	Μ	Ί	Λ	Τ	Α	Θ
Π	Μ	Ρ	Σ	Α	Η	Η	Ί	Ο	Η	Έ	Ί	Η	Χ	Ε
Ι	Ι	Ε	Ή	Γ	Ψ	Σ	Ο	Δ	Ί	Ε	Α	Τ	Λ	Λ
Β	Σ	Η	Ο	Κ	Ξ	Η	Ρ	Α	Σ	Ί	Α	Α	Ω	Ο
Ί	Α	Ρ	Λ	Ό	Ι	Τ	Ι	Α	Ι	Β	Μ	Δ	Ρ	Ν
Ω	Έ	Χ	Ί	Σ	Ι	Σ	Η	Χ	Ω	Ρ	Ί	Ί	Ί	Τ
Σ	Τ	Ε	Β	Μ	Β	Ά	Υ	Ι	Ν	Α	Λ	Ν	Δ	Έ
Η	Τ	Ί	Σ	Ι	Ξ	Λ	Ο	Φ	Τ	Υ	Κ	Α	Α	Σ
Π	Δ	Μ	Λ	Α	Υ	Β	Ί	Χ	Τ	Ξ	Ω	Π	Ρ	Α
Π	Ό	Ρ	Ω	Ν	Θ	Α	Λ	Ά	Σ	Σ	Ι	Ο	Η	Χ

ΚΛΊΜΑ
ΚΟΙΝΌΤΗΤΑ
ΠΟΙΚΙΛΊΑ
ΞΗΡΑΣΊΑ
ΠΑΝΊΔΑ
ΧΛΩΡΊΔΑ
ΠΑΓΚΌΣΜΙΑ
ΘΑΛΆΣΣΙΟ
ΒΟΥΝΆ
ΦΥΣΙΚΉ
ΦΎΣΗ
ΦΥΤΆ
ΠΌΡΩΝ
ΕΊΔΟΣ
ΕΠΙΒΊΩΣΗ
ΒΙΏΣΙΜΗ
ΒΛΆΣΤΗΣΗ
ΕΘΕΛΟΝΤΈΣ

89 - Adjectives #2

Φ	Δ	Ω	Β	Μ	Ρ	Ξ	Έ	Κ	Δ	Π	Ί	Δ	Λ	Ψ
Υ	Ρ	Η	Χ	Ο	Ρ	Ε	Π	Υ	Ο	Ε	Έ	Ο	Ω	Π
Σ	Β	Ψ	Μ	Ζ	Ε	Σ	Τ	Ό	Λ	Μ	Η	Β	Σ	Ι
Ι	Υ	Έ	Μ	Ι	Ν	Γ	Ψ	Σ	Ψ	Ί	Ψ	Β	Α	Σ
Κ	Γ	Σ	Α	Ξ	Ο	Ψ	Υ	Γ	Ε	Ψ	Μ	Ό	Χ	Χ
Ή	Ι	Ε	Υ	Ή	Ρ	Υ	Δ	Ι	Ά	Σ	Η	Μ	Η	Υ
Έ	Ή	Α	Η	Κ	Έ	Ή	Ρ	Υ	Μ	Λ	Α	Β	Ά	Ρ
Ξ	Ι	Ό	Κ	Ι	Φ	Α	Ρ	Γ	Ι	Ρ	Ε	Π	Γ	Ή
Ξ	Η	Ν	Χ	Γ	Α	Έ	Ν	Π	Ι	Γ	Ί	Ω	Ρ	Τ
Τ	Β	Ρ	Π	Ω	Ι	Ι	Η	Ω	Ι	Κ	Μ	Ο	Ι	Λ
Ν	Ξ	Έ	Ό	Γ	Δ	Σ	Λ	Δ	Ω	Β	Ή	Β	Ο	Ρ
Μ	Δ	Η	Τ	Α	Ν	Α	Υ	Θ	Ε	Ν	Τ	Ι	Κ	Ό
Σ	Λ	Υ	Ι	Ρ	Ε	Υ	Π	Ν	Η	Λ	Ί	Α	Λ	Ψ
Ί	Π	Ξ	Β	Α	Υ	Π	Ε	Ύ	Θ	Υ	Ν	Ο	Σ	Β
Ξ	Σ	Γ	Α	Π	Ί	Η	Γ	Τ	Τ	Έ	Χ	Ν	Ψ	Ε

ΑΥΘΕΝΤΙΚΌ
ΔΗΜΙΟΥΡΓΙΚΉ
ΠΕΡΙΓΡΑΦΙΚΌ
ΞΗΡΌ
ΚΟΜΨΌ
ΔΙΆΣΗΜΗ
ΥΓΙΉ
ΖΕΣΤΌ
ΕΝΔΙΑΦΈΡΟΝ
ΦΥΣΙΚΉ
ΝΈΑ
ΠΑΡΑΓΩΓΙΚΉ
ΥΠΕΡΟΧΗ
ΥΠΕΎΘΥΝΟΣ
ΑΛΜΥΡΉ
ΥΠΝΗΛΊΑ
ΙΣΧΥΡΉ
ΆΓΡΙΟ

90 - Math

Ε	Π	Ε	Ρ	Ι	Φ	Έ	Ρ	Ε	Ι	Α	Τ	Ν	Ρ	Γ
Ρ	Ξ	Π	Μ	Α	Σ	Υ	Μ	Μ	Ε	Τ	Ρ	Ί	Α	Ω
Ι	Ν	Ί	Π	Α	Ρ	Ά	Λ	Λ	Η	Λ	Η	Π	Μ	Ν
Ί	Δ	Σ	Σ	Ο	Ρ	Τ	Ε	Μ	Ά	Ι	Δ	Ο	Σ	Ί
Π	Β	Δ	Μ	Ω	Ρ	Χ	Ο	Ο	Π	Σ	Ρ	Λ	Ά	Α
Δ	Ε	Α	Ί	Η	Σ	Ε	Ρ	Ί	Α	Ι	Δ	Ύ	Λ	Ι
Ε	Π	Ρ	Α	Ω	Ί	Η	Ψ	Ο	Ρ	Ι	Λ	Γ	Κ	Η
Κ	Λ	Έ	Ί	Κ	Η	Δ	Ρ	Μ	Ι	Ε	Ν	Ω	Π	Ξ
Α	Α	Ν	Π	Μ	Τ	Ι	Α	Θ	Θ	Σ	Χ	Ν	Υ	Γ
Δ	Τ	Τ	Χ	Σ	Ε	Ί	Γ	Ι	Μ	Δ	Ί	Ο	Ί	Χ
Ι	Ε	Α	Ί	Υ	Ω	Τ	Ν	Ρ	Η	Τ	Έ	Θ	Κ	Ε
Κ	Ί	Σ	Σ	Ι	Π	Υ	Ρ	Α	Τ	Ν	Χ	Μ	Ω	Ε
Ό	Α	Η	Γ	Ψ	Α	Γ	Ε	Ο	Ι	Ξ	Ί	Ί	Τ	Ι
Ο	Ρ	Θ	Ο	Γ	Ώ	Ν	Ι	Ο	Κ	Ι	Ω	Π	Ι	Η
Γ	Ε	Ω	Μ	Ε	Τ	Ρ	Ί	Α	Ή	Ο	Υ	Τ	Ί	Β

ΓΩΝΊΑ
ΑΡΙΘΜΗΤΙΚΉ
ΠΕΡΙΦΈΡΕΙΑ
ΔΕΚΑΔΙΚΌ
ΔΙΆΜΕΤΡΟΣ
ΔΙΑΊΡΕΣΗ
ΕΞΊΣΩΣΗ
ΕΚΘΈΤΗ
ΚΛΆΣΜΑ
ΓΕΩΜΕΤΡΊΑ
ΑΡΙΘΜΟΊ
ΠΑΡΆΛΛΗΛΗ
ΠΕΡΊΜΕΤΡΟ
ΠΟΛΎΓΩΝΟ
ΑΚΤΊΝΑ
ΟΡΘΟΓΏΝΙΟ
ΠΛΑΤΕΊΑ
ΣΥΜΜΕΤΡΊΑ
ΈΝΤΑΣΗ

91 - Water

Χ	Ι	Ο	Υ	Ρ	Ι	Κ	Α	Ν	Α	Σ	Ψ	Τ	Ι	Χ
Μ	Ε	Ί	Λ	Ξ	Η	Ν	Μ	Ί	Λ	Υ	Ψ	Π	Τ	Υ
Ε	Υ	Ψ	Ρ	Ι	Σ	Ε	Ξ	Ή	Χ	Ο	Ρ	Β	Τ	Ο
Π	Α	Γ	Ω	Ν	Ι	Ά	Υ	Ο	Ο	Τ	Τ	Σ	Τ	Δ
Λ	Τ	Ο	Σ	Ό	Μ	Α	Α	Ξ	Μ	Ν	Χ	Ό	Σ	Ν
Ξ	Α	Ξ	Ρ	Ι	Τ	Π	Ί	Ο	Π	Α	Τ	Μ	Ο	Ύ
Ο	Μ	Ο	Δ	Χ	Ά	Ω	Λ	Ω	Ξ	Α	Ι	Α	Γ	Μ
Π	Ύ	Ι	Β	Υ	Ξ	Έ	Ξ	Η	Κ	Β	Ί	Τ	Ά	Ν
Π	Κ	Σ	Γ	Έ	Ε	Ι	Υ	Σ	Μ	Ε	Χ	Ο	Π	Ι
Η	Ό	Κ	Α	Ν	Ά	Λ	Ι	Υ	Ν	Μ	Α	Π	Έ	Μ
Έ	Ρ	Σ	Α	Γ	Η	Β	Η	Ε	Τ	Δ	Ύ	Ν	Β	Η
Ι	Γ	Ξ	Ι	Ο	Η	Ψ	Έ	Δ	Ε	Σ	Ε	Ρ	Ό	Ψ
Λ	Υ	Τ	Γ	Μ	Ξ	Τ	Υ	Ρ	Ρ	Υ	Ξ	Ί	Α	Σ
Ί	Γ	Ι	Ξ	Ε	Ο	Η	Υ	Ά	Μ	Τ	Β	Ψ	Β	Α
Μ	Ο	Υ	Σ	Ώ	Ν	Α	Σ	Υ	Γ	Ρ	Α	Σ	Ί	Α

ΚΑΝΆΛΙ
ΥΓΡΌ
ΠΌΣΙΜΟ
ΕΞΆΤΜΙΣΗ
ΠΛΗΜΜΎΡΑ
ΠΑΓΩΝΙΆ
ΧΙΟΥΡΙΚΑΝΑΣ
ΠΆΓΟΣ
ΆΡΔΕΥΣΗ
ΛΊΜΝΗ
ΥΓΡΑΣΊΑ
ΜΟΥΣΏΝΑΣ
ΩΚΕΑΝΌΣ
ΒΡΟΧΉ
ΠΟΤΑΜΌΣ
ΝΤΟΥΣ
ΧΙΌΝΙ
ΑΤΜΟΎ
ΚΎΜΑΤΑ

92 - Activities

Ο	Β	Ε	Έ	Ν	Ί	Ή	Κ	Ι	Μ	Α	Ρ	Ε	Κ	Ρ
Ξ	Ξ	Χ	Α	Λ	Ά	Ρ	Ω	Σ	Η	Ί	Έ	Α	Π	Ά
Π	Σ	Α	Π	Δ	Υ	Σ	Ί	Χ	Ι	Φ	Ι	Ν	Β	Ψ
Π	Σ	Έ	Α	Ι	Δ	Ί	Ν	Χ	Ι	Α	Π	Ά	Γ	Ι
Μ	Λ	Κ	Γ	Ν	Ι	Π	Μ	Ά	Κ	Ρ	Τ	Γ	Κ	Μ
Η	Α	Έ	Ξ	Ν	Α	Τ	Β	Α	Δ	Γ	Έ	Ν	Υ	Ο
Τ	Ι	Γ	Ξ	Μ	Τ	Ψ	Ι	Χ	Ω	Ο	Χ	Ω	Ν	Π
Γ	Υ	Έ	Ε	Ι	Σ	Υ	Υ	Α	Ψ	Τ	Ν	Σ	Ή	Ε
Ψ	Ω	Χ	Γ	Ί	Μ	Έ	Ί	Χ	Ξ	Ω	Η	Η	Γ	Ζ
Μ	Μ	Δ	Π	Χ	Α	Ο	Π	Σ	Ή	Φ	Υ	Ε	Ι	Ο
Ψ	Η	Ι	Κ	Η	Π	Ο	Υ	Ρ	Ι	Κ	Ή	Μ	Ξ	Π
Υ	Δ	Υ	Ε	Ε	Ί	Σ	Ψ	Ά	Ρ	Ε	Μ	Α	Γ	Ο
Σ	Υ	Μ	Φ	Έ	Ρ	Ο	Ν	Τ	Α	Γ	Ν	Π	Ψ	Ρ
Ί	Ε	Β	Ι	Ο	Τ	Ε	Χ	Ν	Ί	Α	Ξ	Ψ	Ψ	Ί
Ε	Υ	Χ	Α	Ρ	Ί	Σ	Τ	Η	Σ	Η	Ψ	Π	Ρ	Α

ΤΈΧΝΗ
ΚΆΜΠΙΝΓΚ
ΚΕΡΑΜΙΚΉ
ΒΙΟΤΕΧΝΊΑ
ΨΆΡΕΜΑ
ΠΑΙΧΝΊΔΙΑ
ΚΗΠΟΥΡΙΚΉ
ΠΕΖΟΠΟΡΊΑ
ΚΥΝΉΓΙ
ΣΥΜΦΈΡΟΝΤΑ
ΠΛΈΞΙΜΟ
ΑΝΑΨΥΧΉ
ΜΑΓΕΊΑ
ΦΩΤΟΓΡΑΦΊΑ
ΕΥΧΑΡΊΣΤΗΣΗ
ΑΝΆΓΝΩΣΗ
ΧΑΛΆΡΩΣΗ
ΡΆΨΙΜΟ

93 - Business

Ί	Σ	Ά	Κ	Ι	Μ	Ο	Ν	Ο	Κ	Ι	Ο	Ω	Σ	Τ
Ρ	Ε	Ζ	Τ	Α	Ν	Ά	Μ	Ψ	Α	Κ	Β	Ε	Η	Ω
Τ	Ψ	Χ	Σ	Σ	Ρ	Ε	Γ	Έ	Ί	Ό	Ψ	Ρ	Ν	Χ
Α	Έ	Ω	Γ	Χ	Ο	Ι	Η	Έ	Ε	Σ	Π	Γ	Χ	Ν
Υ	Η	Χ	Λ	Έ	Ι	Τ	Έ	Δ	Ρ	Τ	Ώ	Ο	Ψ	Ι
Α	Μ	Η	Δ	Ό	Σ	Ι	Ε	Ρ	Ι	Ο	Λ	Δ	Σ	Ε
Α	Μ	Η	Τ	Σ	Ά	Τ	Α	Κ	Α	Σ	Η	Ό	Μ	Π
Χ	Ρ	Η	Μ	Α	Τ	Ο	Δ	Ο	Τ	Ώ	Σ	Τ	Τ	Έ
Γ	Ι	Γ	Σ	Ρ	Σ	Τ	Δ	Ξ	Ε	Ί	Η	Η	Κ	Ν
Α	Ρ	Λ	Χ	Σ	Ο	Ι	Υ	Έ	Σ	Ε	Ε	Ξ	Έ	Δ
Χ	Λ	Α	Λ	Έ	Γ	Σ	Ξ	Ρ	Υ	Ι	Ω	Ε	Ρ	Υ
Ρ	Ί	Β	Φ	Ο	Ρ	Ν	Ό	Μ	Ι	Σ	Μ	Α	Δ	Σ
Ή	Α	Γ	Έ	Ε	Ε	Μ	Έ	Ν	Γ	Η	Λ	Ξ	Ο	Η
Μ	Ι	Ξ	Ο	Γ	Ί	Έ	Κ	Π	Τ	Ω	Σ	Η	Σ	Ο
Α	Δ	Μ	Λ	Η	Υ	Ο	Φ	Ό	Ρ	Ο	Ι	Τ	Ν	Μ

ΚΑΡΙΈΡΑ
ΕΤΑΙΡΕΊΑ
ΚΌΣΤΟΣ
ΝΌΜΙΣΜΑ
ΈΚΠΤΩΣΗ
ΟΙΚΟΝΟΜΙΚΆ
ΕΡΓΟΔΌΤΗ
ΕΡΓΟΣΤΆΣΙΟ
ΧΡΗΜΑΤΟΔΟΤΏ
ΕΙΣΌΔΗΜΑ
ΕΠΈΝΔΥΣΗ
ΜΆΝΑΤΖΕΡ
ΧΡΉΜΑ
ΓΡΑΦΕΊΟ
ΚΈΡΔΟΣ
ΠΏΛΗΣΗ
ΚΑΤΆΣΤΗΜΑ
ΦΌΡΟΙ

94 - The Company

Δ	Π	Μ	Α	Δ	Σ	Ε	Σ	Β	Π	Σ	Ί	Ψ	Ψ	Ψ
Υ	Ρ	Β	Μ	Η	Π	Υ	Μ	Ψ	Σ	Ό	Χ	Σ	Λ	Α
Ν	Ο	Α	Ι	Μ	Σ	Ό	Κ	Γ	Α	Π	Ρ	Β	Ι	Α
Α	Ϊ	Π	Κ	Ι	Ε	Ι	Έ	Ι	Ί	Ν	Ο	Ω	Ο	Π
Τ	Ό	Ο	Α	Ο	Η	Σ	Υ	Δ	Ν	Έ	Π	Ε	Ν	Ό
Ό	Ν	Ι	Ι	Υ	Φ	Ω	Μ	Λ	Α	Λ	Μ	Έ	Υ	Φ
Τ	Χ	Ό	Ν	Ρ	Τ	Ή	Ν	Ψ	Χ	Δ	Ο	Ψ	Δ	Α
Η	Χ	Τ	Ο	Γ	Ξ	Ά	Μ	Γ	Η	Β	Ν	Λ	Ν	Σ
Τ	Σ	Η	Τ	Ι	Ί	Η	Σ	Η	Μ	Β	Ά	Σ	Ί	Η
Α	Λ	Τ	Ό	Κ	Χ	Ξ	Ο	Ε	Ο	Ψ	Δ	Π	Κ	Έ
Γ	Η	Α	Μ	Ή	Ε	Χ	Δ	Η	Ι	Μ	Ε	Ι	Ψ	Σ
Ρ	Ψ	Π	Ο	Έ	Χ	Ε	Ο	Ί	Β	Σ	Σ	Π	Β	Ο
Ψ	Π	Δ	Η	Σ	Η	Λ	Ό	Χ	Σ	Α	Π	Α	Η	Δ
Π	Ε	Ί	Μ	Η	Σ	Η	Ρ	Ί	Ε	Χ	Ι	Π	Ε	Α
Β	Ο	Ί	Ι	Ψ	Μ	Ν	Π	Σ	Γ	Μ	Π	Λ	Α	Υ

ΕΠΙΧΕΊΡΗΣΗ
ΔΗΜΙΟΥΡΓΙΚΉ
ΑΠΌΦΑΣΗ
ΑΠΑΣΧΌΛΗΣΗ
ΠΑΓΚΌΣΜΙΑ
ΒΙΟΜΗΧΑΝΊΑ
ΚΑΙΝΟΤΌΜΟ
ΕΠΈΝΔΥΣΗ
ΔΥΝΑΤΌΤΗΤΑ
ΠΡΟΪΌΝ
ΠΡΌΟΔΟΣ
ΠΟΙΌΤΗΤΑ
ΦΉΜΗ
ΠΌΡΩΝ
ΈΣΟΔΑ
ΚΊΝΔΥΝΟΙ
ΤΆΣΕΙΣ
ΜΟΝΆΔΕΣ

95 - Literature

Σ	Ρ	Β	Σ	Ν	Τ	Ρ	Φ	Θ	Ξ	Ρ	Ρ	Η	Ε	Γ
Ύ	Γ	Ν	Ώ	Μ	Η	Ξ	Υ	Α	Έ	Έ	Χ	Ψ	Ω	Α
Γ	Α	Ν	Ά	Λ	Υ	Σ	Η	Θ	Ν	Μ	Ε	Λ	Ι	Γ
Κ	Π	Ο	Ι	Η	Τ	Ι	Κ	Ή	Μ	Τ	Α	Υ	Γ	Έ
Ρ	Α	Ν	Έ	Κ	Δ	Ο	Τ	Ο	Ο	Ο	Α	Τ	Έ	Δ
Ι	Δ	Ι	Ά	Λ	Ο	Γ	Ο	Σ	Π	Ρ	Ύ	Σ	Σ	Υ
Σ	Έ	Ο	Ξ	Τ	Δ	Λ	Ε	Α	Ε	Ρ	Ί	Υ	Ί	Μ
Η	Τ	Ί	Μ	Σ	Α	Έ	Φ	Α	Ρ	Γ	Γ	Υ	Σ	Α
Ω	Η	Α	Μ	Η	Ρ	Ό	Τ	Σ	Ι	Θ	Υ	Μ	Ξ	Μ
Ο	Μ	Ε	Τ	Α	Φ	Ο	Ρ	Ά	Γ	Έ	Έ	Ί	Σ	Η
Ψ	Ξ	Μ	Σ	Η	Α	Ί	Φ	Α	Ρ	Γ	Ο	Ι	Β	Ί
Ω	Μ	Π	Α	Α	Ί	Γ	Ο	Λ	Α	Ν	Α	Υ	Ι	Ο
Α	Φ	Η	Γ	Η	Τ	Ή	Σ	Τ	Φ	Ο	Ο	Ι	Ξ	Π
Τ	Ρ	Α	Γ	Ω	Δ	Ί	Α	Ξ	Ή	Α	Ο	Λ	Ν	Ψ
Σ	Υ	Μ	Π	Έ	Ρ	Α	Σ	Μ	Α	Ω	Ι	Υ	Γ	Ο

ΑΝΑΛΟΓΊΑ
ΑΝΆΛΥΣΗ
ΑΝΈΚΔΟΤΟ
ΣΥΓΓΡΑΦΈΑΣ
ΒΙΟΓΡΑΦΊΑ
ΣΎΓΚΡΙΣΗ
ΣΥΜΠΈΡΑΣΜΑ
ΠΕΡΙΓΡΑΦΉ
ΔΙΆΛΟΓΟΣ
ΦΑΝΤΑΣΊΑ
ΜΕΤΑΦΟΡΆ
ΑΦΗΓΗΤΉΣ
ΜΥΘΙΣΤΌΡΗΜΑ
ΓΝΏΜΗ
ΠΟΊΗΜΑ
ΠΟΙΗΤΙΚΉ
ΡΥΘΜΟΎ
ΣΤΥΛ
ΘΈΜΑ
ΤΡΑΓΩΔΊΑ

96 - Geography

Ά	Ι	Έ	Τ	Μ	Α	Σ	Δ	Δ	Β	Ρ	Ν	Λ	Μ	Ο
Ν	Τ	Ω	Ξ	Α	Λ	Η	Ε	Χ	Ν	Έ	Ό	Ω	Ν	Λ
Π	Ο	Λ	Ί	Ρ	Ψ	Ξ	Χ	Ά	Ί	Ν	Τ	Β	Ι	Χ
Η	Σ	Γ	Α	Ή	Χ	Ο	Ι	Ρ	Ε	Π	Ι	Υ	Ξ	Ω
Χ	Ό	Ξ	Σ	Ν	Μ	Ψ	Ί	Τ	Α	Ε	Α	Τ	Ε	Δ
Ξ	Μ	Ξ	Σ	Ρ	Τ	Γ	Ί	Η	Έ	Υ	Γ	Ψ	Ε	Μ
Ξ	Α	Υ	Α	Α	Η	Α	Σ	Ο	Ρ	Ι	Ε	Π	Ή	Χ
Β	Τ	Χ	Λ	Μ	Ε	Σ	Η	Μ	Β	Ρ	Ι	Ν	Ό	Ώ
Σ	Ο	Λ	Ά	Χ	Ι	Λ	Ν	Σ	Ο	Φ	Α	Δ	Έ	Ρ
Π	Π	Ρ	Θ	Κ	Ό	Σ	Μ	Ο	Ύ	Ν	Β	Ν	Σ	Α
Ρ	Ρ	Α	Ρ	Χ	Ε	Τ	Έ	Η	Ξ	Δ	Ί	Ψ	Π	Α
Π	Ό	Λ	Η	Ά	Ν	Λ	Υ	Β	Ο	Υ	Ν	Ό	Ψ	Ι
Ο	Α	Ν	Ύ	Ψ	Ω	Σ	Η	Ω	Κ	Ε	Α	Ν	Ό	Σ
Δ	Λ	Υ	Η	Μ	Ι	Σ	Φ	Α	Ί	Ρ	Ι	Ο	Α	Α
Β	Τ	Έ	Ξ	Ο	Ο	Γ	Υ	Ψ	Ό	Μ	Ε	Τ	Ρ	Ο

ΥΨΌΜΕΤΡΟ
ΆΤΛΑΝΤΑ
ΠΌΛΗ
ΉΠΕΙΡΟΣ
ΧΏΡΑ
ΑΝΎΨΩΣΗ
ΗΜΙΣΦΑΊΡΙΟ
ΝΗΣΊ
ΧΆΡΤΗ
ΜΕΣΗΜΒΡΙΝΌ
ΒΟΥΝΌ
ΒΟΡΡΆ
ΩΚΕΑΝΌΣ
ΠΕΡΙΟΧΉ
ΠΟΤΑΜΌΣ
ΘΆΛΑΣΣΑ
ΝΌΤΙΑ
ΈΔΑΦΟΣ
ΔΎΣΗ
ΚΌΣΜΟ

97 - Jazz

Ε	Ρ	Έ	Ά	Χ	Π	Γ	Γ	Δ	Έ	Μ	Ψ	Β	Ξ	Ο
Σ	Η	Μ	Λ	Γ	Α	Ψ	Η	Ψ	Α	Δ	Ί	Α	Ί	Ρ
Σ	Ω	Φ	Μ	Ί	Λ	Α	Σ	Υ	Σ	Δ	Η	Τ	Ε	Χ
Δ	Ο	Α	Π	Η	Ι	Δ	Ύ	Ο	Γ	Α	Ρ	Τ	Γ	Ή
Δ	Ψ	Σ	Ο	Ί	Ό	Ν	Η	Ί	Μ	Έ	Ξ	Δ	Τ	Σ
Σ	Ι	Η	Υ	Λ	Ν	Ψ	Ξ	Ο	Τ	Ν	Έ	Λ	Α	Τ
Υ	Χ	Ά	Μ	Π	Η	Ψ	Ο	Υ	Λ	Ί	Ψ	Μ	Ή	Ρ
Ν	Λ	Δ	Σ	Η	Ν	Χ	Έ	Τ	Ι	Λ	Λ	Α	Κ	Α
Θ	Τ	Ψ	Μ	Η	Σ	Ε	Θ	Ν	Ύ	Σ	Ί	Ί	Ι	Ο
Έ	Τ	Λ	Ύ	Ο	Μ	Θ	Υ	Ρ	Ε	Ψ	Δ	Λ	Σ	Π
Τ	Ο	Γ	Ν	Π	Η	Η	Ε	Ξ	Ε	Η	Ί	Υ	Υ	Ρ
Η	Τ	Ε	Χ	Ν	Ι	Κ	Ή	Ί	Τ	Μ	Έ	Α	Ο	Ω
Τ	Ύ	Μ	Π	Α	Ν	Α	Υ	Π	Δ	Υ	Μ	Ν	Μ	Υ
Ω	Π	Ε	Τ	Ε	Σ	Τ	Υ	Λ	Β	Ο	Ο	Υ	Μ	Ο
Χ	Β	Α	Γ	Α	Π	Η	Μ	Έ	Ν	Α	Σ	Σ	Τ	Σ

ΆΛΜΠΟΥΜ
ΚΑΛΛΙΤΈΧΝΗΣ
ΣΥΝΘΈΤΗ
ΣΎΝΘΕΣΗ
ΣΥΝΑΥΛΊΑ
ΤΎΜΠΑΝΑ
ΈΜΦΑΣΗ
ΔΙΆΣΗΜΗ
ΑΓΑΠΗΜΈΝΑ
ΕΊΔΟΣ
ΜΟΥΣΙΚΉ
ΝΈΑ
ΠΑΛΙΌ
ΟΡΧΉΣΤΡΑ
ΡΥΘΜΟΎ
ΤΡΑΓΟΎΔΙ
ΣΤΥΛ
ΤΑΛΈΝΤΟ
ΤΕΧΝΙΚΉ

98 - Nature

Χ	Ό	Β	Χ	Τ	Γ	Χ	Σ	Ο	Ξ	Ο	Χ	Έ	Σ	Η
Ρ	Τ	Ρ	Ο	Π	Ι	Κ	Ή	Κ	Ι	Ν	Η	Ρ	Ι	Ε
Ι	Ί	Β	Ε	Δ	Υ	Ν	Α	Μ	Ι	Κ	Ή	Υ	Β	Α
Ζ	Ώ	Α	Υ	Ι	Χ	Γ	Έ	Γ	Χ	Ι	Σ	Α	Ο	Ρ
Σ	Ύ	Ν	Ν	Ε	Φ	Α	Ζ	Ω	Τ	Ι	Κ	Ή	Υ	Κ
Ό	Δ	Ψ	Ί	Α	Β	Ω	Λ	Ι	Ί	Γ	Μ	Ά	Ν	Τ
Μ	Ι	Ο	Μ	Ο	Ρ	Φ	Ι	Ά	Χ	Δ	Γ	Γ	Ά	Ι
Α	Ά	Η	Ί	Ψ	Ε	Μ	Ω	Π	Μ	Έ	Υ	Ρ	Ρ	Κ
Τ	Β	Σ	Δ	Ν	Σ	Ί	Τ	Ε	Σ	Ε	Δ	Ι	Λ	Ή
Ο	Ρ	Ε	Π	Α	Γ	Ε	Τ	Ώ	Ν	Α	Σ	Ο	Τ	Ε
Π	Ω	Ρ	Ρ	Έ	Ι	Ο	Μ	Ί	Χ	Λ	Η	Ξ	Π	Έ
Μ	Σ	Λ	Ψ	Ή	Μ	Έ	Λ	Ι	Σ	Σ	Ε	Σ	Μ	Π
Υ	Η	Α	Ξ	Α	Μ	Ω	Λ	Λ	Ύ	Φ	Μ	Μ	Ψ	Ψ
Λ	Δ	Α	Σ	Ο	Σ	Ο	Ι	Ν	Ή	Λ	Α	Γ	Λ	Δ
Π	Ξ	Ν	Σ	Ω	Η	Υ	Υ	Γ	Ε	Ν	Π	Ε	Η	Ν

ΖΏΑ
ΑΡΚΤΙΚΉ
ΟΜΟΡΦΙΆ
ΜΈΛΙΣΣΕΣ
ΣΎΝΝΕΦΑ
ΕΡΉΜΟΥ
ΔΥΝΑΜΙΚΉ
ΔΙΆΒΡΩΣΗ
ΟΜΊΧΛΗ
ΦΎΛΛΩΜΑ
ΔΑΣΟΣ
ΠΑΓΕΤΏΝΑΣ
ΒΟΥΝΆ
ΕΙΡΗΝΙΚΉ
ΠΟΤΑΜΌΣ
ΙΕΡΌ
ΓΑΛΉΝΙΟ
ΤΡΟΠΙΚΉ
ΖΩΤΙΚΉ
ΆΓΡΙΟ

99 - Vacation #2

Ί	Μ	Δ	Έ	Π	Ρ	Μ	Α	Σ	Σ	Α	Λ	Ά	Θ	Κ
Ψ	Ψ	Ε	Ι	Δ	Ί	Ξ	Α	Τ	Η	Ν	Ψ	Ε	Δ	Ά
Β	Β	Ξ	Ί	Α	Μ	Ρ	Ζ	Ξ	Δ	Α	Π	Σ	Λ	Μ
Ο	Ο	Σ	Έ	Ψ	Β	Ο	Ί	Χ	Ξ	Ψ	Α	Τ	Δ	Π
Σ	Η	Υ	Π	Μ	Τ	Α	Β	Ι	Έ	Υ	Ρ	Ι	Η	Ι
Ό	Κ	Ρ	Ν	Γ	Τ	Υ	Τ	Ι	Ν	Χ	Α	Α	Ν	Ν
Μ	Ψ	Η	Ο	Ά	Η	Χ	Λ	Ή	Ο	Ή	Λ	Τ	Ξ	Γ
Σ	Ρ	Α	Ν	Χ	Ά	Ρ	Τ	Η	Ρ	Υ	Ί	Ό	Β	Κ
Ι	Ο	Γ	Η	Ή	Ξ	Έ	Β	Ε	Ε	Ι	Α	Ρ	Ρ	Υ
Ρ	Μ	Ε	Τ	Α	Φ	Ο	Ρ	Ά	Π	Μ	Ο	Ι	Τ	Γ
Ο	Α	Ε	Ρ	Ο	Δ	Ρ	Ό	Μ	Ι	Ο	Ν	Ο	Ρ	Μ
Ο	Ί	Ε	Χ	Ο	Δ	Ο	Ν	Ε	Ξ	Σ	Η	Τ	Έ	Ρ
Ρ	Ν	Υ	Γ	Γ	Ε	Ε	Ψ	Ε	Η	Η	Σ	Α	Ν	Π
Π	Γ	Ξ	Έ	Ε	Β	Τ	Ί	Υ	Έ	Ξ	Ί	Ξ	Ο	Π
Π	Ε	Ξ	Χ	Ψ	Ε	Δ	Ν	Σ	Λ	Γ	Έ	Ί	Γ	Ι

ΑΕΡΟΔΡΌΜΙΟ
ΠΑΡΑΛΊΑ
ΚΆΜΠΙΝΓΚ
ΠΡΟΟΡΙΣΜΌΣ
ΞΈΝΟ
ΞΕΝΟΔΟΧΕΊΟ
ΝΗΣΊ
ΤΑΞΊΔΙ
ΑΝΑΨΥΧΉ
ΧΆΡΤΗ
ΒΟΥΝΆ
ΔΙΑΒΑΤΉΡΙΟ
ΕΣΤΙΑΤΌΡΙΟ
ΘΆΛΑΣΣΑ
ΤΑΞΊ
ΣΚΗΝΉ
ΤΡΈΝΟ
ΜΕΤΑΦΟΡΆ
ΒΊΖΑ

100 - Electricity

Α	Ε	Γ	Χ	Ν	Υ	Ν	Γ	Α	Ι	Έ	Χ	Ξ	Χ	Η
Ν	Ξ	Α	Ε	Α	Χ	Τ	Έ	Λ	Ω	Ι	Β	Σ	Μ	Λ
Τ	Ο	Π	Η	Ν	Μ	Π	Α	Τ	Α	Ρ	Ί	Α	Α	Ε
Ι	Π	Ο	Σ	Ο	Ν	Ω	Φ	Έ	Λ	Η	Τ	Ζ	Γ	Κ
Κ	Λ	Θ	Ο	Υ	Δ	Ή	Λ	Λ	Ο	Ο	Ί	Ί	Ν	Τ
Ε	Ι	Ή	Ρ	Β	Σ	Κ	Τ	Λ	Ά	Ρ	Β	Ρ	Ή	Ρ
Ί	Σ	Κ	Ο	Έ	Ί	Ι	Π	Ρ	Έ	Μ	Ω	Π	Τ	Ο
Μ	Μ	Ε	Σ	Γ	Ο	Ρ	Ο	Ξ	Ι	Ι	Π	Τ	Η	Λ
Ε	Ό	Υ	Ό	Κ	Ι	Τ	Η	Ν	Ρ	Α	Ζ	Α	Σ	Ό
Ν	Σ	Σ	Β	Ω	Ψ	Κ	Α	Ι	Π	Α	Ψ	Ε	Χ	Γ
Α	Ψ	Η	Λ	Ι	Η	Ε	Δ	Ί	Κ	Τ	Υ	Ο	Ρ	Ο
Γ	Υ	Ω	Ο	Ν	Ο	Λ	Θ	Ε	Τ	Ι	Κ	Ή	Ε	Σ
Ί	Σ	Ο	Β	Α	Τ	Η	Τ	Ό	Σ	Ο	Π	Μ	Ε	Ρ
Κ	Α	Λ	Ώ	Δ	Ι	Ο	Κ	Α	Λ	Ώ	Δ	Ι	Α	Α
Τ	Η	Λ	Ε	Ό	Ρ	Α	Σ	Η	Β	Δ	Τ	Ο	Μ	Α

ΜΠΑΤΑΡΊΑ
ΒΟΛΒΌΣ
ΚΑΛΏΔΙΟ
ΗΛΕΚΤΡΙΚΉ
ΗΛΕΚΤΡΟΛΌΓΟΣ
ΕΞΟΠΛΙΣΜΌΣ
ΓΕΝΝΉΤΡΙΑ
ΛΆΜΠΑ
ΛΈΙΖΕΡ
ΜΑΓΝΉΤΗΣ
ΑΡΝΗΤΙΚΌ
ΔΊΚΤΥΟ
ΑΝΤΙΚΕΊΜΕΝΑ
ΘΕΤΙΚΉ
ΠΟΣΌΤΗΤΑ
ΠΡΊΖΑ
ΑΠΟΘΉΚΕΥΣΗ
ΤΗΛΈΦΩΝΟ
ΤΗΛΕΌΡΑΣΗ
ΚΑΛΏΔΙΑ

1 - Antiques

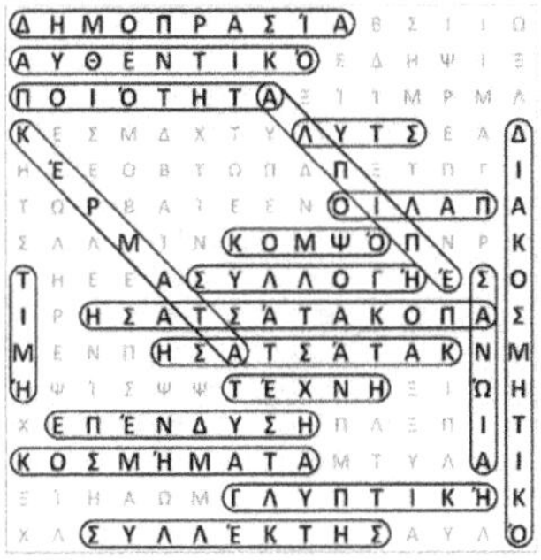

2 - Food #1

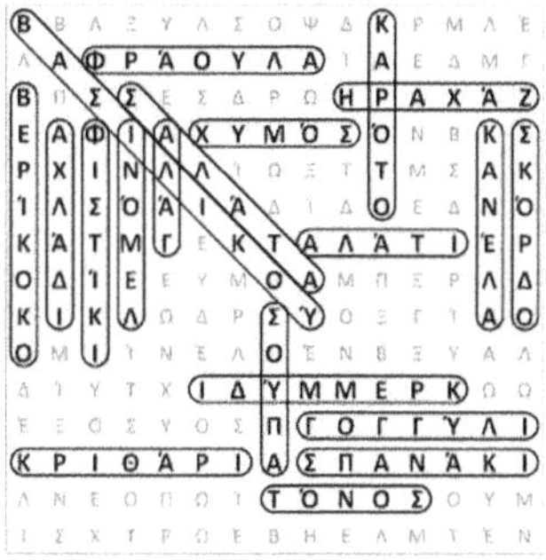

3 - Measurements

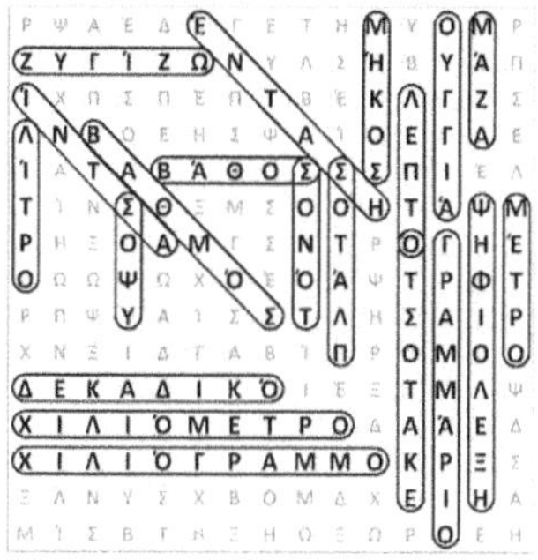

4 - Farm #2

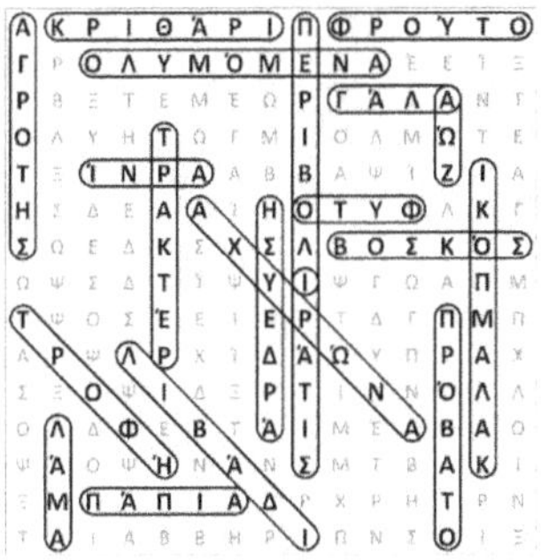

5 - Books

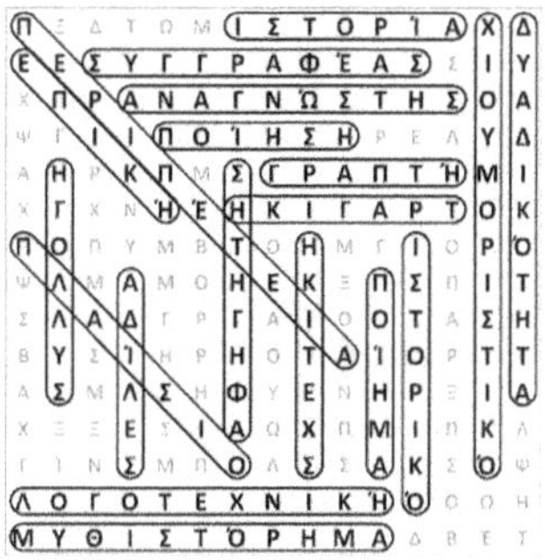

6 - Meditation

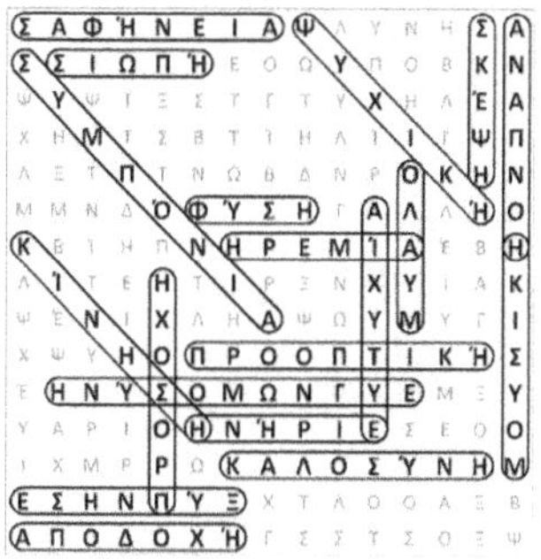

7 - Days and Months

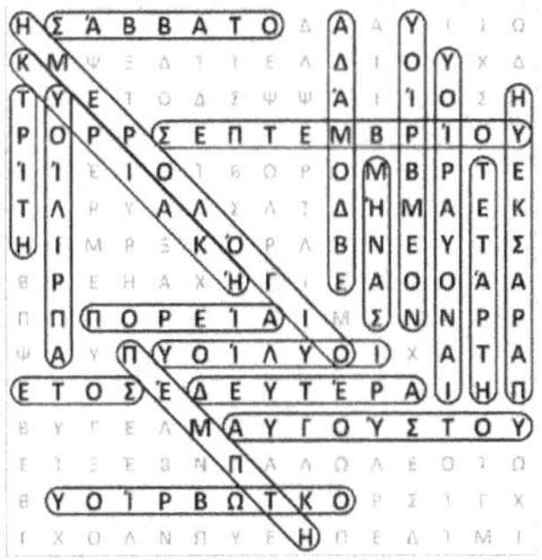

8 - Energy

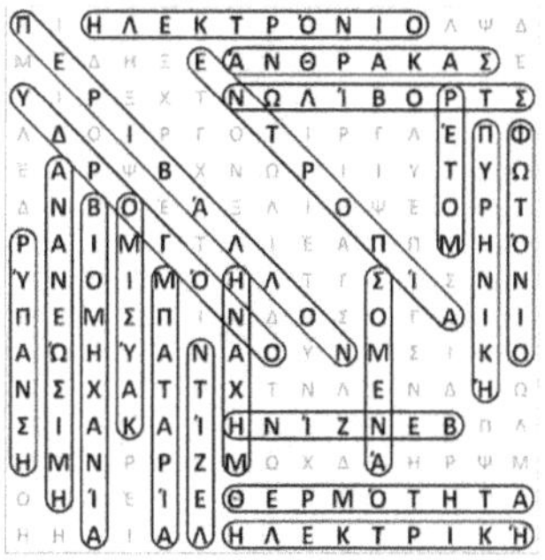

9 - Archeology

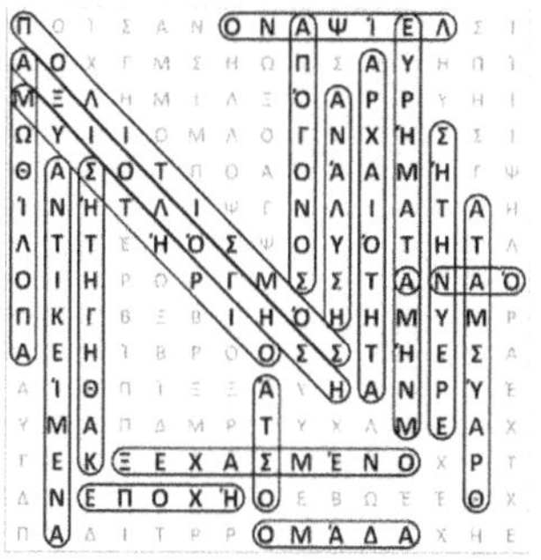

10 - Food #2

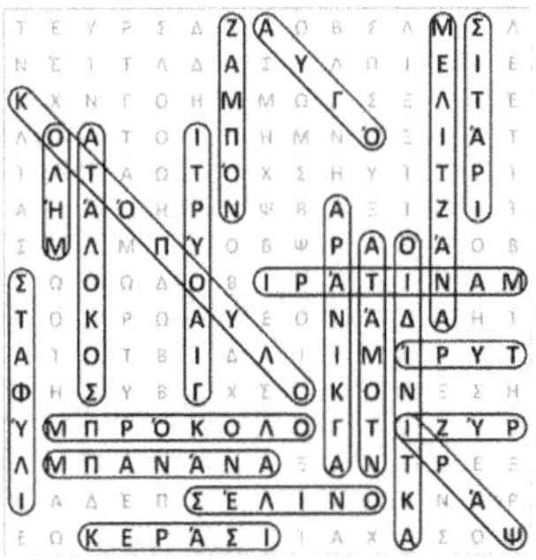

11 - Chemistry

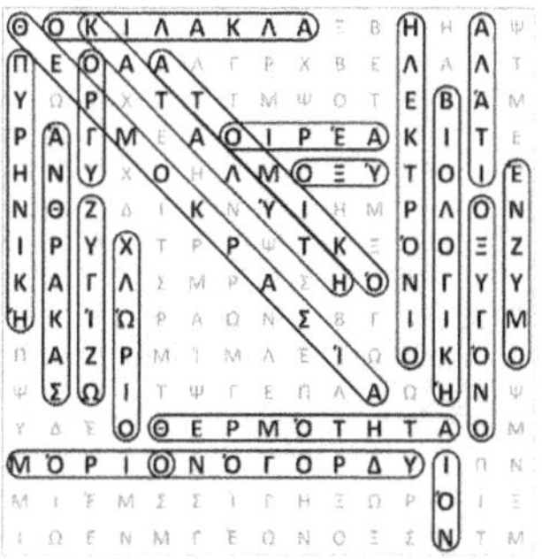

12 - Music

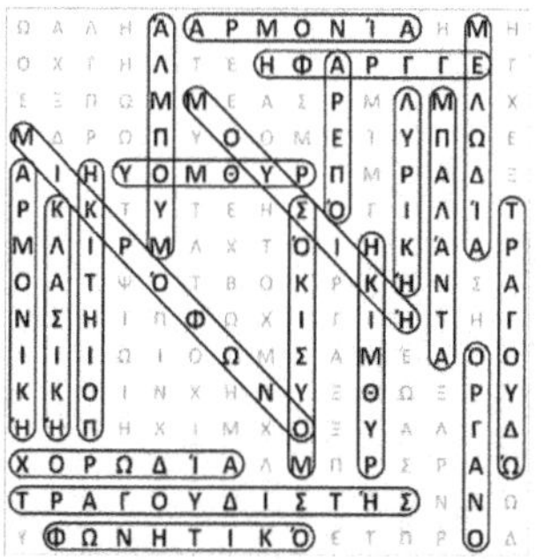

13 - Family

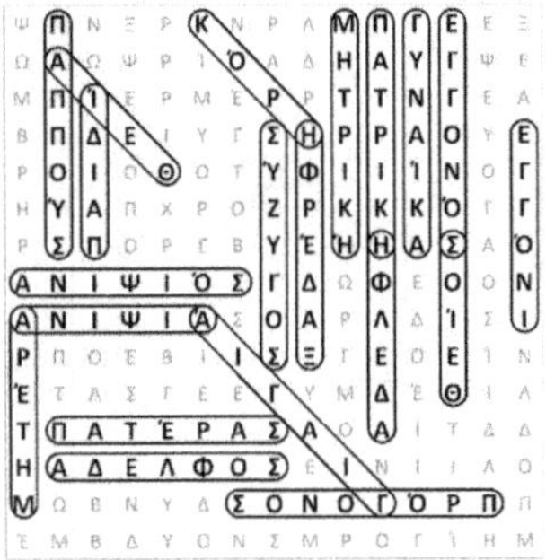

14 - Farm #1

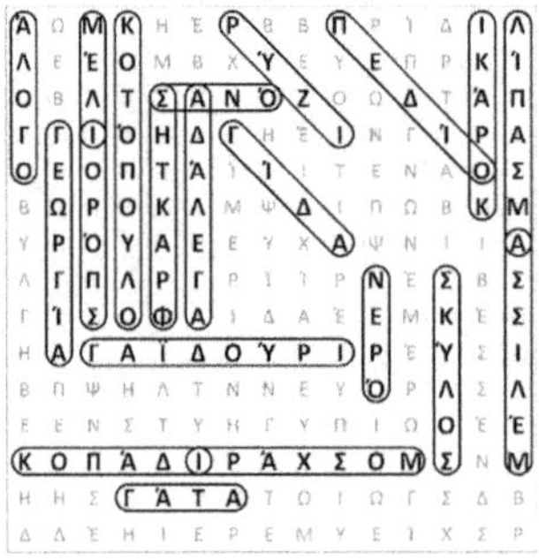

15 - Camping

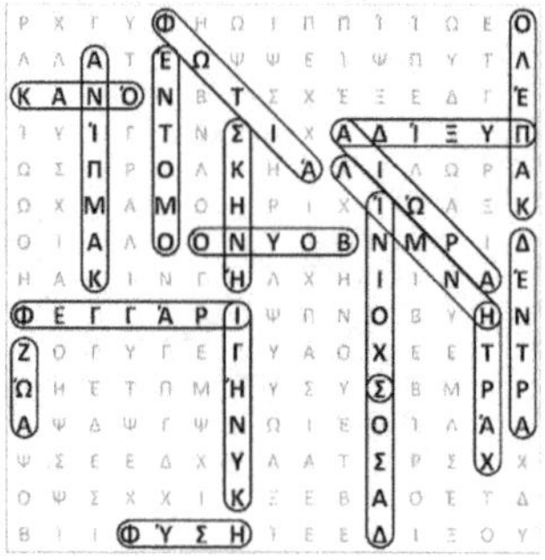

16 - Algebra

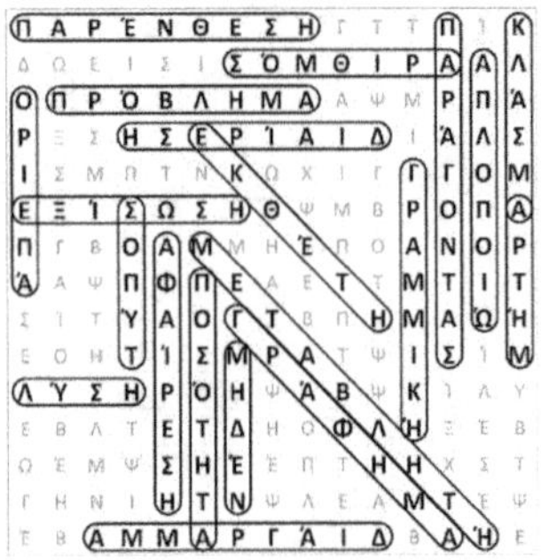

17 - Numbers

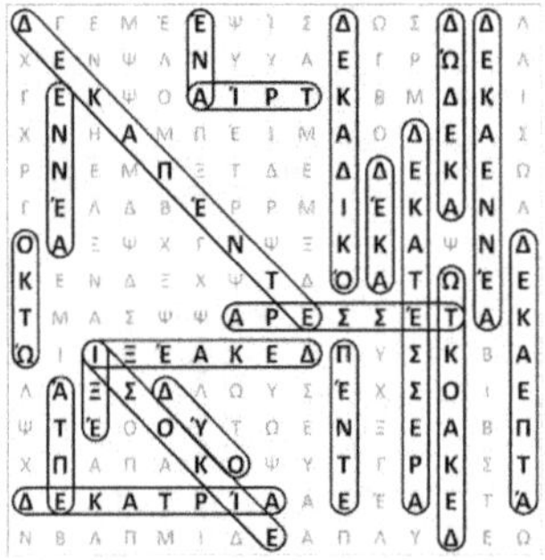

18 - Spices

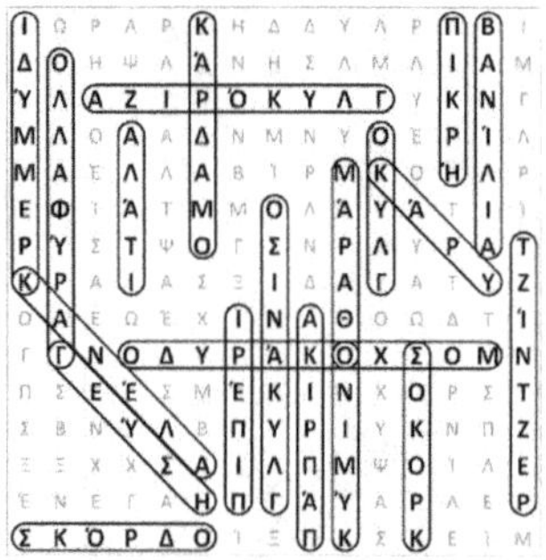

19 - Universe

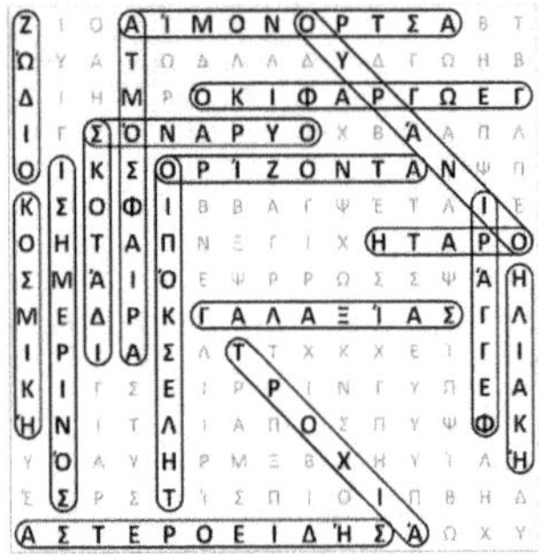

20 - Mammals

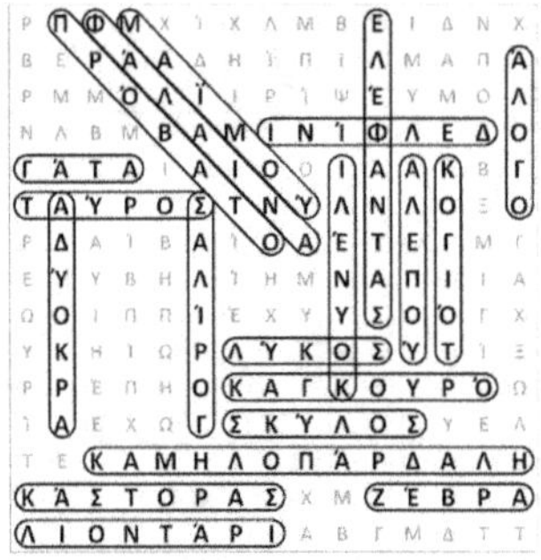

21 - Bees

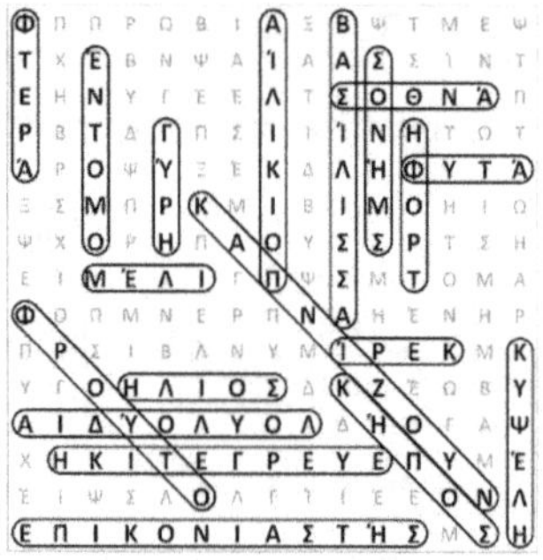

22 - Weather

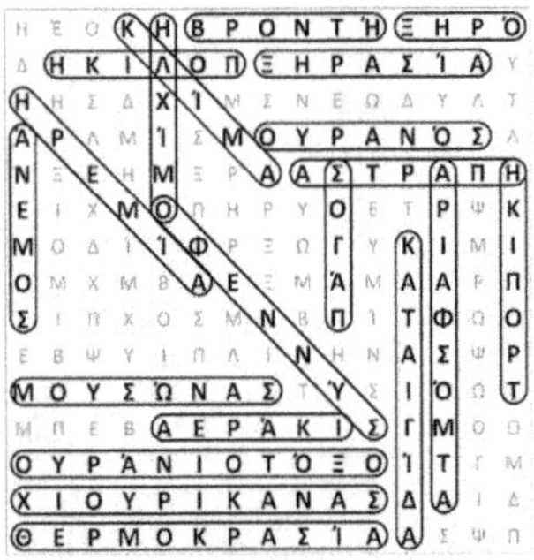

23 - Adventure

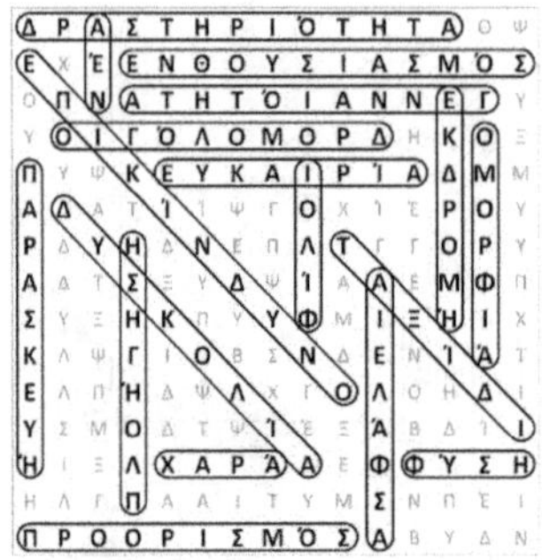

24 - Restaurant #2

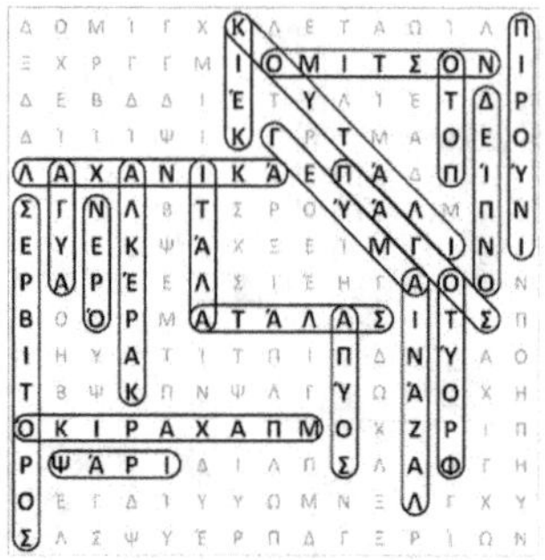

25 - Geology

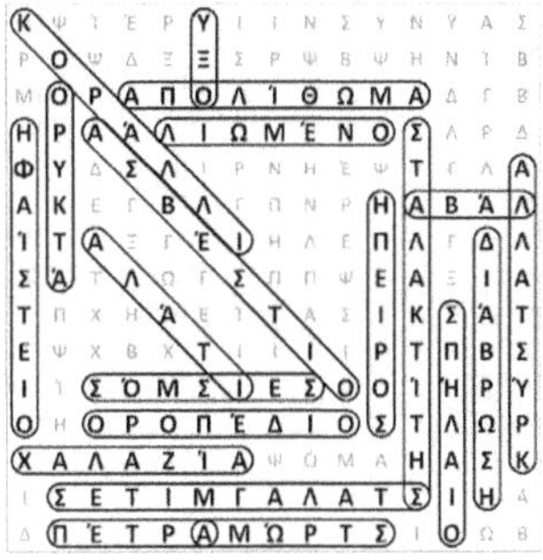

26 - House

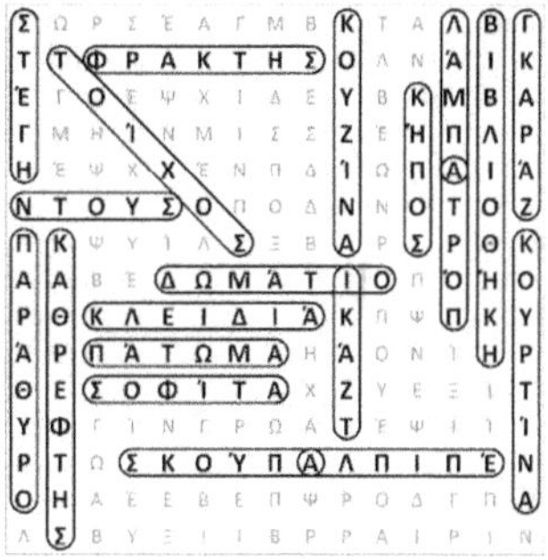

27 - Physics

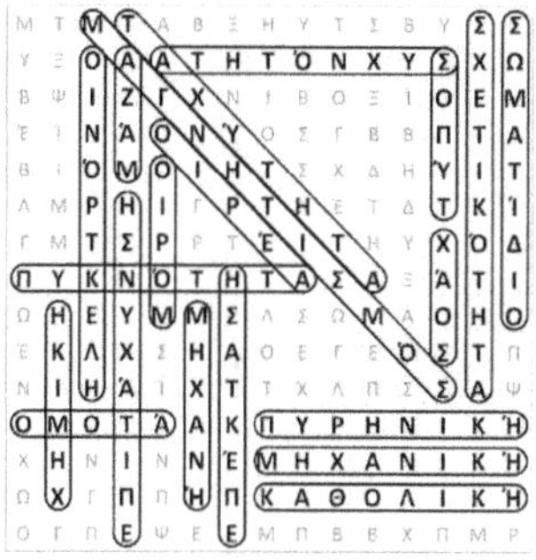

28 - Dance

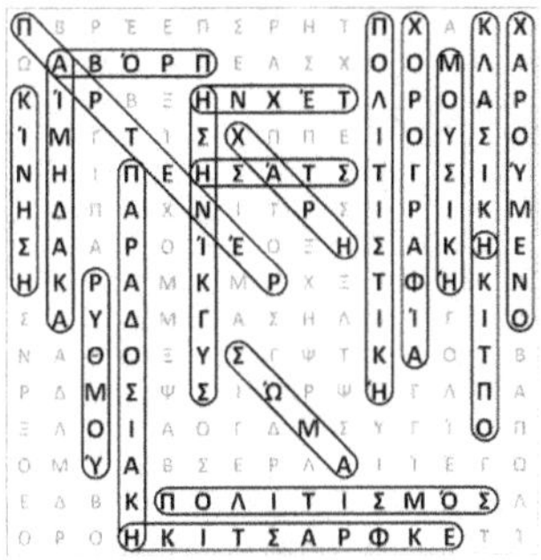

29 - Coffee

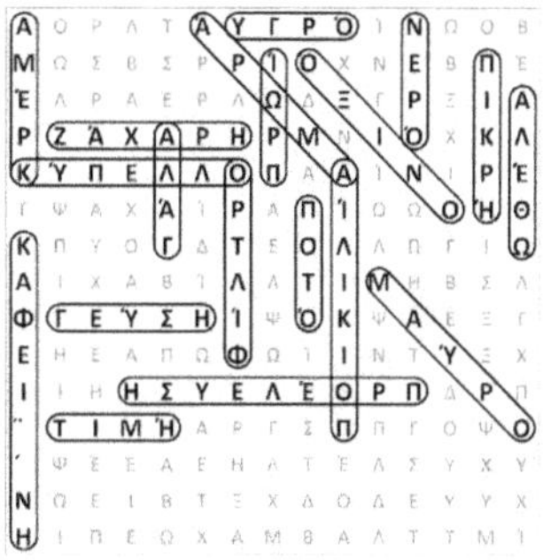

30 - Colors

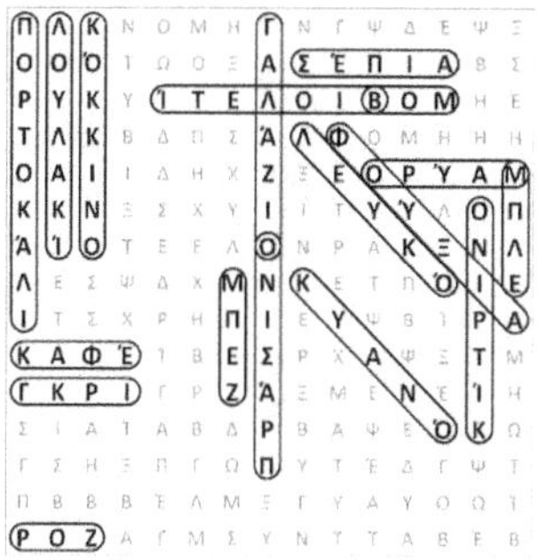

31 - Shapes

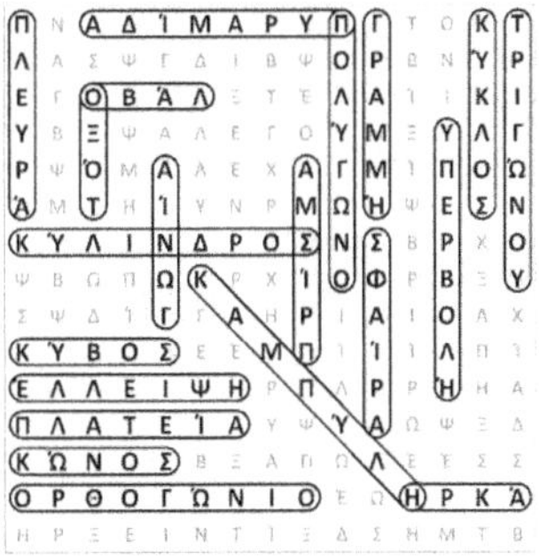

32 - Scientific Disciplines

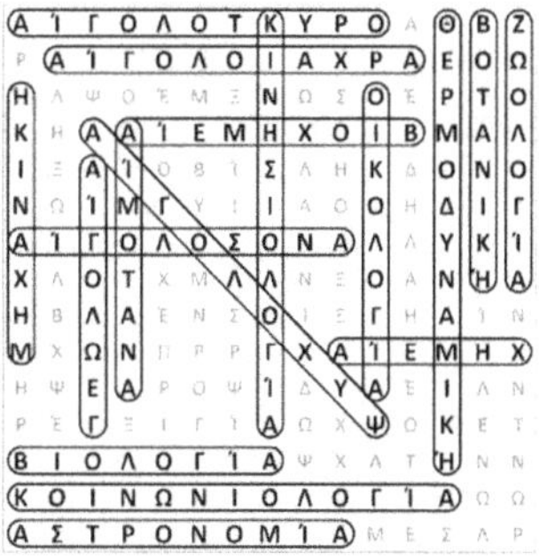

33 - Science

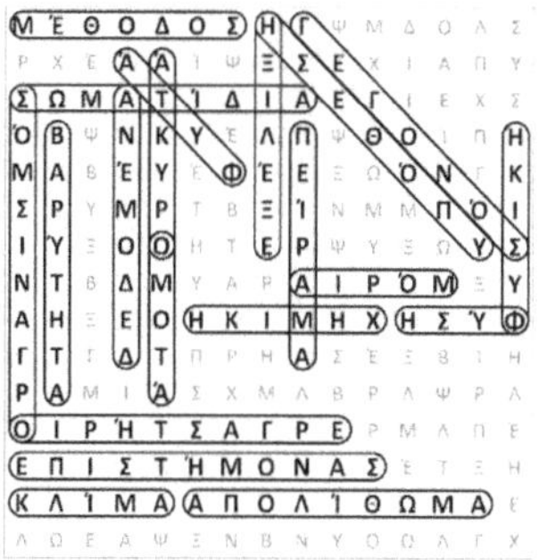

34 - Beauty

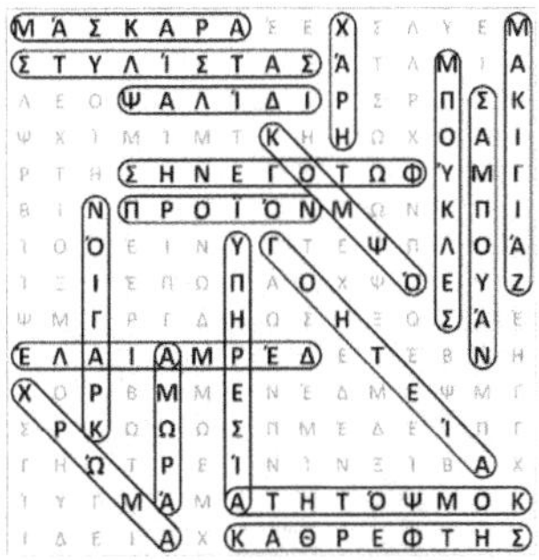

35 - Clothes

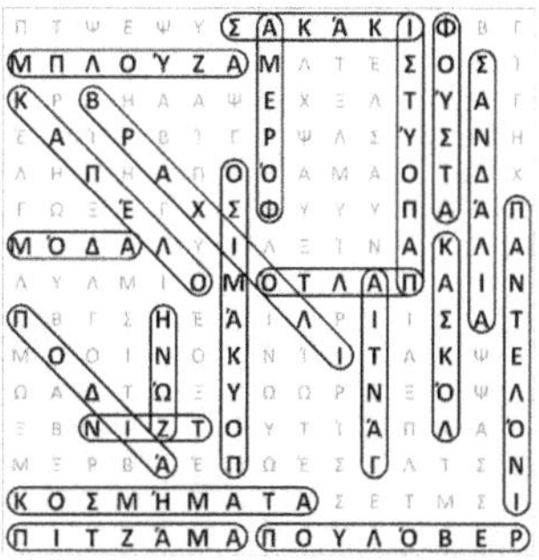

36 - Ethics

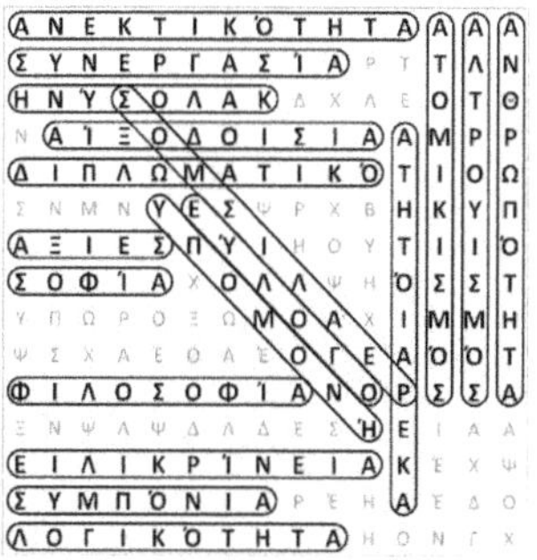

37 - Astronomy

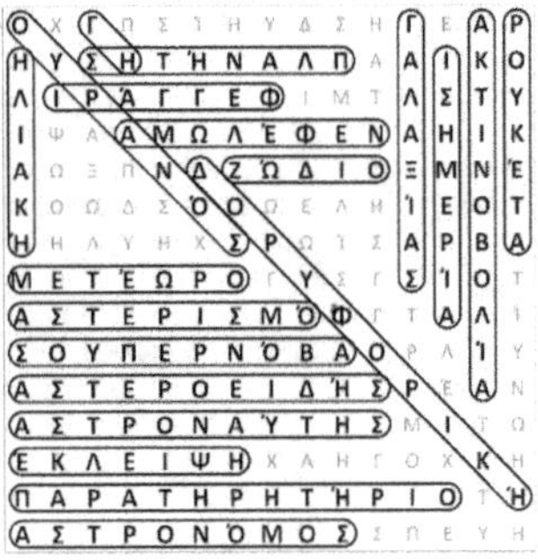

38 - Health and Wellness #2

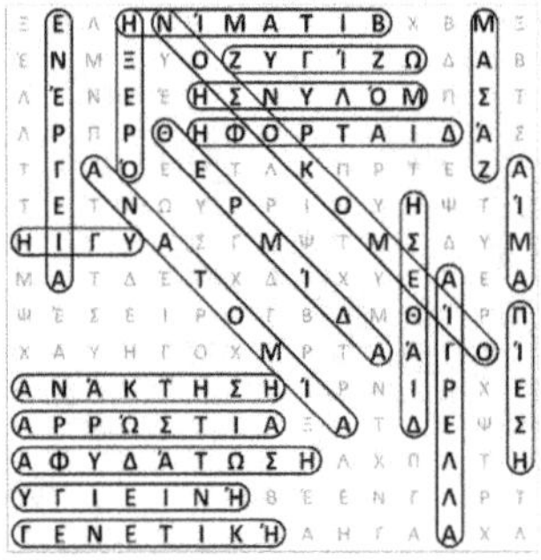

39 - Disease

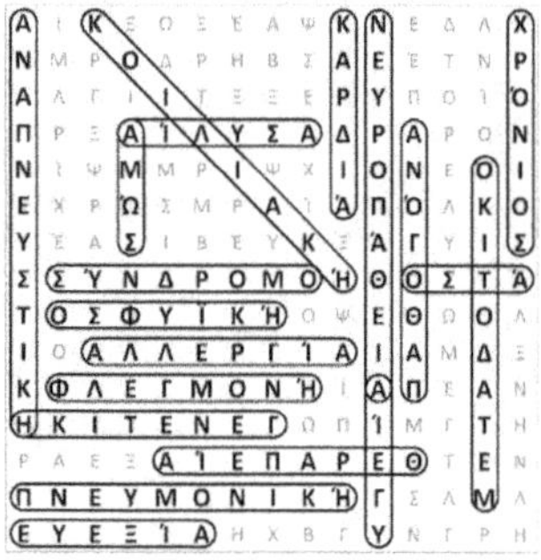

40 - Time

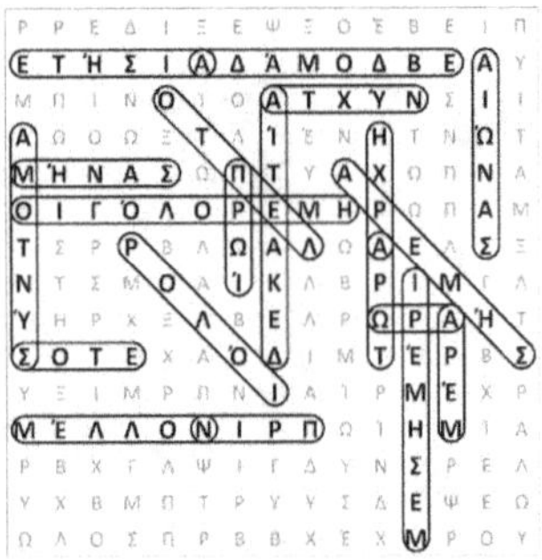

41 - Buildings

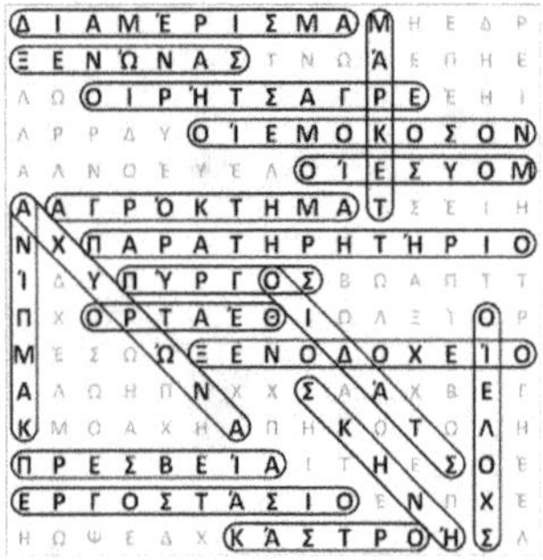

42 - Gardening

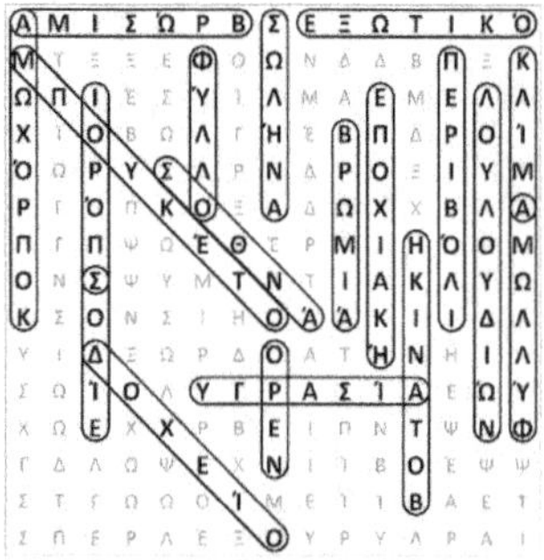

43 - Herbalism

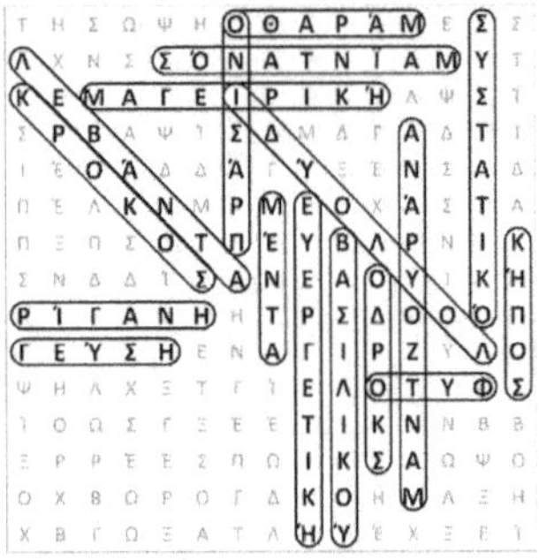

44 - Vehicles

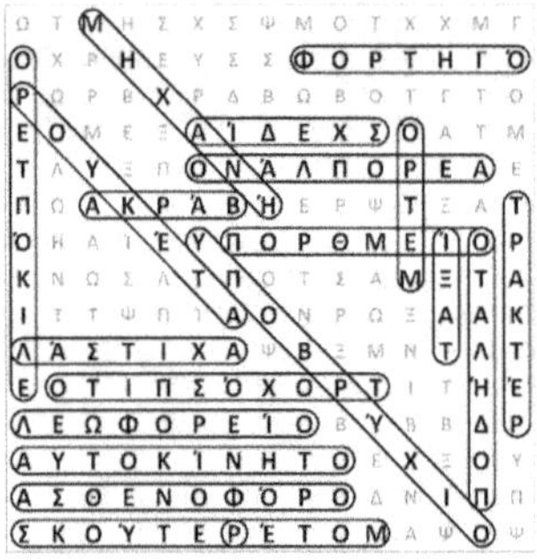

45 - Flowers

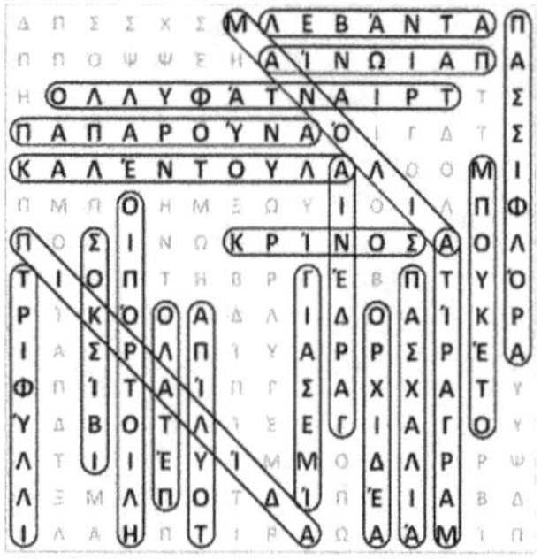

46 - Health and Wellness #1

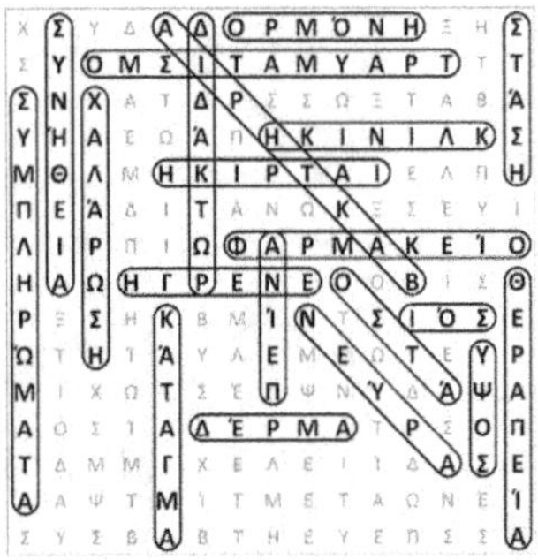

47 - Town

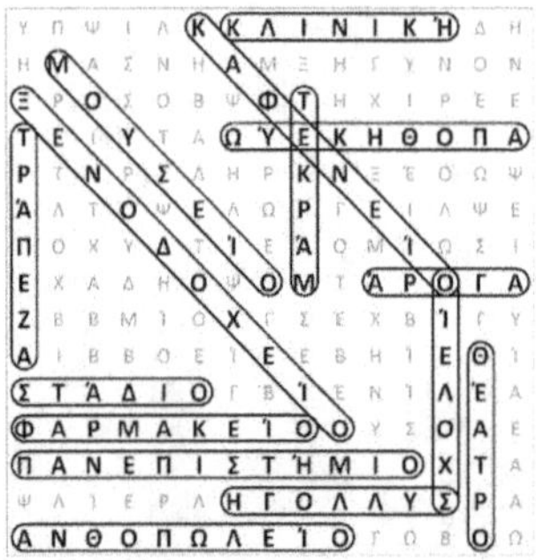

48 - Antarctica

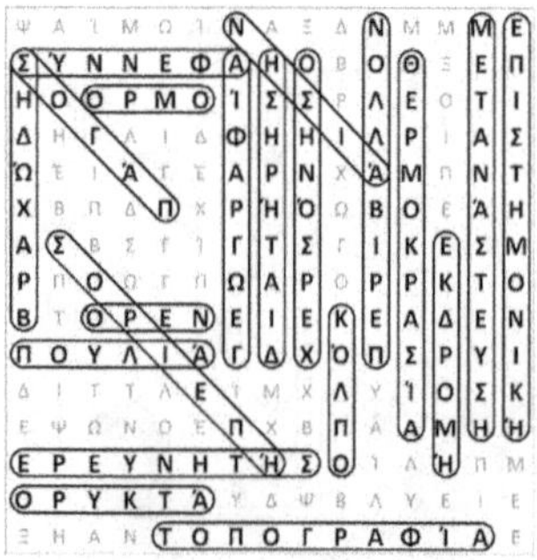

49 - Ballet

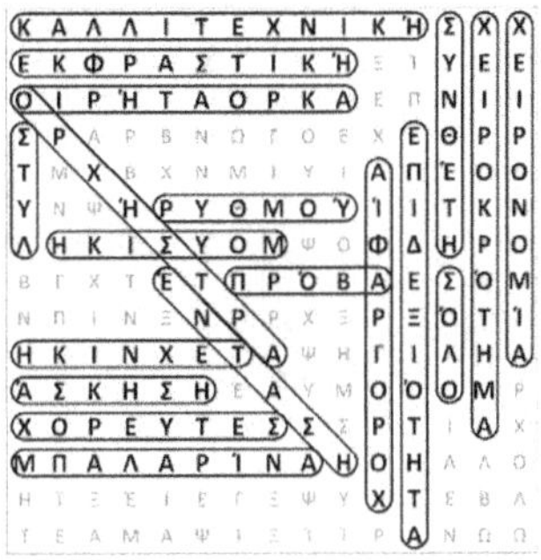

50 - Fashion

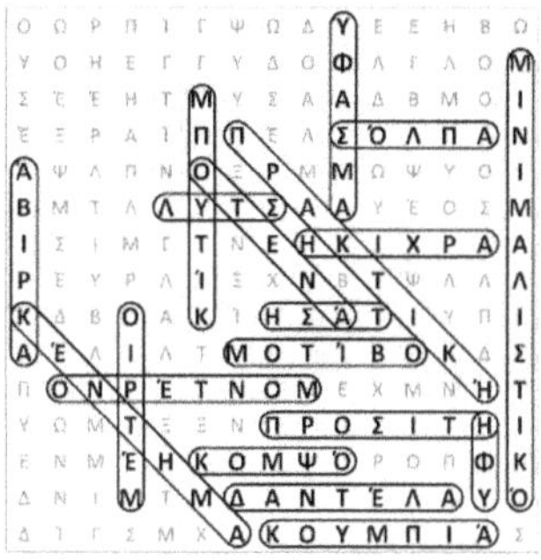

51 - Human Body

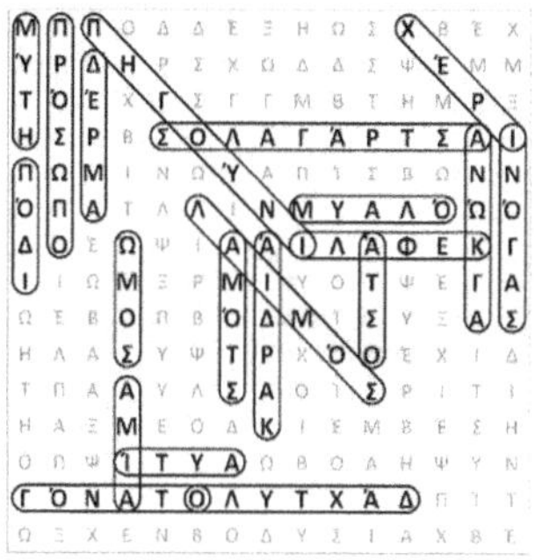

52 - Musical Instruments

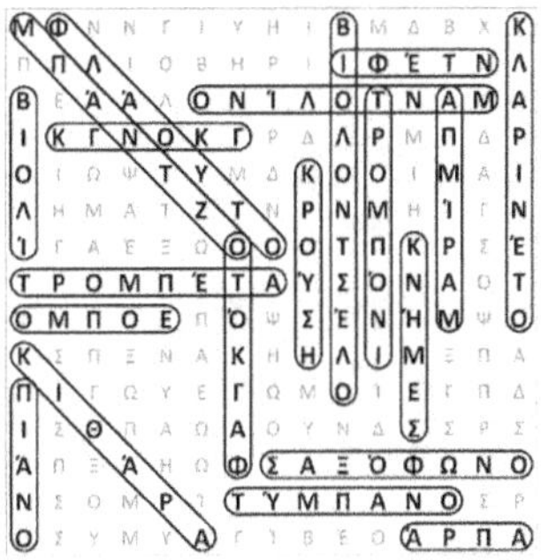

53 - Fruit

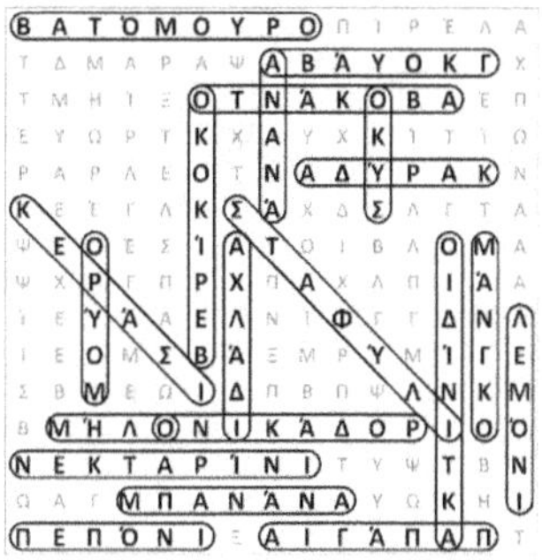

54 - Engineering

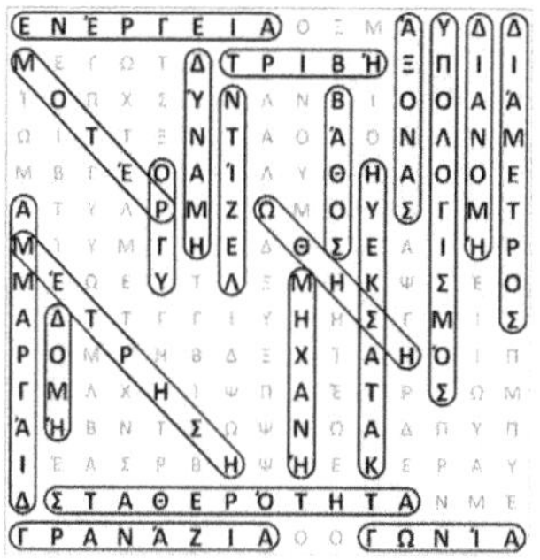

55 - Government

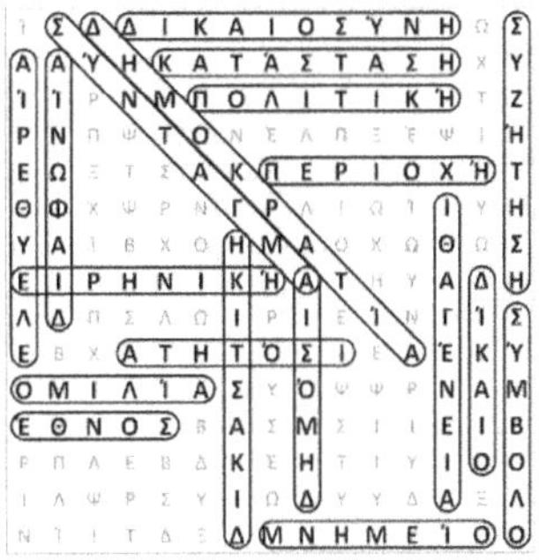

56 - Art Supplies

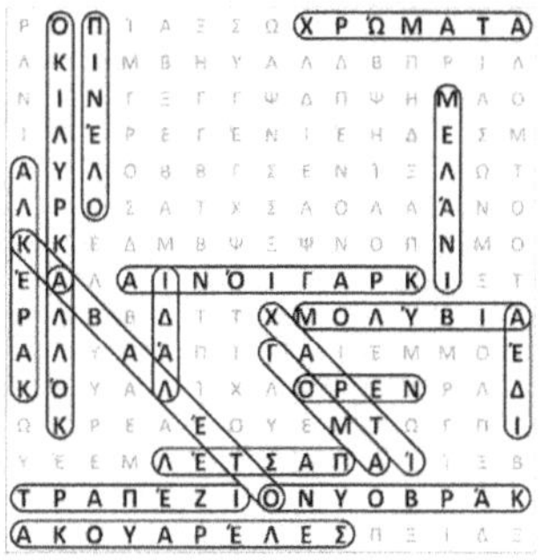

57 - Science Fiction

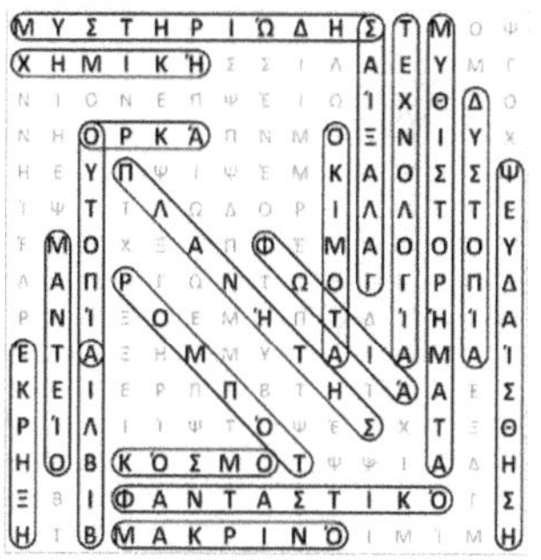

58 - Geometry

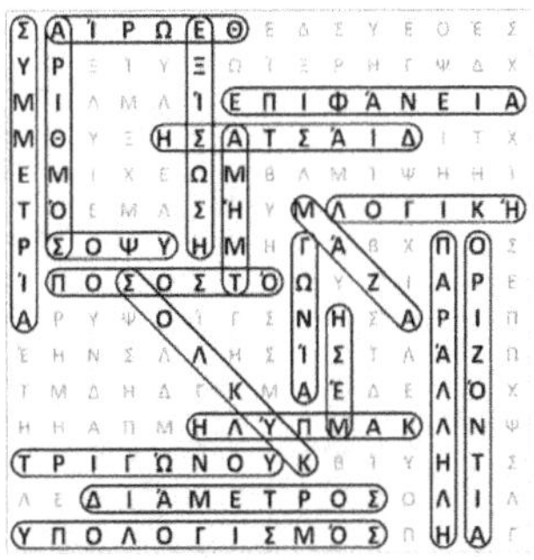

59 - Creativity

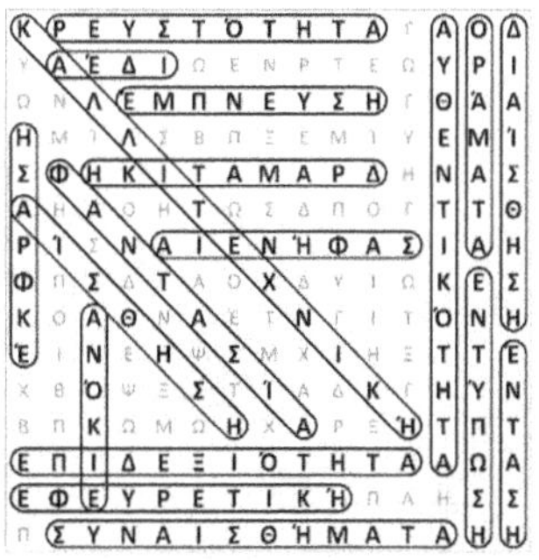

60 - Airplanes

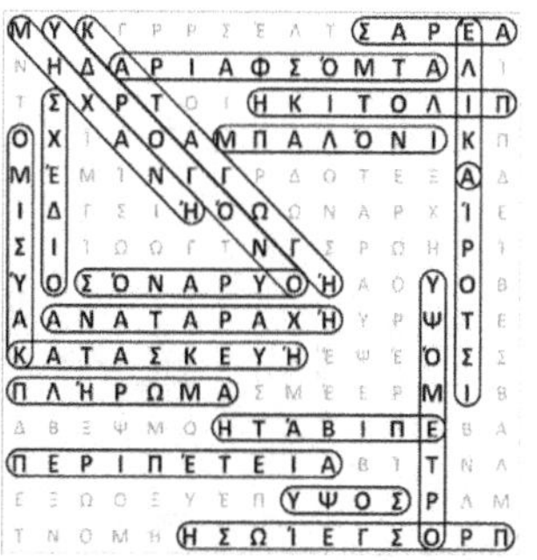

61 - Ocean

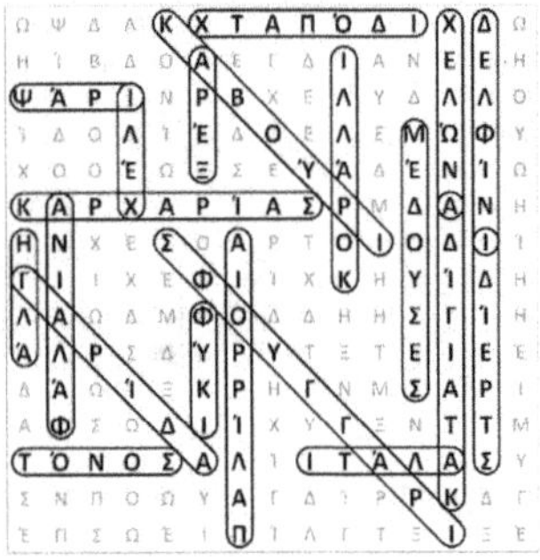

62 - Force and Gravity

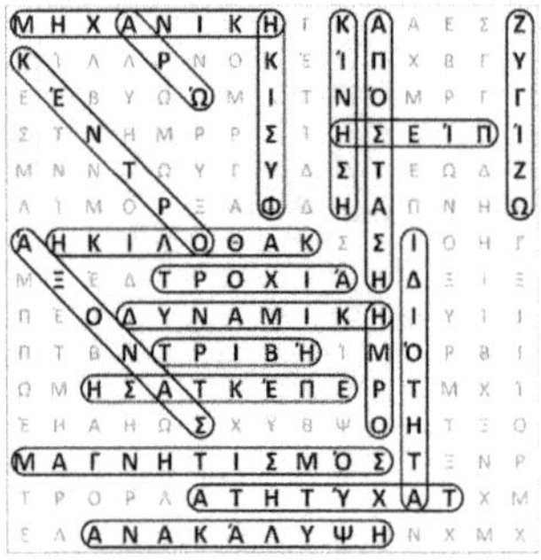

63 - Birds

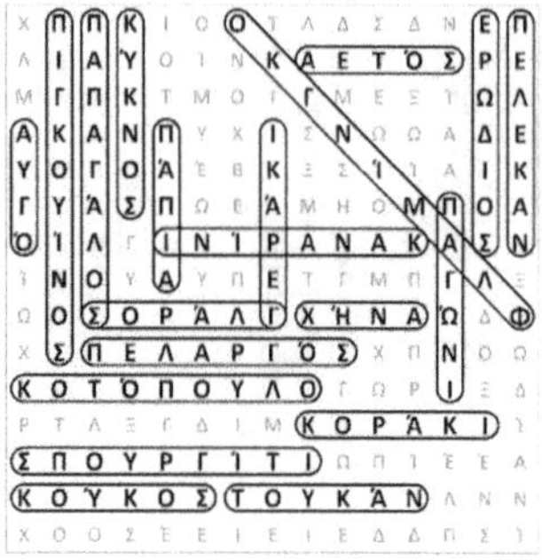

64 - Nutrition

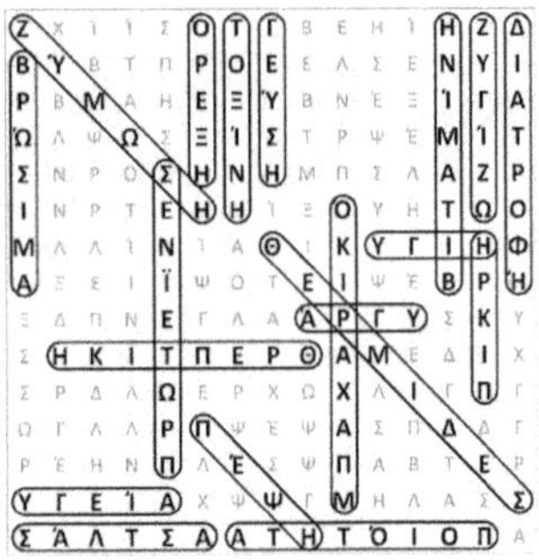

65 - Hiking

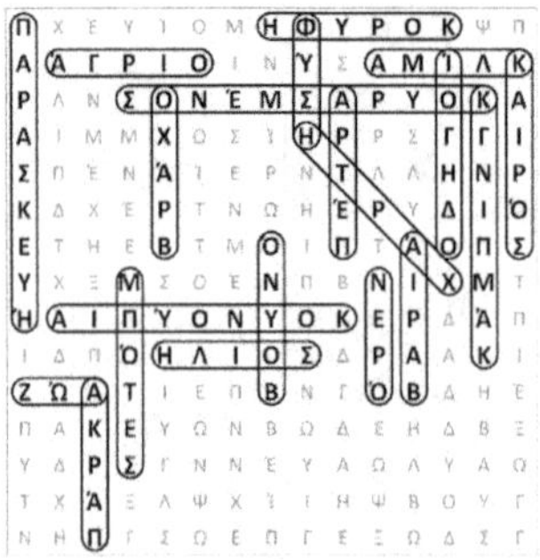

66 - Professions #1

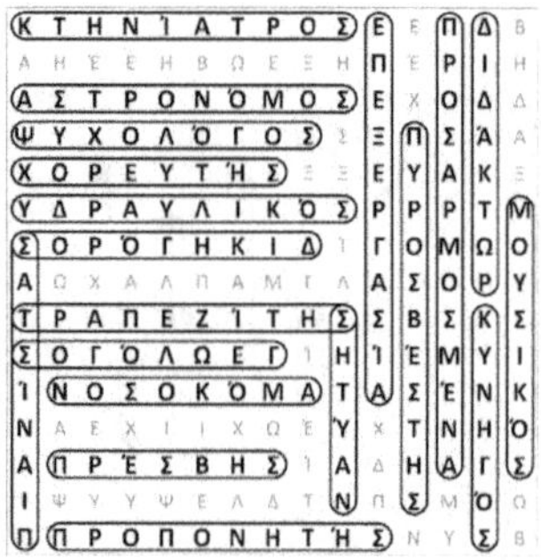

67 - Barbecues

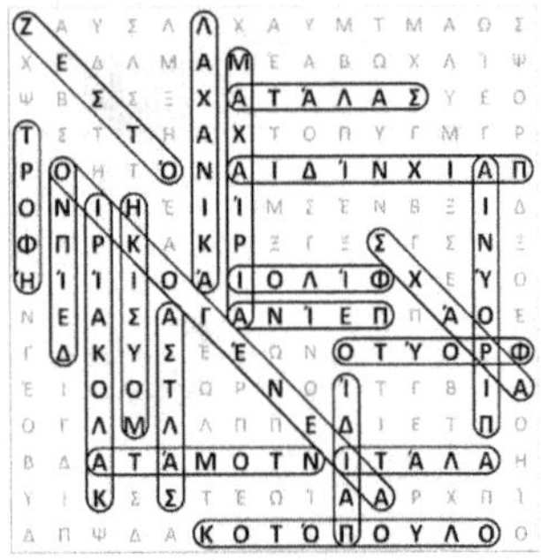

68 - Chocolate

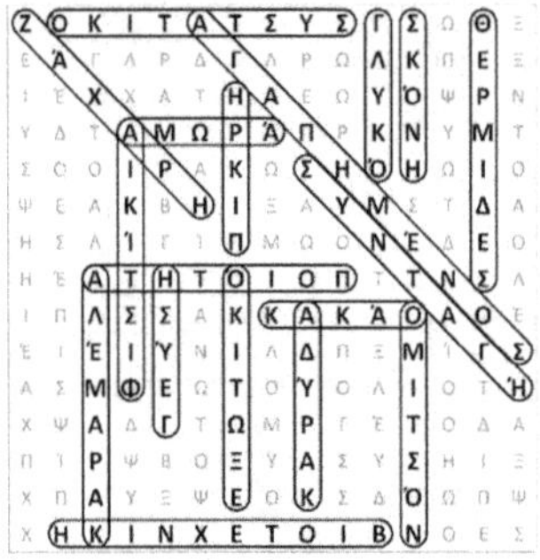

69 - Vegetables

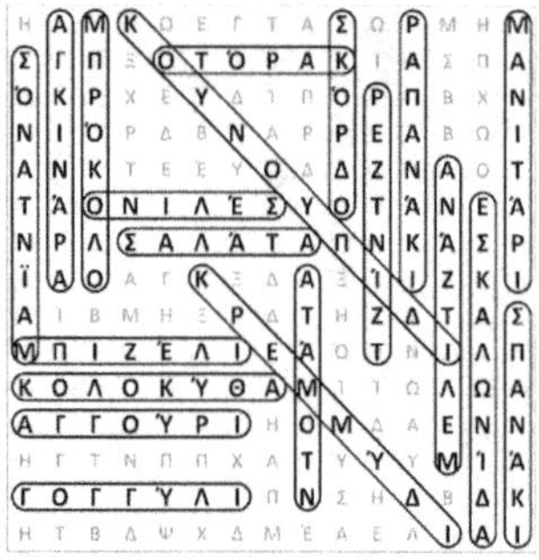

70 - Boats

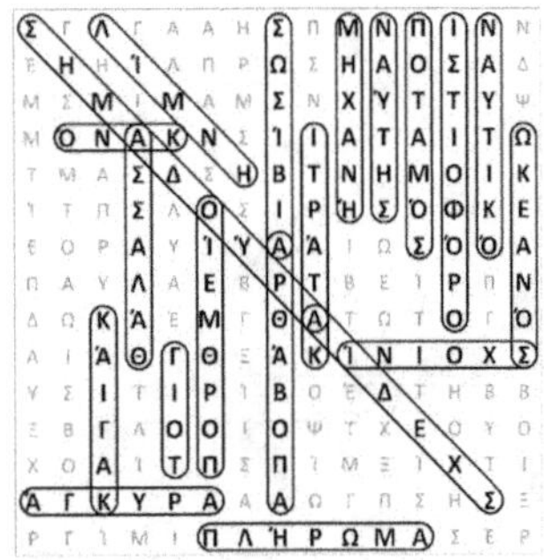

71 - Activities and Leisure

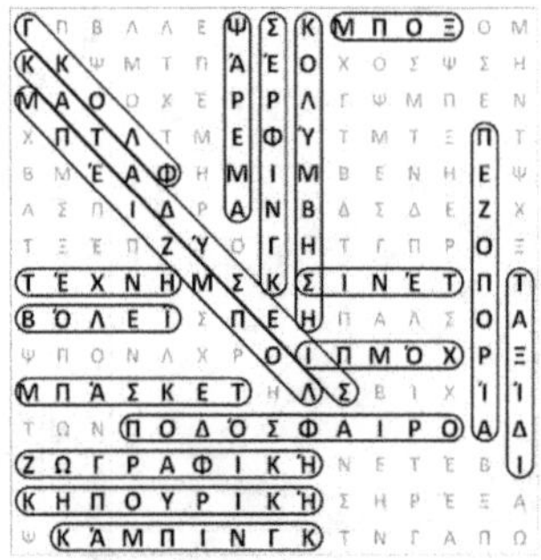

72 - Driving

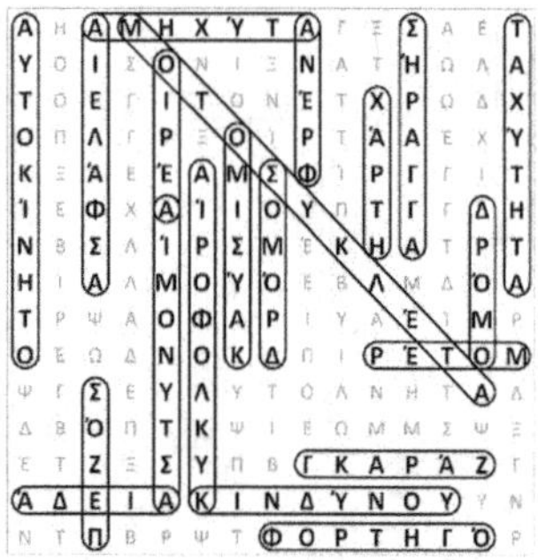

73 - Biology

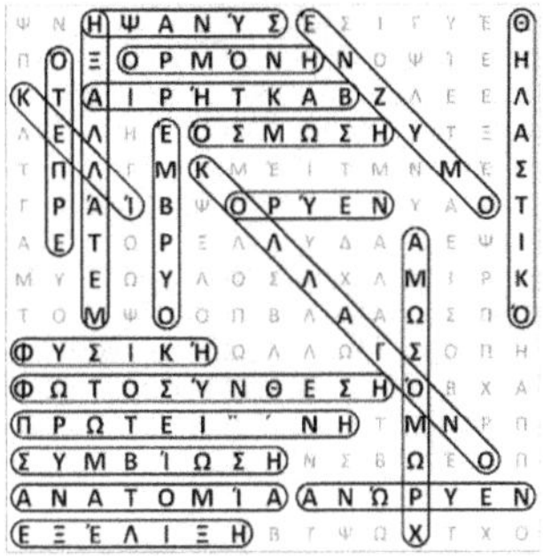

74 - Professions #2

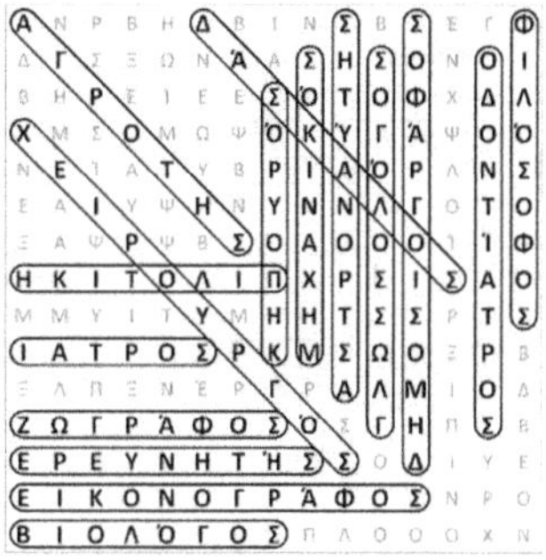

75 - Mythology

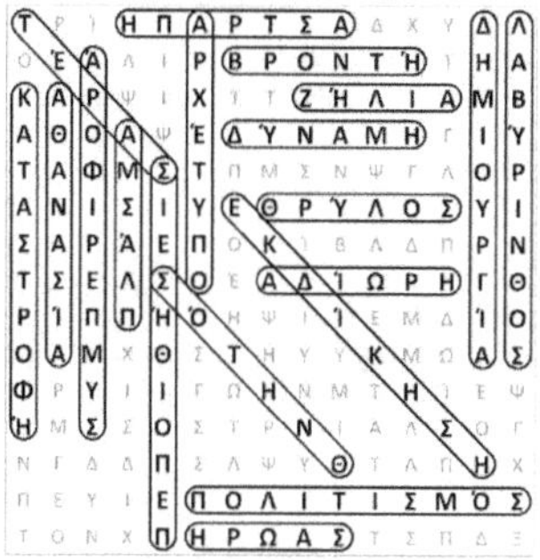

76 - Agronomy

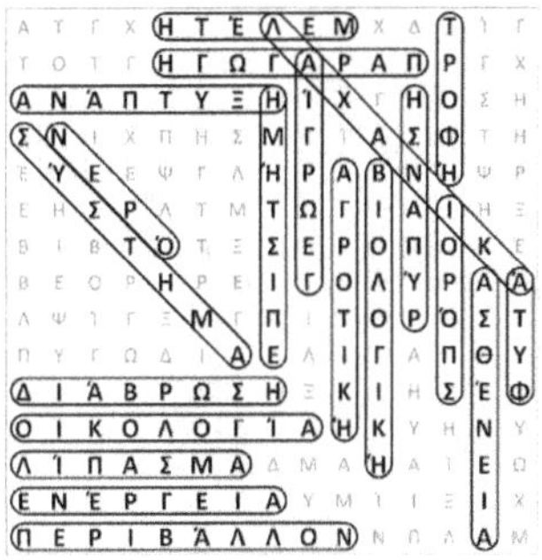

77 - Hair Types

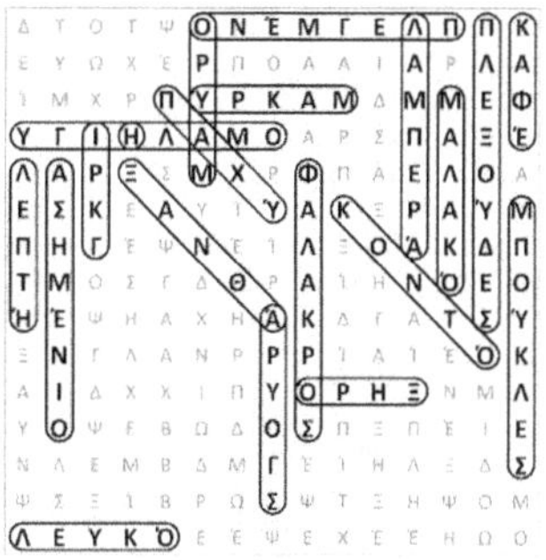

78 - Diplomacy

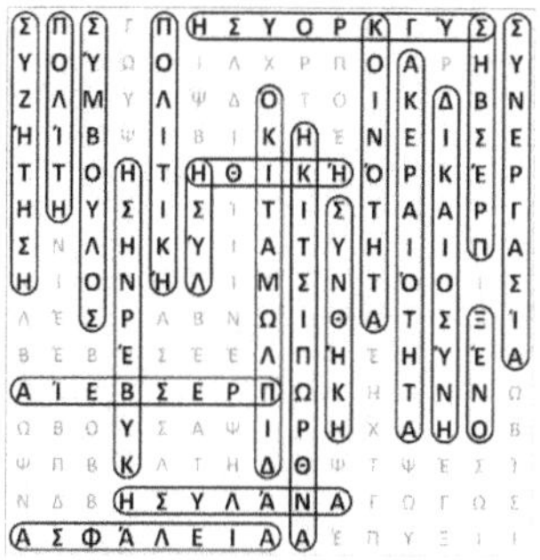

79 - Beach

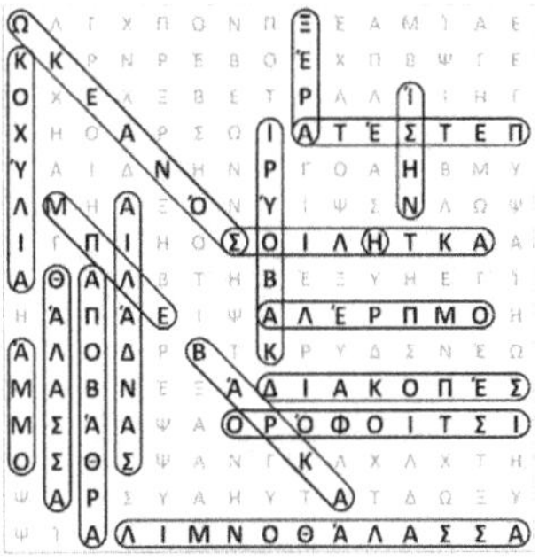

80 - Countries #1

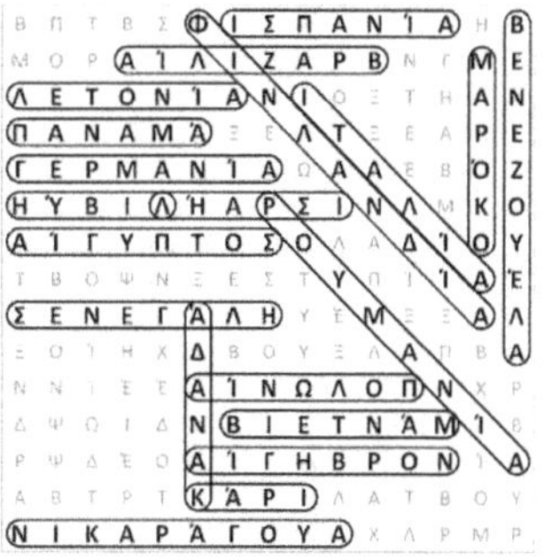

81 - Adjectives #1

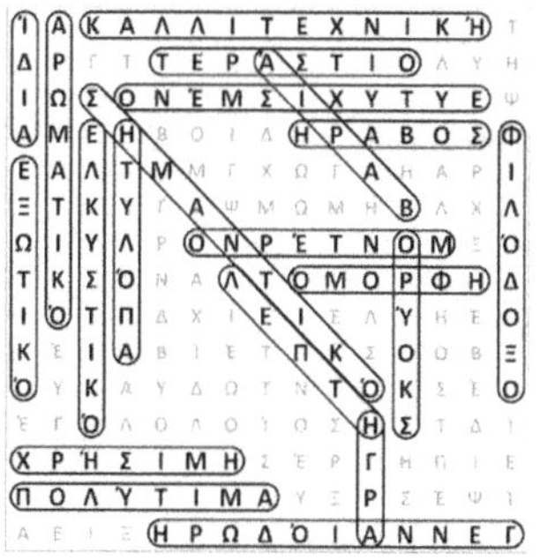

82 - Rainforest

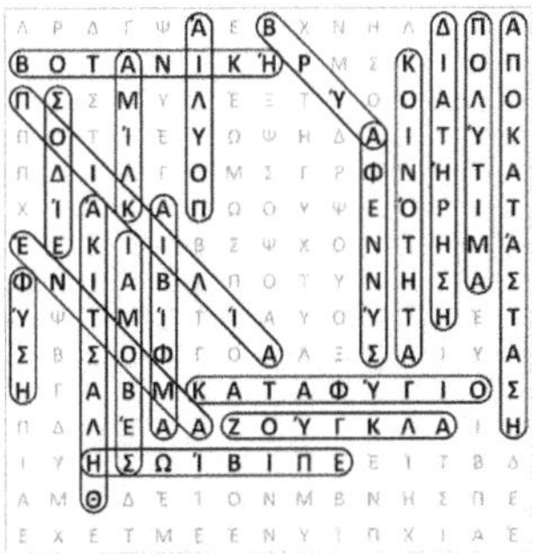

83 - Landscapes

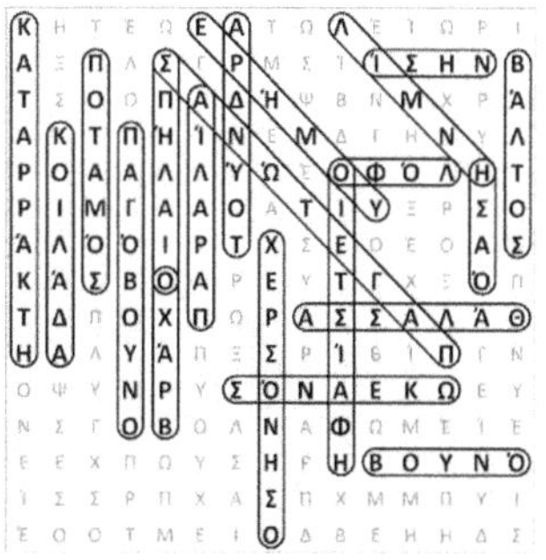

84 - Visual Arts

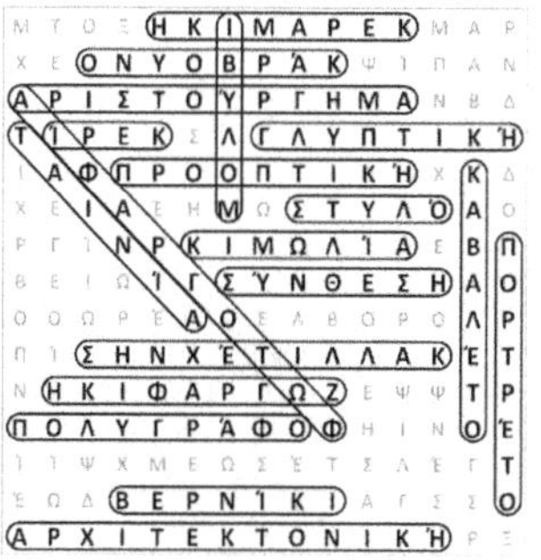

85 - Plants

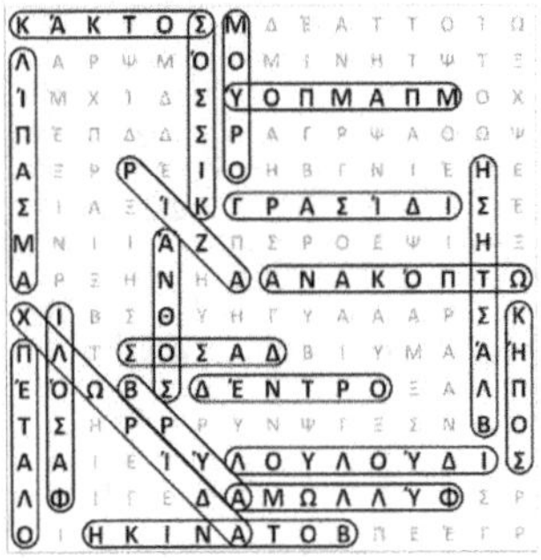

86 - Boxing

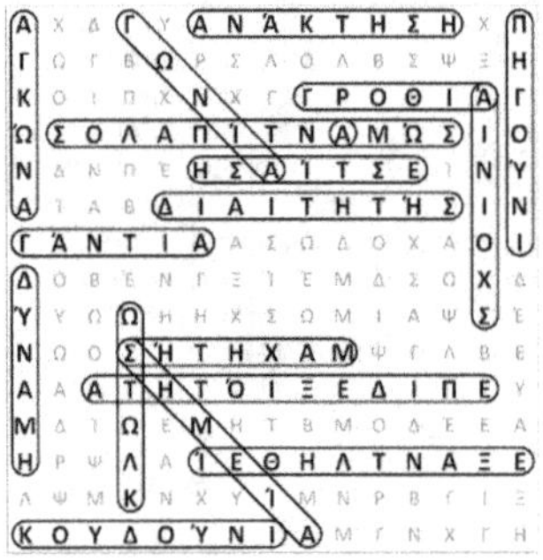

87 - Countries #2

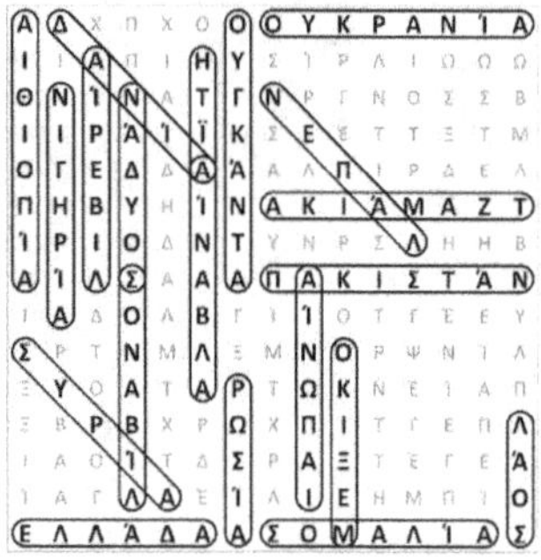

88 - Ecology

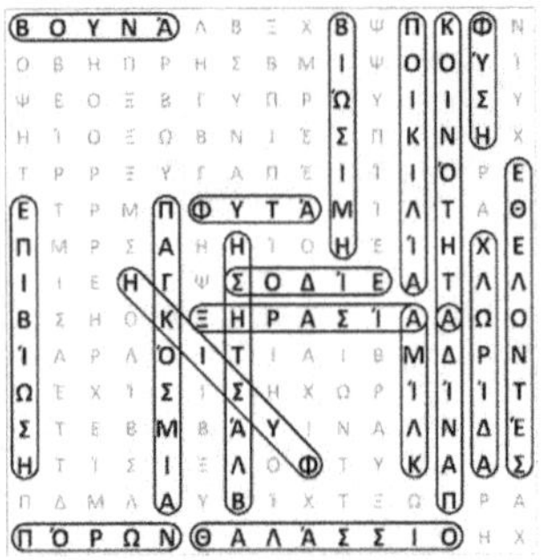

89 - Adjectives #2

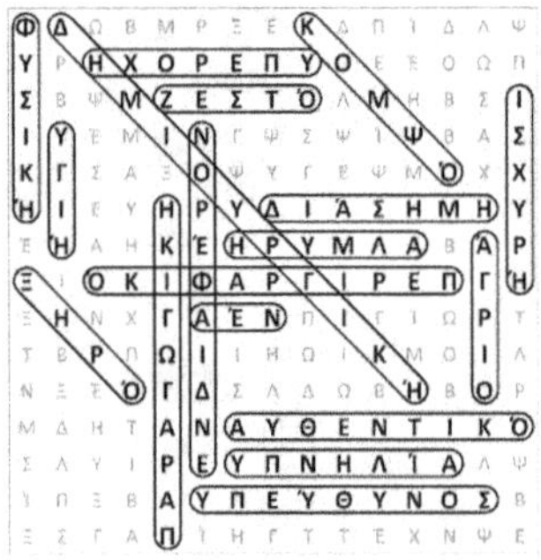

90 - Math

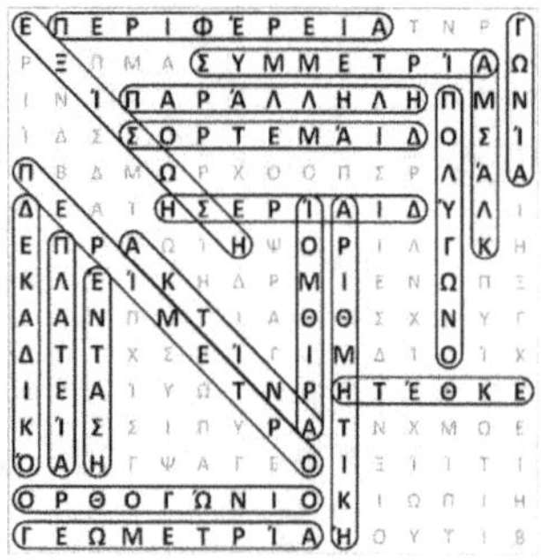

91 - Water

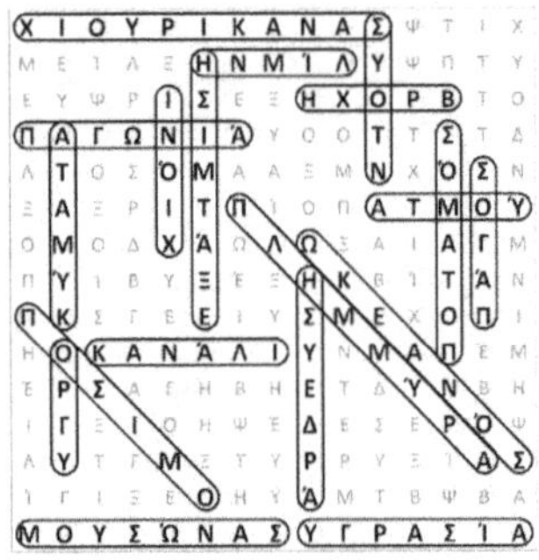

92 - Activities

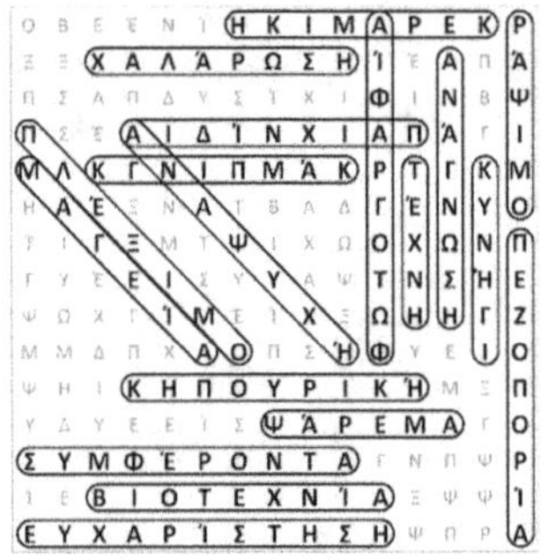

93 - Business

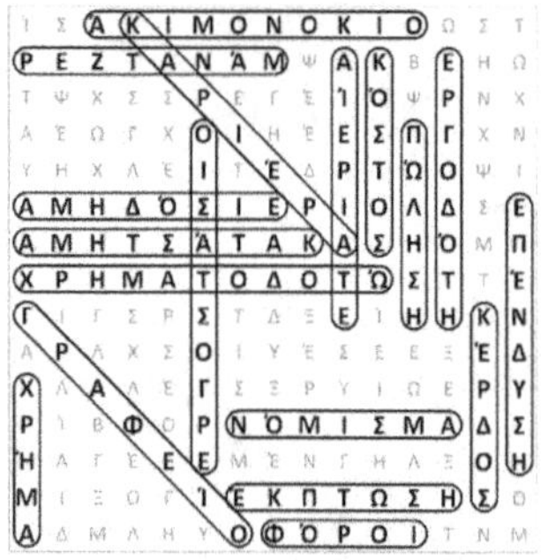

94 - The Company

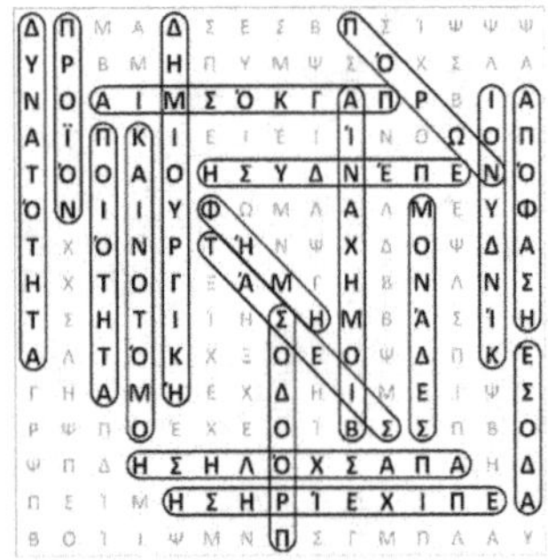

95 - Literature

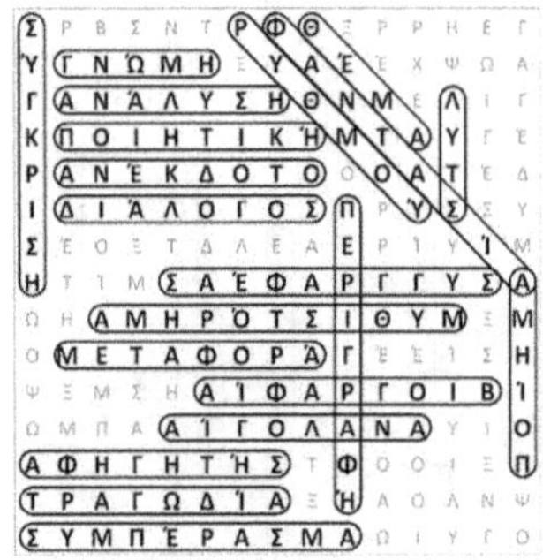

96 - Geography

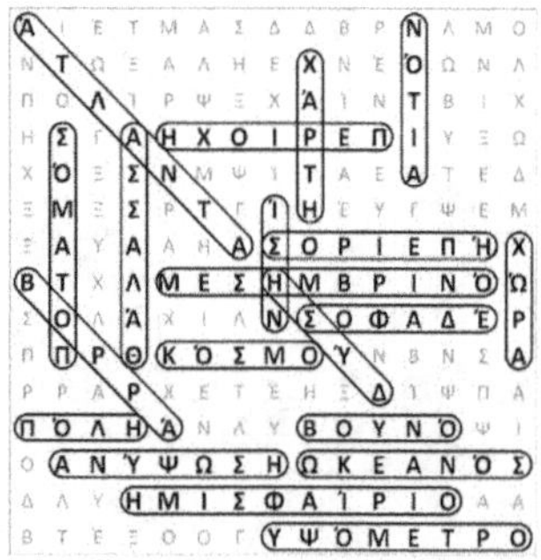

97 - Jazz

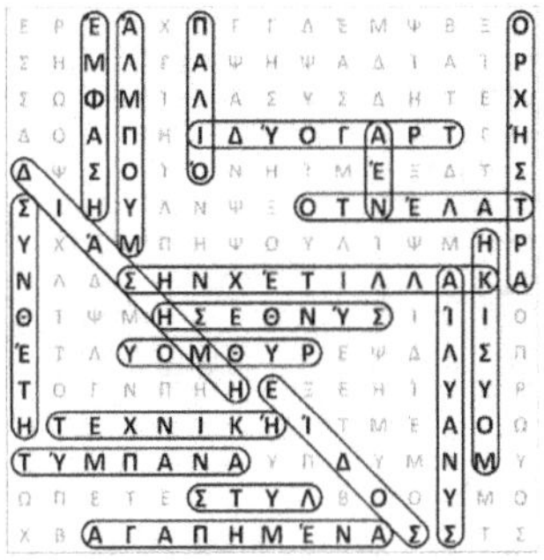

98 - Nature

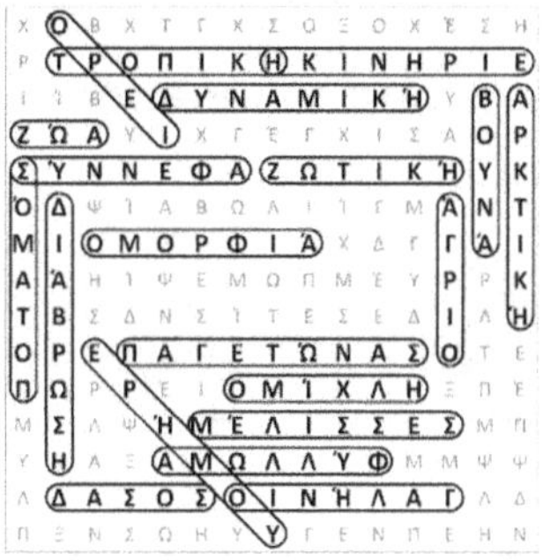

99 - Vacation #2

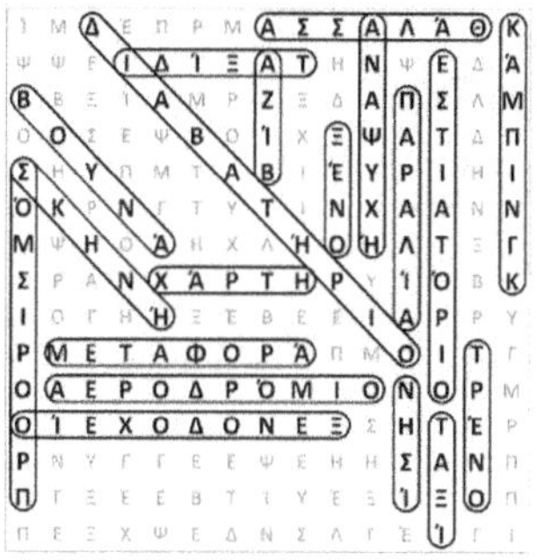

100 - Electricity

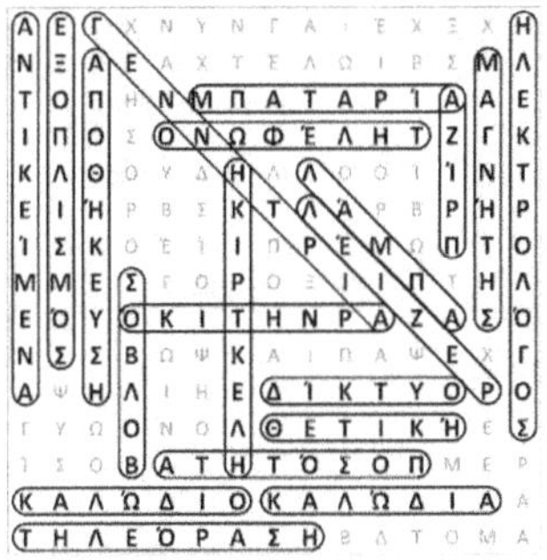

Dictionary

Activities
Δραστηριότητες

Activity	Δραστηριότητα
Art	Τέχνη
Camping	Κάμπινγκ
Ceramics	Κεραμική
Crafts	Βιοτεχνία
Fishing	Ψάρεμα
Games	Παιχνίδια
Gardening	Κηπουρική
Hiking	Πεζοπορία
Hunting	Κυνήγι
Interests	Συμφέροντα
Knitting	Πλέξιμο
Leisure	Αναψυχή
Magic	Μαγεία
Photography	Φωτογραφία
Pleasure	Ευχαρίστηση
Reading	Ανάγνωση
Relaxation	Χαλάρωση
Sewing	Ράψιμο
Skill	Επιδεξιότητα

Activities and Leisure
Δραστηριότητες και Αναψυχή

Art	Τέχνη
Baseball	Μπέιζμπολ
Basketball	Μπάσκετ
Boxing	Μποξ
Camping	Κάμπινγκ
Diving	Καταδύσεισ
Fishing	Ψάρεμα
Gardening	Κηπουρική
Golf	Γκολφ
Hiking	Πεζοπορία
Hobbies	Χόμπι
Painting	Ζωγραφική
Relaxing	Χαλαρωτικό
Soccer	Ποδόσφαιρο
Surfing	Σέρφινγκ
Swimming	Κολύμβηση
Tennis	Τένισ
Travel	Ταξίδι
Volleyball	Βόλεϊ

Adjectives #1
Επίθετα #1

Absolute	Απόλυτη
Ambitious	Φιλόδοξο
Aromatic	Αρωματικό
Artistic	Καλλιτεχνική
Attractive	Ελκυστικό
Beautiful	Όμορφη
Dark	Σκούρο
Exotic	Εξωτικό
Generous	Γενναιόδωρη
Happy	Ευτυχισμένο
Heavy	Βαριά
Helpful	Χρήσιμη
Huge	Τεράστιο
Identical	Ίδια
Important	Σημαντικό
Modern	Μοντέρνο
Serious	Σοβαρή
Slow	Αργή
Thin	Λεπτή
Valuable	Πολύτιμα

Adjectives #2
Επίθετα #2

Authentic	Αυθεντικό
Creative	Δημιουργική
Descriptive	Περιγραφικό
Dry	Ξηρό
Elegant	Κομψό
Famous	Διάσημη
Gifted	Προικισμένοσ
Healthy	Υγιή
Hot	Ζεστό
Hungry	Πεινασμένοσ
Interesting	Ενδιαφέρον
Natural	Φυσική
New	Νέα
Productive	Παραγωγική
Proud	Υπεροχη
Responsible	Υπεύθυνοσ
Salty	Αλμυρή
Sleepy	Υπνηλία
Strong	Ισχυρή
Wild	Άγριο

Adventure
Περιπέτεια

Activity	Δραστηριότητα
Beauty	Ομορφιά
Bravery	Γενναιότητα
Chance	Ευκαιρία
Dangerous	Επικίνδυνο
Destination	Προορισμόσ
Difficulty	Δυσκολία
Enthusiasm	Ενθουσιασμόσ
Excursion	Εκδρομή
Friends	Φίλοι
Itinerary	Δρομολόγιο
Joy	Χαρά
Nature	Φύση
Navigation	Πλοήγηση
New	Νέα
Preparation	Παρασκευή
Safety	Ασφάλεια
Travels	Ταξίδι
Unusual	Ασυνήθιστο

Agronomy
Αγρονομία

Agriculture	Γεωργία
Diseases	Ασθένεια
Ecology	Οικολογία
Energy	Ενέργεια
Environment	Περιβάλλον
Erosion	Διάβρωση
Fertilizer	Λίπασμα
Food	Τροφή
Growth	Ανάπτυξη
Organic	Βιολογική
Plants	Φυτά
Pollution	Ρύπανση
Production	Παραγωγή
Rural	Αγροτική
Science	Επιστήμη
Seeds	Σπόροι
Study	Μελέτη
Systems	Σύστημα
Vegetables	Λαχανικά
Water	Νερό

Airplanes
Αεροπλάνα

Adventure	Περιπέτεια
Air	Αέρασ
Altitude	Υψόμετρο
Atmosphere	Ατμόσφαιρα
Balloon	Μπαλόνι
Construction	Κατασκευή
Crew	Πλήρωμα
Descent	Καταγωγή
Design	Σχέδιο
Engine	Μηχανή
Fuel	Καύσιμο
Height	Υψοσ
History	Ιστορία
Hydrogen	Υδρογόνο
Landing	Προσγείωση
Passenger	Επιβάτη
Pilot	Πιλοτική
Propellers	Έλικα
Sky	Ουρανόσ
Turbulence	Αναταραχή

Algebra
Άλγεβρα

Diagram	Διάγραμμα
Division	Διαίρεση
Equation	Εξίσωση
Exponent	Εκθέτη
Factor	Παράγοντασ
Formula	Τύποσ
Fraction	Κλάσμα
Graph	Γράφημα
Infinite	Άπειρο
Linear	Γραμμική
Matrix	Μήτρα
Number	Αριθμόσ
Parenthesis	Παρένθεση
Problem	Πρόβλημα
Quantity	Ποσότητα
Simplify	Απλοποιώ
Solution	Λύση
Subtraction	Αφαίρεση
Variable	Μεταβλητή
Zero	Μηδέν

Antarctica
Ανταρκτική

Bay	Κόλπο
Birds	Πουλιά
Clouds	Σύννεφα
Conservation	Διατήρηση
Continent	Ήπειροσ
Cove	Όρμο
Environment	Περιβάλλον
Expedition	Εκδρομή
Geography	Γεωγραφία
Ice	Πάγοσ
Islands	Νησιά
Migration	Μετανάστευση
Minerals	Ορυκτά
Peninsula	Χερσόνησο
Researcher	Ερευνητήσ
Rocky	Βραχώδησ
Scientific	Επιστημονική
Temperature	Θερμοκρασία
Topography	Τοπογραφία
Water	Νερό

Antiques
Αντίκες

Art	Τέχνη
Auction	Δημοπρασία
Authentic	Αυθεντικό
Century	Αιώνασ
Coins	Κέρματα
Collector	Συλλέκτησ
Condition	Κατάσταση
Decorative	Διακοσμητικό
Elegant	Κομψό
Furniture	Έπιπλα
Gallery	Συλλογή
Investment	Επένδυση
Jewelry	Κοσμήματα
Old	Παλιό
Price	Τιμή
Quality	Ποιότητα
Restoration	Αποκατάσταση
Sculpture	Γλυπτική
Style	Στυλ
Unusual	Ασυνήθιστο

Archeology
Αρχαιολογία

Analysis	Ανάλυση
Antiquity	Αρχαιότητα
Bones	Οστά
Civilization	Πολιτισμόσ
Descendant	Απόγονοσ
Era	Εποχή
Evaluation	Αξιολόγηση
Findings	Ευρήματα
Forgotten	Ξεχασμένο
Fossil	Απολίθωμα
Fragments	Θραύσματα
Mystery	Μυστήριο
Objects	Αντικείμενα
Professor	Καθηγητήσ
Relic	Λείψανο
Researcher	Ερευνητήσ
Team	Ομάδα
Temple	Ναό
Tomb	Μνήμα
Unknown	Άγνωστοσ

Art Supplies
Είδη Τέχνης

Acrylic	Ακρυλικό
Brushes	Πινέλο
Chair	Καρέκλα
Charcoal	Κάρβουνο
Colors	Χρώματα
Crayons	Κραγιόνια
Easel	Καβαλέτο
Eraser	Γόμα
Glue	Κόλλα
Ideas	Ιδέα
Ink	Μελάνι
Oil	Λάδι
Paper	Χαρτί
Pastels	Παστέλ
Pencils	Μολύβια
Table	Τραπέζι
Water	Νερό
Watercolors	Ακουαρέλεσ

Astronomy
Αστρονομία

Asteroid	Αστεροειδήσ
Astronaut	Αστροναύτησ
Astronomer	Αστρονόμοσ
Constellation	Αστερισμό
Earth	Γη
Eclipse	Έκλειψη
Equinox	Ισημερία
Galaxy	Γαλαξίασ
Meteor	Μετέωρο
Moon	Φεγγάρι
Nebula	Νεφέλωμα
Observatory	Παρατηρητήριο
Planet	Πλανήτησ
Radiation	Ακτινοβολία
Rocket	Ρουκέτα
Satellite	Δορυφορική
Sky	Ουρανόσ
Solar	Ηλιακή
Supernova	Σουπερνόβα
Zodiac	Ζώδιο

Ballet
Μπαλέτο

Applause	Χειροκρότημα
Artistic	Καλλιτεχνική
Audience	Ακροατήριο
Ballerina	Μπαλαρίνα
Choreography	Χορογραφία
Composer	Συνθέτη
Dancers	Χορευτεσ
Expressive	Εκφραστική
Gesture	Χειρονομία
Intensity	Ένταση
Music	Μουσική
Orchestra	Ορχήστρα
Practice	Άσκηση
Rehearsal	Πρόβα
Rhythm	Ρυθμού
Skill	Επιδεξιότητα
Solo	Σόλο
Style	Στυλ
Technique	Τεχνική

Barbecues
Μπάρμπεκιου

Chicken	Κοτόπουλο
Children	Παιδί
Dinner	Δείπνο
Family	Οικογένεια
Food	Τροφή
Forks	Πιρούνια
Friends	Φίλοι
Fruit	Φρούτο
Games	Παιχνίδια
Grill	Σχάρα
Hot	Ζεστό
Hunger	Πείνα
Knives	Μαχαίρια
Music	Μουσική
Salads	Σαλάτα
Salt	Αλάτι
Sauce	Σάλτσα
Summer	Καλοκαίρι
Tomatoes	Ντομάτα
Vegetables	Λαχανικά

Beach
Παραλία

Blue	Μπλε
Boat	Βάρκα
Coast	Ακτή
Crab	Καβούρι
Dock	Αποβάθρα
Island	Νησί
Lagoon	Λιμνοθάλασσα
Ocean	Ωκεανόσ
Reef	Ξέρα
Sailboat	Ιστιοφόρο
Sand	Άμμο
Sandals	Σανδάλια
Sea	Θάλασσα
Shells	Κοχύλια
Sun	Ήλιοσ
Towel	Πετσέτα
Umbrella	Ομπρέλα
Vacation	Διακοπέσ

Beauty
Ομορφιά

Charm	Γοητεία
Color	Χρώμα
Cosmetics	Καλλυντικά
Curls	Μπούκλεσ
Elegance	Κομψότητα
Elegant	Κομψό
Fragrance	Άρωμα
Grace	Χάρη
Lipstick	Κραγιόν
Makeup	Μακιγιάζ
Mascara	Μάσκαρα
Mirror	Καθρεφτησ
Oils	Έλαια
Photogenic	Φωτογενησ
Products	Προϊόν
Scissors	Ψαλίδι
Services	Υπηρεσία
Shampoo	Σαμπουάν
Skin	Δέρμα
Stylist	Στυλίστασ

Bees
Μέλισσες

Beneficial	Ευεργετική
Blossom	Άνθοσ
Diversity	Ποικιλία
Ecosystem	Οικοσύστημα
Flowers	Λουλούδια
Food	Τροφή
Fruit	Φρούτο
Garden	Κήποσ
Hive	Κυψέλη
Honey	Μέλι
Insect	Έντομο
Plants	Φυτά
Pollen	Γύρη
Pollinator	Επικονιαστήσ
Queen	Βασίλισσα
Smoke	Καπνίζουν
Sun	Ήλιοσ
Swarm	Σμήνοσ
Wax	Κερί
Wings	Φτερά

Biology
Βιολογία

Anatomy	Ανατομία
Bacteria	Βακτήρια
Cell	Κελί
Chromosome	Χρωμόσωμα
Collagen	Κολλαγόνο
Embryo	Έμβρυο
Enzyme	Ένζυμο
Evolution	Εξέλιξη
Hormone	Ορμόνη
Mammal	Θηλαστικό
Mutation	Μετάλλαξη
Natural	Φυσική
Nerve	Νεύρο
Neuron	Νευρώνα
Osmosis	Όσμωση
Photosynthesis	Φωτοσύνθεση
Protein	Πρωτεΐνη
Reptile	Ερπετό
Symbiosis	Συμβίωση
Synapse	Σύναψη

Birds
Πουλιά

Canary	Καναρίνι
Chicken	Κοτόπουλο
Crow	Κοράκι
Cuckoo	Κούκοσ
Duck	Πάπια
Eagle	Αετόσ
Egg	Αυγό
Flamingo	Φλαμίνγκο
Goose	Χήνα
Gull	Γλάροσ
Hawk	Γεράκι
Heron	Ερωδιοσ
Parrot	Παπαγάλοσ
Peacock	Παγώνι
Pelican	Πελεκαν
Penguin	Πιγκουίνοσ
Sparrow	Σπουργίτι
Stork	Πελαργόσ
Swan	Κύκνοσ
Toucan	Τουκάν

Boats
Σκάφη

Anchor	Άγκυρα
Buoy	Σημαδούρα
Canoe	Κανό
Crew	Πλήρωμα
Dock	Αποβάθρα
Engine	Μηχανή
Ferry	Πορθμείο
Kayak	Καγιάκ
Lake	Λίμνη
Lifeboat	Σωσίβια
Mast	Κατάρτι
Nautical	Ναυτικό
Ocean	Ωκεανόσ
Raft	Σχεδία
River	Ποταμόσ
Rope	Σχοινί
Sailboat	Ιστιοφόρο
Sailor	Ναύτησ
Sea	Θάλασσα
Yacht	Γιοτ

Books
Βιβλία

Adventure	Περιπέτεια
Author	Συγγραφέασ
Collection	Συλλογή
Context	Πλαίσιο
Duality	Δυαδικότητα
Epic	Επική
Historical	Ιστορικό
Humorous	Χιουμοριστικό
Inventive	Εφευρετική
Literary	Λογοτεχνική
Narrator	Αφηγητήσ
Novel	Μυθιστόρημα
Page	Σελίδα
Poem	Ποίημα
Poetry	Ποίηση
Reader	Αναγνώστησ
Relevant	Σχετική
Story	Ιστορία
Tragic	Τραγική
Written	Γραπτή

Boxing
Πυγμαχία

Bell	Κουδούνι
Body	Σώμα
Chin	Πηγούνι
Corner	Γωνία
Elbow	Αγκώνα
Exhausted	Εξαντληθεί
Fighter	Μαχητήσ
Fist	Γροθιά
Focus	Εστίαση
Gloves	Γάντια
Kick	Κλωτσώ
Opponent	Αντίπαλοσ
Points	Σημεία
Recovery	Ανάκτηση
Referee	Διαιτητήσ
Ropes	Σχοινιά
Skill	Επιδεξιότητα
Strength	Δύναμη

Buildings
Κτίρια

Apartment	Διαμέρισμα
Barn	Αχυρώνα
Cabin	Καμπίνα
Castle	Κάστρο
Embassy	Πρεσβεία
Factory	Εργοστάσιο
Farm	Αγρόκτημα
Hospital	Νοσοκομείο
Hostel	Ξενώνασ
Hotel	Ξενοδοχείο
Laboratory	Εργαστήριο
Museum	Μουσείο
Observatory	Παρατηρητήριο
School	Σχολείο
Stadium	Στάδιο
Supermarket	Μάρκετ
Tent	Σκηνή
Theater	Θέατρο
Tower	Πύργοσ
University	Πανεπιστήμιο

Business
Επιχείρηση

Career	Καριέρα
Company	Εταιρεία
Cost	Κόστοσ
Currency	Νόμισμα
Discount	Έκπτωση
Economics	Οικονομικά
Employer	Εργοδότη
Factory	Εργοστάσιο
Finance	Χρηματοδοτώ
Income	Εισόδημα
Investment	Επένδυση
Manager	Μάνατζερ
Merchandise	Εμπορεύματα
Money	Χρήμα
Office	Γραφείο
Profit	Κέρδοσ
Sale	Πώληση
Shop	Κατάστημα
Taxes	Φόροι
Transaction	Συναλλαγή

Camping
Κατασκήνωση

Adventure	Περιπέτεια
Animals	Ζώα
Cabin	Καμπίνα
Canoe	Κανό
Compass	Πυξίδα
Fire	Φωτιά
Forest	Δασοσ
Fun	Διασκέδαση
Hammock	Αιώρα
Hat	Καπέλο
Hunting	Κυνήγι
Insect	Έντομο
Lake	Λίμνη
Map	Χάρτη
Moon	Φεγγάρι
Mountain	Βουνό
Nature	Φύση
Rope	Σχοινί
Tent	Σκηνή
Trees	Δέντρα

Chemistry
Χημεία

Acid	Οξύ
Alkaline	Αλκαλικό
Atomic	Ατομικό
Carbon	Άνθρακασ
Catalyst	Καταλύτη
Chlorine	Χλώριο
Electron	Ηλεκτρόνιο
Enzyme	Ένζυμο
Gas	Αέριο
Heat	Θερμότητα
Hydrogen	Υδρογόνο
Ion	Ιόν
Liquid	Υγρό
Molecule	Μόριο
Nuclear	Πυρηνική
Organic	Βιολογική
Oxygen	Οξυγόνο
Salt	Αλάτι
Temperature	Θερμοκρασία
Weight	Ζυγίζω

Chocolate
Σοκολάτα

Aroma	Άρωμα
Artisanal	Βιοτεχνική
Bitter	Πικρή
Cacao	Κακάο
Calories	Θερμιδεσ
Caramel	Καραμέλα
Coconut	Καρύδα
Delicious	Νόστιμο
Exotic	Εξωτικό
Favorite	Αγαπημένοσ
Ingredient	Συστατικό
Peanuts	Φιστίκια
Powder	Σκόνη
Quality	Ποιότητα
Recipe	Συνταγή
Sugar	Ζάχαρη
Sweet	Γλυκό
Taste	Γεύση

Clothes
Ρούχα

Apron	Ποδιά
Belt	Ζώνη
Blouse	Μπλούζα
Bracelet	Βραχιόλι
Coat	Παλτό
Dress	Φόρεμα
Fashion	Μόδα
Gloves	Γάντια
Hat	Καπέλο
Jacket	Σακάκι
Jeans	Τζιν
Jewelry	Κοσμήματα
Pajamas	Πιτζάμα
Pants	Παντελόνι
Sandals	Σανδάλια
Scarf	Κασκόλ
Shirt	Πουκάμισο
Shoe	Παπούτσι
Skirt	Φούστα
Sweater	Πουλόβερ

Coffee
Καφές

Acidic	Όξινο
Aroma	Άρωμα
Beverage	Ποτό
Bitter	Πικρή
Black	Μαύρο
Caffeine	Καφεΐνη
Cream	Κρέμα
Cup	Κύπελλο
Filter	Φίλτρο
Flavor	Γεύση
Grind	Αλέθω
Liquid	Υγρό
Milk	Γάλα
Morning	Πρωί
Origin	Προέλευση
Price	Τιμή
Sugar	Ζάχαρη
Variety	Ποικιλία
Water	Νερό

Colors
Χρώματα

Azure	Γαλάζιο
Beige	Μπεζ
Black	Μαύρο
Blue	Μπλε
Brown	Καφέ
Cyan	Κυανό
Fuchsia	Φούξια
Green	Πράσινο
Grey	Γκρι
Indigo	Λουλακί
Orange	Πορτοκάλι
Pink	Ροζ
Purple	Μοβ
Red	Κόκκινο
Sepia	Σέπια
Violet	Βιολετί
White	Λευκό
Yellow	Κίτρινο

Countries #1
Χώρες #1

Brazil	Βραζιλία
Canada	Καναδά
Egypt	Αίγυπτοσ
Finland	Φινλανδία
Germany	Γερμανία
Iraq	Ιράκ
Israel	Ισραήλ
Italy	Ιταλία
Latvia	Λετονία
Libya	Λιβύη
Morocco	Μαρόκο
Nicaragua	Νικαράγουα
Norway	Νορβηγία
Panama	Παναμά
Poland	Πολωνία
Romania	Ρουμανία
Senegal	Σενεγάλη
Spain	Ισπανία
Venezuela	Βενεζουέλα
Vietnam	Βιετνάμ

Countries #2
Χώρες #2

Albania	Αλβανία
Denmark	Δανία
Ethiopia	Αιθιοπία
Greece	Ελλάδα
Haiti	Αϊτή
Jamaica	Τζαμάικα
Japan	Ιαπωνία
Laos	Λάοσ
Lebanon	Λίβανοσ
Liberia	Λιβερία
Mexico	Μεξικό
Nepal	Νεπάλ
Nigeria	Νιγηρία
Pakistan	Πακιστάν
Russia	Ρωσία
Somalia	Σομαλία
Sudan	Σουδάν
Syria	Συρία
Uganda	Ουγκάντα
Ukraine	Ουκρανία

Creativity
Δημιουργικότητα

Artistic	Καλλιτεχνική
Authenticity	Αυθεντικότητα
Clarity	Σαφήνεια
Dramatic	Δραματική
Emotions	Συναισθήματα
Expression	Έκφραση
Fluidity	Ρευστότητα
Ideas	Ιδέα
Image	Εικόνα
Imagination	Φαντασία
Impression	Εντύπωση
Inspiration	Έμπνευση
Intensity	Ένταση
Intuition	Διαίσθηση
Inventive	Εφευρετική
Sensation	Αίσθηση
Skill	Επιδεξιότητα
Spontaneous	Αυθόρμητη
Visions	Οράματα
Vitality	Ζωτικότητα

Dance
Χορός

Academy	Ακαδημία
Art	Τέχνη
Body	Σώμα
Choreography	Χορογραφία
Classical	Κλασική
Cultural	Πολιτιστική
Culture	Πολιτισμόσ
Emotion	Συγκίνηση
Expressive	Εκφραστική
Grace	Χάρη
Joyful	Χαρούμενο
Movement	Κίνηση
Music	Μουσική
Partner	Παρτενέρ
Posture	Στάση
Rehearsal	Πρόβα
Rhythm	Ρυθμού
Traditional	Παραδοσιακή
Visual	Οπτική

Days and Months
Ημέρες και Μήνες

April	Απριλίου
August	Αυγούστου
Calendar	Ημερολόγιο
February	Φεβρουαρίου
Friday	Παρασκευή
January	Ιανουαρίου
July	Ιουλίου
March	Πορεία
Monday	Δευτέρα
Month	Μήνασ
November	Νοεμβρίου
October	Οκτωβρίου
Saturday	Σάββατο
September	Σεπτεμβρίου
Sunday	Κυριακή
Thursday	Πέμπτη
Tuesday	Τρίτη
Wednesday	Τετάρτη
Week	Εβδομάδα
Year	Ετοσ

Diplomacy
Διπλωματία

Adviser	Σύμβουλοσ
Ambassador	Πρέσβησ
Civic	Πολίτη
Community	Κοινότητα
Conflict	Σύγκρουση
Cooperation	Συνεργασία
Diplomatic	Διπλωματικό
Discussion	Συζήτηση
Embassy	Πρεσβεία
Ethics	Ηθική
Foreign	Ξένο
Government	Κυβέρνηση
Humanitarian	Ανθρωπιστική
Integrity	Ακεραιότητα
Justice	Δικαιοσύνη
Politics	Πολιτική
Resolution	Ανάλυση
Security	Ασφάλεια
Solution	Λύση
Treaty	Συνθήκη

Disease
Ασθένεια

Abdominal	Κοιλιακή
Allergies	Αλλεργία
Body	Σώμα
Bones	Οστά
Chronic	Χρόνιοσ
Contagious	Μεταδοτικό
Genetic	Γενετική
Health	Υγεία
Heart	Καρδιά
Hereditary	Κληρονομική
Immunity	Ασυλία
Inflammation	Φλεγμονή
Lumbar	Οσφυϊκή
Neuropathy	Νευροπάθεια
Pathogens	Παθογόνα
Pulmonary	Πνευμονική
Respiratory	Αναπνευστική
Syndrome	Σύνδρομο
Therapy	Θεραπεία
Wellness	Ευεξία

Driving
Οδήγηση

Accident	Ατύχημα
Brakes	Φρένα
Car	Αυτοκίνητο
Danger	Κινδύνου
Fuel	Καύσιμο
Garage	Γκαράζ
Gas	Αέριο
License	Άδεια
Map	Χάρτη
Motor	Μοτέρ
Motorcycle	Μοτοσυκλέτα
Pedestrian	Πεζόσ
Police	Αστυνομία
Road	Δρόμοσ
Safety	Ασφάλεια
Speed	Ταχύτητα
Street	Δρόμο
Traffic	Κυκλοφορία
Truck	Φορτηγό
Tunnel	Σήραγγα

Ecology
Οικολογία

Climate	Κλίμα
Communities	Κοινότητα
Diversity	Ποικιλία
Drought	Ξηρασία
Fauna	Πανίδα
Flora	Χλωρίδα
Global	Παγκόσμια
Marine	Θαλάσσιο
Mountains	Βουνά
Natural	Φυσική
Nature	Φύση
Plants	Φυτά
Resources	Πόρων
Species	Είδοσ
Survival	Επιβίωση
Sustainable	Βιώσιμη
Vegetation	Βλάστηση
Volunteers	Εθελοντέσ

Electricity
Ηλεκτρική Ενέργεια

Battery	Μπαταρία
Bulb	Βολβόσ
Cable	Καλώδιο
Electric	Ηλεκτρική
Electrician	Ηλεκτρολόγοσ
Equipment	Εξοπλισμόσ
Generator	Γεννήτρια
Lamp	Λάμπα
Laser	Λέιζερ
Magnet	Μαγνήτησ
Negative	Αρνητικό
Network	Δίκτυο
Objects	Αντικείμενα
Positive	Θετική
Quantity	Ποσότητα
Socket	Πρίζα
Storage	Αποθήκευση
Telephone	Τηλέφωνο
Television	Τηλεόραση
Wires	Καλώδια

Energy
Ενέργεια

Battery	Μπαταρία
Carbon	Άνθρακασ
Diesel	Ντίζελ
Electric	Ηλεκτρική
Electron	Ηλεκτρόνιο
Engine	Μηχανή
Entropy	Εντροπία
Environment	Περιβάλλον
Fuel	Καύσιμο
Gasoline	Βενζίνη
Heat	Θερμότητα
Hydrogen	Υδρογόνο
Industry	Βιομηχανία
Motor	Μοτέρ
Nuclear	Πυρηνική
Photon	Φωτόνιο
Pollution	Ρύπανση
Renewable	Ανανεώσιμη
Turbine	Στροβίλων
Wind	Άνεμοσ

Engineering
Μηχανική

Angle	Γωνία
Axis	Άξονασ
Calculation	Υπολογισμόσ
Construction	Κατασκευή
Depth	Βάθοσ
Diagram	Διάγραμμα
Diameter	Διάμετροσ
Diesel	Ντίζελ
Distribution	Διανομή
Energy	Ενέργεια
Friction	Τριβή
Gears	Γρανάζια
Liquid	Υγρό
Machine	Μηχανή
Measurement	Μέτρηση
Motor	Μοτέρ
Propulsion	Ώθηση
Stability	Σταθερότητα
Strength	Δύναμη
Structure	Δομή

Ethics
Ηθική

Altruism	Αλτρουισμόσ
Compassion	Συμπόνια
Cooperation	Συνεργασία
Dignity	Αξιοπρέπεια
Diplomatic	Διπλωματικό
Honesty	Ειλικρίνεια
Humanity	Ανθρωπότητα
Individualism	Ατομικισμόσ
Integrity	Ακεραιότητα
Kindness	Καλοσύνη
Optimism	Αισιοδοξία
Patience	Υπομονή
Philosophy	Φιλοσοφία
Rationality	Λογικότητα
Realism	Ρεαλισμοσ
Reasonable	Εύλογο
Tolerance	Ανεκτικότητα
Values	Αξιεσ
Wisdom	Σοφία

Family
Οικογένεια

Ancestor	Πρόγονοσ
Aunt	Θεία
Brother	Αδελφοσ
Child	Παιδί
Cousin	Ξαδέρφη
Daughter	Κόρη
Father	Πατέρασ
Grandchild	Εγγόνι
Grandfather	Παππούσ
Grandmother	Γιαγιά
Grandson	Εγγονόσ
Husband	Σύζυγοσ
Maternal	Μητρική
Mother	Μητέρα
Nephew	Ανιψιόσ
Niece	Ανιψιά
Paternal	Πατρική
Sister	Αδελφή
Uncle	Θείοσ
Wife	Γυναίκα

Farm #1
Αγρόκτημα #1

Agriculture	Γεωργία
Bee	Μέλισσα
Calf	Μοσχάρι
Cat	Γάτα
Chicken	Κοτόπουλο
Cow	Αγελάδα
Crow	Κοράκι
Dog	Σκύλοσ
Donkey	Γαϊδούρι
Fence	Φρακτησ
Fertilizer	Λίπασμα
Field	Πεδίο
Flock	Κοπάδι
Goat	Γίδα
Hay	Σανό
Honey	Μέλι
Horse	Άλογο
Rice	Ρύζι
Seeds	Σπόροι
Water	Νερό

Farm #2
Αγρόκτημα #2

Animals	Ζώα
Barley	Κριθάρι
Barn	Αχυρώνα
Corn	Καλαμπόκι
Duck	Πάπια
Farmer	Αγροτησ
Food	Τροφή
Fruit	Φρούτο
Irrigation	Άρδευση
Lamb	Αρνί
Llama	Λάμα
Meadow	Λιβάδι
Milk	Γάλα
Orchard	Περιβόλι
Sheep	Πρόβατο
Shepherd	Βοσκόσ
Tractor	Τρακτέρ
Vegetable	Φυτό
Wheat	Σιτάρι
Windmill	Ανεμόμυλο

Fashion
Μόδα

Affordable	Προσιτή
Boutique	Μπουτίκ
Buttons	Κουμπιά
Comfortable	Άνετο
Elegant	Κομψό
Embroidery	Κέντημα
Expensive	Ακριβά
Fabric	Ύφασμα
Lace	Δαντέλα
Minimalist	Μινιμαλιστικό
Modern	Μοντέρνο
Modest	Μέτριο
Original	Αρχική
Pattern	Μοτίβο
Practical	Πρακτική
Simple	Απλόσ
Style	Στυλ
Texture	Υφή
Trend	Τάση

Flowers
Λουλούδια

Bouquet	Μπουκέτο
Calendula	Καλέντουλα
Clover	Τριφύλλι
Daisy	Μαργαρίτα
Dandelion	Πικραλίδα
Gardenia	Γαρδένια
Hibiscus	Ιβίσκοσ
Jasmine	Γιασεμί
Lavender	Λεβάντα
Lilac	Πασχαλιά
Lily	Κρίνοσ
Magnolia	Μανόλια
Orchid	Ορχιδέα
Passionflower	Πασσιφλόρα
Peony	Παιωνία
Petal	Πέταλο
Poppy	Παπαρούνα
Rose	Τριαντάφυλλο
Sunflower	Ηλιοτρόπιο
Tulip	Τουλίπα

Food #1
Τρόφιμα #1

Apricot	Βερίκοκο
Barley	Κριθάρι
Basil	Βασιλικού
Carrot	Καρότο
Cinnamon	Κανέλα
Garlic	Σκόρδο
Juice	Χυμόσ
Lemon	Λεμόνι
Milk	Γάλα
Onion	Κρεμμύδι
Peanut	Φιστίκι
Pear	Αχλάδι
Salad	Σαλάτα
Salt	Αλάτι
Soup	Σούπα
Spinach	Σπανάκι
Strawberry	Φράουλα
Sugar	Ζάχαρη
Tuna	Τόνοσ
Turnip	Γογγύλι

Food #2
Τρόφιμα #2

Apple	Μήλο
Artichoke	Αγκινάρα
Banana	Μπανάνα
Broccoli	Μπρόκολο
Celery	Σέλινο
Cheese	Τυρί
Cherry	Κεράσι
Chicken	Κοτόπουλο
Chocolate	Σοκολάτα
Egg	Αυγό
Eggplant	Μελιτζάνα
Fish	Ψάρι
Grape	Σταφύλι
Ham	Ζαμπόν
Kiwi	Ακτινίδιο
Mushroom	Μανιτάρι
Rice	Ρύζι
Tomato	Ντομάτα
Wheat	Σιτάρι
Yogurt	Γιαούρτι

Force and Gravity
Δύναμη και Βαρύτητα

Axis	Άξονασ
Center	Κέντρο
Discovery	Ανακάλυψη
Distance	Απόσταση
Dynamic	Δυναμική
Expansion	Επέκταση
Friction	Τριβή
Magnetism	Μαγνητισμόσ
Mechanics	Μηχανική
Momentum	Ορμή
Motion	Κίνηση
Orbit	Τροχιά
Physics	Φυσική
Pressure	Πίεση
Properties	Ιδιότητα
Speed	Ταχύτητα
Time	Ώρα
Universal	Καθολική
Weight	Ζυγίζω

Fruit
Φρούτα

Apple	Μήλο
Apricot	Βερίκοκο
Avocado	Αβοκάντο
Banana	Μπανάνα
Berry	Μούρο
Cherry	Κεράσι
Coconut	Καρύδα
Fig	Σύκο
Grape	Σταφύλι
Guava	Γκουάβα
Kiwi	Ακτινίδιο
Lemon	Λεμόνι
Mango	Μάνγκο
Melon	Πεπόνι
Nectarine	Νεκταρίνι
Papaya	Παπάγια
Peach	Ροδάκινο
Pear	Αχλάδι
Pineapple	Ανανά
Raspberry	Βατόμουρο

Gardening
Κηπουρική

Blossom	Άνθοσ
Botanical	Βοτανική
Bouquet	Μπουκέτο
Climate	Κλίμα
Compost	Κοπρόχωμα
Container	Δοχείο
Dirt	Βρωμιά
Edible	Βρώσιμα
Exotic	Εξωτικό
Floral	Λουλουδιών
Foliage	Φύλλωμα
Hose	Σωλήνα
Leaf	Φύλλο
Moisture	Υγρασία
Orchard	Περιβόλι
Seasonal	Εποχιακή
Seeds	Σπόροι
Species	Είδοσ
Water	Νερό

Geography
Γεωγραφία

Altitude	Υψόμετρο
Atlas	Άτλαντα
City	Πόλη
Continent	Ήπειροσ
Country	Χώρα
Elevation	Ανύψωση
Hemisphere	Ημισφαίριο
Island	Νησί
Map	Χάρτη
Meridian	Μεσημβρινό
Mountain	Βουνό
North	Βορρά
Ocean	Ωκεανόσ
Region	Περιοχή
River	Ποταμόσ
Sea	Θάλασσα
South	Νότια
Territory	Έδαφοσ
West	Δύση
World	Κόσμο

Geology
Γεωλογία

Acid	Οξύ
Calcium	Ασβέστιο
Cavern	Σπήλαιο
Continent	Ήπειροσ
Coral	Κοράλλι
Crystals	Κρύσταλλα
Earthquake	Σεισμόσ
Erosion	Διάβρωση
Fossil	Απολίθωμα
Lava	Λάβα
Layer	Στρώμα
Minerals	Ορυκτά
Molten	Λιωμένο
Plateau	Οροπέδιο
Quartz	Χαλαζία
Salt	Αλάτι
Stalactite	Σταλακτίτησ
Stalagmites	Σταλαγμιτεσ
Stone	Πέτρα
Volcano	Ηφαίστειο

Geometry
Γεωμετρία

Angle	Γωνία
Calculation	Υπολογισμόσ
Circle	Κύκλοσ
Curve	Καμπύλη
Diameter	Διάμετροσ
Dimension	Διάσταση
Equation	Εξίσωση
Height	Υψοσ
Horizontal	Οριζόντια
Logic	Λογική
Mass	Μάζα
Median	Μέση
Number	Αριθμόσ
Parallel	Παράλληλη
Proportion	Ποσοστό
Segment	Τμήμα
Surface	Επιφάνεια
Symmetry	Συμμετρία
Theory	Θεωρία
Triangle	Τριγώνου

Government
Κυβέρνηση

Citizenship	Ιθαγένεια
Civil	Δημόσια
Constitution	Σύνταγμα
Democracy	Δημοκρατία
Discussion	Συζήτηση
Dissent	Διαφωνία
District	Περιοχή
Equality	Ισότητα
Independence	Ανεξαρτησία
Judicial	Δικαστική
Justice	Δικαιοσύνη
Law	Δίκαιο
Liberty	Ελευθερία
Monument	Μνημείο
Nation	Έθνοσ
Peaceful	Ειρηνική
Politics	Πολιτική
Speech	Ομιλία
State	Κατάσταση
Symbol	Σύμβολο

Hair Types
Τύποι Μαλλιών

Bald	Φαλακρόσ
Black	Μαύρο
Blond	Ξανθά
Braided	Πλεγμένο
Braids	Πλεξούδεσ
Brown	Καφέ
Curls	Μπούκλεσ
Curly	Σγουρά
Dry	Ξηρό
Gray	Γκρι
Healthy	Υγιή
Long	Μακρύ
Shiny	Λαμπερά
Short	Κοντό
Silver	Ασημένιο
Smooth	Ομαλή
Soft	Μαλακό
Thick	Παχύ
Thin	Λεπτή
White	Λευκό

Health and Wellness #1
Υγεία και Ευεξία #1

Active	Ενεργή
Bacteria	Βακτήρια
Bones	Οστά
Clinic	Κλινική
Doctor	Διδάκτωρ
Fracture	Κάταγμα
Habit	Συνήθεια
Height	Υψοσ
Hormones	Ορμόνη
Hunger	Πείνα
Injury	Τραυματισμό
Medicine	Ιατρική
Nerves	Νεύρα
Pharmacy	Φαρμακείο
Posture	Στάση
Relaxation	Χαλάρωση
Skin	Δέρμα
Supplements	Συμπληρώματα
Therapy	Θεραπεία
Virus	Ιόσ

Health and Wellness #2

Υγεία και Ευεξία #2

Allergy	Αλλεργία
Anatomy	Ανατομία
Appetite	Όρεξη
Blood	Αίμα
Calorie	Θερμίδα
Dehydration	Αφυδάτωση
Diet	Διατροφή
Disease	Αρρώστια
Energy	Ενέργεια
Genetics	Γενετική
Healthy	Υγιή
Hospital	Νοσοκομείο
Hygiene	Υγιεινή
Infection	Μόλυνση
Massage	Μασάζ
Mood	Διάθεση
Recovery	Ανάκτηση
Stress	Πίεση
Vitamin	Βιταμίνη
Weight	Ζυγίζω

Herbalism

Βοτανολογία

Aromatic	Αρωματικό
Basil	Βασιλικού
Beneficial	Ευεργετική
Culinary	Μαγειρική
Fennel	Μάραθο
Flavor	Γεύση
Flower	Λουλούδι
Garden	Κήποσ
Garlic	Σκόρδο
Green	Πράσινο
Ingredient	Συστατικό
Lavender	Λεβάντα
Marjoram	Μαντζουράνα
Mint	Μέντα
Oregano	Ρίγανη
Parsley	Μαϊντανόσ
Plant	Φυτό
Rosemary	Δενδρολίβανο
Saffron	Κροκοσ
Tarragon	Εστραγκόν

Hiking

Πεζοπορία

Animals	Ζώα
Boots	Μπότεσ
Camping	Κάμπινγκ
Cliff	Βράχο
Climate	Κλίμα
Guides	Οδηγοί
Heavy	Βαριά
Map	Χάρτη
Mosquitoes	Κουνούπια
Mountain	Βουνό
Nature	Φύση
Parks	Πάρκα
Preparation	Παρασκευή
Stones	Πέτρα
Summit	Κορυφή
Sun	Ήλιοσ
Tired	Κουρασμένοσ
Water	Νερό
Weather	Καιρόσ
Wild	Άγριο

House

Σπίτι

Attic	Σοφίτα
Broom	Σκούπα
Curtains	Κουρτίνα
Door	Πόρτα
Fence	Φρακτησ
Fireplace	Τζάκι
Floor	Πάτωμα
Furniture	Έπιπλα
Garage	Γκαράζ
Garden	Κήποσ
Keys	Κλειδιά
Kitchen	Κουζίνα
Lamp	Λάμπα
Library	Βιβλιοθήκη
Mirror	Καθρεφτησ
Roof	Στέγη
Room	Δωμάτιο
Shower	Ντουσ
Wall	Τοίχοσ
Window	Παράθυρο

Human Body

Ανθρώπινο Σώμα

Ankle	Αστράγαλοσ
Blood	Αίμα
Bones	Οστά
Brain	Μυαλό
Chin	Πηγούνι
Ear	Αυτί
Elbow	Αγκώνα
Face	Πρόσωπο
Finger	Δάχτυλο
Hand	Χέρι
Head	Κεφάλι
Heart	Καρδιά
Jaw	Σαγόνι
Knee	Γόνατο
Leg	Πόδι
Mouth	Στόμα
Neck	Λαιμόσ
Nose	Μύτη
Shoulder	Ώμοσ
Skin	Δέρμα

Jazz

Τζαζ

Album	Άλμπουμ
Applause	Χειροκρότημα
Artist	Καλλιτέχνησ
Composer	Συνθέτη
Composition	Σύνθεση
Concert	Συναυλία
Drums	Τύμπανα
Emphasis	Έμφαση
Famous	Διάσημη
Favorites	Αγαπημένα
Genre	Είδοσ
Music	Μουσική
New	Νέα
Old	Παλιό
Orchestra	Ορχήστρα
Rhythm	Ρυθμού
Song	Τραγούδι
Style	Στυλ
Talent	Ταλέντο
Technique	Τεχνική

Landscapes
Τοπία

Beach	Παραλία
Cave	Σπήλαιο
Cliff	Βράχο
Desert	Ερήμου
Glacier	Παγετώνασ
Hill	Λόφο
Iceberg	Παγόβουνο
Island	Νησί
Lake	Λίμνη
Mountain	Βουνό
Oasis	Όαση
Ocean	Ωκεανόσ
Peninsula	Χερσόνησο
River	Ποταμόσ
Sea	Θάλασσα
Swamp	Βάλτοσ
Tundra	Τούνδρα
Valley	Κοιλάδα
Volcano	Ηφαίστειο
Waterfall	Καταρράκτη

Literature
Λογοτεχνία

Analogy	Αναλογία
Analysis	Ανάλυση
Anecdote	Ανέκδοτο
Author	Συγγραφέασ
Biography	Βιογραφία
Comparison	Σύγκριση
Conclusion	Συμπέρασμα
Description	Περιγραφή
Dialogue	Διάλογοσ
Fiction	Φαντασία
Metaphor	Μεταφορά
Narrator	Αφηγητήσ
Novel	Μυθιστόρημα
Opinion	Γνώμη
Poem	Ποίημα
Poetic	Ποιητική
Rhythm	Ρυθμού
Style	Στυλ
Theme	Θέμα
Tragedy	Τραγωδία

Mammals
Θηλαστικά

Bear	Αρκούδα
Beaver	Κάστορασ
Bull	Ταύροσ
Cat	Γάτα
Coyote	Κογιότ
Dog	Σκύλοσ
Dolphin	Δελφίνι
Elephant	Ελέφαντασ
Fox	Αλεπού
Giraffe	Καμηλοπάρδαλη
Gorilla	Γορίλασ
Horse	Άλογο
Kangaroo	Καγκουρό
Lion	Λιοντάρι
Monkey	Μαϊμού
Rabbit	Κουνέλι
Sheep	Πρόβατο
Whale	Φάλαινα
Wolf	Λύκοσ
Zebra	Ζέβρα

Math
Μαθηματικά

Angles	Γωνία
Arithmetic	Αριθμητική
Circumference	Περιφέρεια
Decimal	Δεκαδικό
Diameter	Διάμετροσ
Division	Διαίρεση
Equation	Εξίσωση
Exponent	Εκθέτη
Fraction	Κλάσμα
Geometry	Γεωμετρία
Numbers	Αριθμοί
Parallel	Παράλληλη
Perimeter	Περίμετρο
Polygon	Πολύγωνο
Radius	Ακτίνα
Rectangle	Ορθογώνιο
Square	Πλατεία
Symmetry	Συμμετρία
Triangle	Τριγώνου
Volume	Ένταση

Measurements
Μετρήσεις

Byte	Ψηφιολεξη
Centimeter	Εκατοστό
Decimal	Δεκαδικό
Degree	Βαθμόσ
Depth	Βάθοσ
Gram	Γραμμάριο
Height	Υψοσ
Inch	Ίντσα
Kilogram	Χιλιόγραμμο
Kilometer	Χιλιόμετρο
Length	Μήκοσ
Liter	Λίτρο
Mass	Μάζα
Meter	Μέτρο
Minute	Λεπτό
Ounce	Ουγγιά
Ton	Τόνοσ
Volume	Ένταση
Weight	Ζυγίζω
Width	Πλάτοσ

Meditation
Διαλογισμός

Acceptance	Αποδοχή
Attention	Προσοχή
Awake	Ξύπνησε
Breathing	Αναπνοή
Calm	Ηρεμία
Clarity	Σαφήνεια
Compassion	Συμπόνια
Emotions	Συναισθήματα
Gratitude	Ευγνωμοσύνη
Happiness	Ευτυχία
Kindness	Καλοσύνη
Mental	Ψυχική
Mind	Μυαλό
Movement	Κίνηση
Music	Μουσική
Nature	Φύση
Peace	Ειρήνη
Perspective	Προοπτική
Silence	Σιωπή
Thoughts	Σκέψη

Music
Μουσική

Album	Άλμπουμ
Ballad	Μπαλάντα
Chorus	Χορωδία
Classical	Κλασική
Harmonic	Αρμονική
Harmony	Αρμονία
Instrument	Όργανο
Lyrical	Λυρική
Melody	Μελωδία
Microphone	Μικρόφωνο
Musical	Μουσική
Musician	Μουσικόσ
Opera	Όπερα
Poetic	Ποιητική
Recording	Εγγραφή
Rhythm	Ρυθμού
Rhythmic	Ρυθμική
Sing	Τραγουδώ
Singer	Τραγουδιστήσ
Vocal	Φωνητικό

Musical Instruments
Μουσικά Όργανα

Banjo	Μπάντζο
Bassoon	Φαγκότο
Cello	Βιολοντσέλο
Clarinet	Κλαρινέτο
Drum	Τύμπανο
Drumsticks	Κνήμεσ
Flute	Φλάουτο
Gong	Γκονγκ
Guitar	Κιθάρα
Harp	Άρπα
Mandolin	Μαντολίνο
Marimba	Μαρίμπα
Oboe	Όμποε
Percussion	Κρούση
Piano	Πιάνο
Saxophone	Σαξόφωνο
Tambourine	Ντέφι
Trombone	Τρομπόνι
Trumpet	Τρομπέτα
Violin	Βιολί

Mythology
Μυθολογία

Archetype	Αρχέτυπο
Behavior	Συμπεριφορά
Beliefs	Πεποιθήσεισ
Creation	Δημιουργία
Creature	Πλάσμα
Culture	Πολιτισμόσ
Disaster	Καταστροφή
Hero	Ήρωασ
Heroine	Ηρωίδα
Immortality	Αθανασία
Jealousy	Ζήλια
Labyrinth	Λαβύρινθοσ
Legend	Θρύλοσ
Lightning	Αστραπή
Monster	Τέρασ
Mortal	Θνητόσ
Revenge	Εκδίκηση
Strength	Δύναμη
Thunder	Βροντή
Warrior	Πολεμιστήσ

Nature
Φύση

Animals	Ζώα
Arctic	Αρκτική
Beauty	Ομορφιά
Bees	Μέλισσεσ
Clouds	Σύννεφα
Desert	Ερήμου
Dynamic	Δυναμική
Erosion	Διάβρωση
Fog	Ομίχλη
Foliage	Φύλλωμα
Forest	Δασοσ
Glacier	Παγετώνασ
Mountains	Βουνά
Peaceful	Ειρηνική
River	Ποταμόσ
Sanctuary	Ιερό
Serene	Γαλήνιο
Tropical	Τροπική
Vital	Ζωτική
Wild	Άγριο

Numbers
Αριθμοί

Decimal	Δεκαδικό
Eight	Οκτώ
Eighteen	Δεκαοκτώ
Fifteen	Δεκαπέντε
Five	Πέντε
Four	Τέσσερα
Fourteen	Δεκατέσσερα
Nine	Εννέα
Nineteen	Δεκαεννέα
One	Ένα
Seven	Επτά
Seventeen	Δεκαεπτά
Six	Έξι
Sixteen	Δεκαέξι
Ten	Δέκα
Thirteen	Δεκατρία
Three	Τρία
Twelve	Δώδεκα
Twenty	Είκοσι
Two	Δύο

Nutrition
Διατροφή

Appetite	Όρεξη
Balanced	Ισορροπημένη
Bitter	Πικρή
Calories	Θερμίδεσ
Diet	Διατροφή
Digestion	Πέψη
Edible	Βρώσιμα
Fermentation	Ζύμωση
Flavor	Γεύση
Health	Υγεία
Healthy	Υγιή
Liquids	Υγρά
Nutrient	Θρεπτική
Proteins	Πρωτεΐνεσ
Quality	Ποιότητα
Sauce	Σάλτσα
Spices	Μπαχαρικό
Toxin	Τοξίνη
Vitamin	Βιταμίνη
Weight	Ζυγίζω

Ocean
Ωκεανός

Algae	Άλγη
Coral	Κοράλλι
Crab	Καβούρι
Dolphin	Δελφίνι
Eel	Χέλι
Fish	Ψάρι
Jellyfish	Μέδουσεσ
Octopus	Χταπόδι
Oyster	Στρείδι
Reef	Ξέρα
Salt	Αλάτι
Seaweed	Φύκι
Shark	Καρχαρίασ
Shrimp	Γαρίδα
Sponge	Σφουγγάρι
Storm	Καταιγίδα
Tides	Παλίρροια
Tuna	Τόνοσ
Turtle	Χελώνα
Whale	Φάλαινα

Physics
Φυσική

Acceleration	Επιτάχυνση
Atom	Άτομο
Chaos	Χάοσ
Chemical	Χημική
Density	Πυκνότητα
Electron	Ηλεκτρόνιο
Engine	Μηχανή
Expansion	Επέκταση
Formula	Τύποσ
Frequency	Συχνότητα
Gas	Αέριο
Magnetism	Μαγνητισμόσ
Mass	Μάζα
Mechanics	Μηχανική
Molecule	Μόριο
Nuclear	Πυρηνική
Particle	Σωματίδιο
Relativity	Σχετικότητα
Speed	Ταχύτητα
Universal	Καθολική

Plants
Φυτά

Bamboo	Μπαμπού
Bean	Φασόλι
Berry	Μούρο
Blossom	Άνθοσ
Botany	Βοτανική
Cactus	Κάκτοσ
Fertilizer	Λίπασμα
Flora	Χλωρίδα
Flower	Λουλούδι
Foliage	Φύλλωμα
Forest	Δασοσ
Garden	Κήποσ
Grass	Γρασίδι
Ivy	Κισσόσ
Moss	Βρύα
Petal	Πέταλο
Root	Ρίζα
Stem	Ανακόπτω
Tree	Δέντρο
Vegetation	Βλάστηση

Professions #1
Επαγγέλματα #1

Ambassador	Πρέσβησ
Astronomer	Αστρονόμοσ
Attorney	Δικηγόροσ
Banker	Τραπεζίτησ
Cartographer	Χαρτογράφοσ
Coach	Προπονητήσ
Dancer	Χορευτήσ
Doctor	Διδάκτωρ
Editor	Επεξεργασία
Firefighter	Πυροσβέστησ
Geologist	Γεωλόγοσ
Hunter	Κυνηγόσ
Musician	Μουσικόσ
Nurse	Νοσοκόμα
Pianist	Πιανίστασ
Plumber	Υδραυλικόσ
Psychologist	Ψυχολόγοσ
Sailor	Ναύτησ
Tailor	Προσαρμοσμένα
Veterinarian	Κτηνίατροσ

Professions #2
Επαγγέλματα #2

Astronaut	Αστροναύτησ
Biologist	Βιολόγοσ
Dentist	Οδοντίατροσ
Detective	Ντετέκτιβ
Engineer	Μηχανικόσ
Farmer	Αγροτησ
Gardener	Κηπουρόσ
Illustrator	Εικονογράφοσ
Inventor	Εφευρέτησ
Journalist	Δημοσιογράφοσ
Linguist	Γλωσσολόγοσ
Painter	Ζωγράφοσ
Philosopher	Φιλόσοφοσ
Photographer	Φωτογράφοσ
Physician	Ιατροσ
Pilot	Πιλοτική
Researcher	Ερευνητήσ
Surgeon	Χειρουργόσ
Teacher	Δάσκαλοσ
Zoologist	Ζωολόγοσ

Rainforest
Τροπικό Δάσος

Amphibians	Αμφίβια
Birds	Πουλιά
Botanical	Βοτανική
Climate	Κλίμα
Clouds	Σύννεφα
Community	Κοινότητα
Diversity	Ποικιλία
Insects	Έντομα
Jungle	Ζούγκλα
Mammals	Θηλαστικά
Moss	Βρύα
Nature	Φύση
Preservation	Διατήρηση
Refuge	Καταφύγιο
Respect	Σέβομαι
Restoration	Αποκατάσταση
Species	Είδοσ
Survival	Επιβίωση
Valuable	Πολύτιμα

Restaurant #2
Εστιατόριο #2

Beverage	Ποτό
Cake	Κέικ
Chair	Καρέκλα
Delicious	Νόστιμο
Dinner	Δείπνο
Eggs	Αυγα
Fish	Ψάρι
Fork	Πιρούνι
Fruit	Φρούτο
Ice	Πάγοσ
Lunch	Γεύμα
Noodles	Λαζάνια
Salad	Σαλάτα
Salt	Αλάτι
Soup	Σούπα
Spices	Μπαχαρικό
Spoon	Κουτάλι
Vegetables	Λαχανικά
Waiter	Σερβιτόροσ
Water	Νερό

Science
Επιστήμη

Atom	Άτομο
Chemical	Χημική
Climate	Κλίμα
Data	Δεδομένα
Evolution	Εξέλιξη
Experiment	Πείραμα
Fact	Γεγονόσ
Fossil	Απολίθωμα
Gravity	Βαρύτητα
Hypothesis	Υπόθεση
Laboratory	Εργαστήριο
Method	Μέθοδοσ
Minerals	Ορυκτά
Molecules	Μόρια
Nature	Φύση
Organism	Οργανισμόσ
Particles	Σωματίδια
Physics	Φυσική
Plants	Φυτά
Scientist	Επιστήμονασ

Science Fiction
Επιστημονική Φαντασία

Atomic	Ατομικό
Books	Βιβλια
Chemicals	Χημική
Distant	Μακρινό
Dystopia	Δυστοπία
Explosion	Έκρηξη
Extreme	Άκρο
Fire	Φωτιά
Futuristic	Φουτουριστικό
Galaxy	Γαλαξίασ
Illusion	Ψευδαίσθηση
Imaginary	Φανταστικό
Mysterious	Μυστηριώδησ
Novels	Μυθιστορήματα
Oracle	Μαντείο
Planet	Πλανήτησ
Robots	Ρομπότ
Technology	Τεχνολογία
Utopia	Ουτοπία
World	Κόσμο

Scientific Disciplines
Επιστημονικοί Κλάδοι

Anatomy	Ανατομία
Archaeology	Αρχαιολογία
Astronomy	Αστρονομία
Biochemistry	Βιοχημεία
Biology	Βιολογία
Botany	Βοτανική
Chemistry	Χημεία
Ecology	Οικολογία
Geology	Γεωλογία
Immunology	Ανοσολογία
Kinesiology	Κινησιολογία
Linguistics	Γλωσσολογία
Mechanics	Μηχανική
Mineralogy	Ορυκτολογία
Neurology	Νευρολογία
Physiology	Φυσιολογία
Psychology	Ψυχολογία
Sociology	Κοινωνιολογία
Thermodynamics	Θερμοδυναμική
Zoology	Ζωολογία

Shapes
Σχήματα

Arc	Τόξο
Circle	Κύκλοσ
Cone	Κώνοσ
Corner	Γωνία
Cube	Κύβοσ
Curve	Καμπύλη
Cylinder	Κύλινδροσ
Edges	Άκρη
Ellipse	Έλλειψη
Hyperbola	Υπερβολή
Line	Γραμμή
Oval	Οβάλ
Polygon	Πολύγωνο
Prism	Πρίσμα
Pyramid	Πυραμίδα
Rectangle	Ορθογώνιο
Side	Πλευρά
Sphere	Σφαίρα
Square	Πλατεία
Triangle	Τριγώνου

Spices
Μπαχαρικά

Anise	Γλυκάνισο
Bitter	Πικρή
Cardamom	Κάρδαμο
Cinnamon	Κανέλα
Clove	Γαρύφαλλο
Cumin	Κύμινο
Curry	Κάρυ
Fennel	Μάραθο
Flavor	Γεύση
Garlic	Σκόρδο
Ginger	Τζίντζερ
Licorice	Γλυκόριζα
Nutmeg	Μοσχοκάρυδο
Onion	Κρεμμύδι
Paprika	Πάπρικα
Pepper	Πιπέρι
Saffron	Κροκοσ
Salt	Αλάτι
Sweet	Γλυκό
Vanilla	Βανίλια

The Company
Η Εταιρεία

Business	Επιχείρηση
Creative	Δημιουργική
Decision	Απόφαση
Employment	Απασχόληση
Global	Παγκόσμια
Industry	Βιομηχανία
Innovative	Καινοτόμο
Investment	Επένδυση
Possibility	Δυνατότητα
Presentation	Παρουσίαση
Product	Προϊόν
Progress	Πρόοδοσ
Quality	Ποιότητα
Reputation	Φήμη
Resources	Πόρων
Revenue	Έσοδα
Risks	Κίνδυνοι
Trends	Τάσεισ
Units	Μονάδεσ

Time
Χρόνος

Annual	Ετήσια
Before	Πριν
Calendar	Ημερολόγιο
Century	Αιώνασ
Clock	Ρολόι
Day	Μέρα
Decade	Δεκαετία
Early	Αρχή
Future	Μέλλον
Hour	Ώρα
Minute	Λεπτό
Month	Μήνασ
Morning	Πρωί
Night	Νύχτα
Noon	Μεσημέρι
Now	Τώρα
Soon	Σύντομα
Today	Σήμερα
Week	Εβδομάδα
Year	Ετοσ

Town
Πόλη

Airport	Αεροδρόμιο
Bakery	Αρτοποιείο
Bank	Τράπεζα
Bookstore	Βιβλιοπωλείο
Cafe	Καφενείο
Clinic	Κλινική
Florist	Ανθοπωλείο
Gallery	Συλλογή
Hotel	Ξενοδοχείο
Library	Βιβλιοθήκη
Market	Αγορά
Museum	Μουσείο
Pharmacy	Φαρμακείο
School	Σχολείο
Stadium	Στάδιο
Store	Αποθηκεύω
Supermarket	Μάρκετ
Theater	Θέατρο
University	Πανεπιστήμιο
Zoo	Ζωολογικό

Universe
Σύμπαν

Asteroid	Αστεροειδήσ
Astronomer	Αστρονόμοσ
Astronomy	Αστρονομία
Atmosphere	Ατμόσφαιρα
Celestial	Ουράνιο
Cosmic	Κοσμική
Darkness	Σκοτάδι
Equator	Ισημερινόσ
Galaxy	Γαλαξίασ
Hemisphere	Ημισφαίριο
Horizon	Ορίζοντα
Longitude	Γεωγραφικό
Moon	Φεγγάρι
Orbit	Τροχιά
Sky	Ουρανόσ
Solar	Ηλιακή
Solstice	Ηλιοστάσιο
Telescope	Τηλεσκόπιο
Visible	Ορατή
Zodiac	Ζώδιο

Vacation #2
Διακοπές #2

Airport	Αεροδρόμιο
Beach	Παραλία
Camping	Κάμπινγκ
Destination	Προορισμόσ
Foreign	Ξένο
Hotel	Ξενοδοχείο
Island	Νησί
Journey	Ταξίδι
Leisure	Αναψυχή
Map	Χάρτη
Mountains	Βουνά
Passport	Διαβατήριο
Restaurant	Εστιατόριο
Sea	Θάλασσα
Taxi	Ταξί
Tent	Σκηνή
Train	Τρένο
Transportation	Μεταφορά
Visa	Βίζα

Vegetables
Λαχανικά

Artichoke	Αγκινάρα
Broccoli	Μπρόκολο
Carrot	Καρότο
Cauliflower	Κουνουπίδι
Celery	Σέλινο
Cucumber	Αγγούρι
Eggplant	Μελιτζάνα
Garlic	Σκόρδο
Ginger	Τζίντζερ
Mushroom	Μανιτάρι
Onion	Κρεμμύδι
Parsley	Μαϊντανόσ
Pea	Μπιζέλι
Pumpkin	Κολοκύθα
Radish	Ραπανάκι
Salad	Σαλάτα
Shallot	Εσκαλωνίδα
Spinach	Σπανάκι
Tomato	Ντομάτα
Turnip	Γογγύλι

Vehicles
Οχήματα

Airplane	Αεροπλάνο
Ambulance	Ασθενοφόρο
Bicycle	Ποδήλατο
Boat	Βάρκα
Bus	Λεωφορείο
Car	Αυτοκίνητο
Caravan	Τροχόσπιτο
Engine	Μηχανή
Ferry	Πορθμείο
Helicopter	Ελικόπτερο
Motor	Μοτέρ
Raft	Σχεδία
Rocket	Ρουκέτα
Scooter	Σκούτερ
Submarine	Υποβρύχιο
Subway	Μετρό
Taxi	Ταξί
Tires	Λάστιχα
Tractor	Τρακτέρ
Truck	Φορτηγό

Visual Arts
Εικαστικές Τέχνες

Architecture	Αρχιτεκτονική
Artist	Καλλιτέχνησ
Ceramics	Κεραμική
Chalk	Κιμωλία
Charcoal	Κάρβουνο
Composition	Σύνθεση
Easel	Καβαλέτο
Film	Ταινία
Masterpiece	Αριστούργημα
Painting	Ζωγραφική
Pen	Στυλό
Pencil	Μολύβι
Perspective	Προοπτική
Photograph	Φωτογραφία
Portrait	Πορτρέτο
Sculpture	Γλυπτική
Stencil	Πολυγράφο
Varnish	Βερνίκι
Wax	Κερί

Water
Νερό

Canal	Κανάλι
Damp	Υγρό
Drinkable	Πόσιμο
Evaporation	Εξάτμιση
Flood	Πλημμύρα
Frost	Παγωνιά
Hurricane	Χιουρικανασ
Ice	Πάγοσ
Irrigation	Άρδευση
Lake	Λίμνη
Moisture	Υγρασία
Monsoon	Μουσώνασ
Ocean	Ωκεανόσ
Rain	Βροχή
River	Ποταμόσ
Shower	Ντουσ
Snow	Χιόνι
Steam	Ατμού
Waves	Κύματα

Weather
Καιρός

Atmosphere	Ατμόσφαιρα
Breeze	Αεράκι
Calm	Ηρεμία
Climate	Κλίμα
Cloud	Σύννεφο
Drought	Ξηρασία
Dry	Ξηρό
Fog	Ομίχλη
Hurricane	Χιουρικανασ
Ice	Πάγοσ
Lightning	Αστραπή
Monsoon	Μουσώνασ
Polar	Πολική
Rainbow	Ουράνιο Τόξο
Sky	Ουρανόσ
Storm	Καταιγίδα
Temperature	Θερμοκρασία
Thunder	Βροντή
Tropical	Τροπική
Wind	Άνεμοσ

Congratulations

You made it!

We hope you enjoyed this book as much as we enjoyed making it. We do our best to make high quality games.
These puzzles are designed in a clever way for you to learn actively while having fun!

Did you love them?

A Simple Request

Our books exist thanks your reviews. Could you help us by leaving one now?

Here is a short link which will take you to your order review page:

BestBooksActivity.com/Review50

MONSTER CHALLENGE!

Challenge #1

Ready for Your Bonus Game? We use them all the time but they are not so easy to find. Here are **Synonyms**!

Note 5 words you discovered in each of the Puzzles noted below (#21, #36, #76) and try to find 2 synonyms for each word.

Note 5 Words from ***Puzzle 21***

Words	Synonym 1	Synonym 2

Note 5 Words from ***Puzzle 36***

Words	Synonym 1	Synonym 2

Note 5 Words from ***Puzzle 76***

Words	Synonym 1	Synonym 2

Challenge #2

Now that you are warmed-up, note 5 words you discovered in each Puzzle noted below (#9, #17, #25) and try to find 2 antonyms for each word. How many lines can you do in 20 minutes?

*Note 5 Words from **Puzzle 9***

Words	Antonym 1	Antonym 2

*Note 5 Words from **Puzzle 17***

Words	Antonym 1	Antonym 2

*Note 5 Words from **Puzzle 25***

Words	Antonym 1	Antonym 2

Challenge #3

Wonderful, this monster challenge is nothing to you!

Ready for the last one? Choose your 10 favorite words discovered in any of the Puzzles and note them below.

1.	6.
2.	7.
3.	8.
4.	9.
5.	10.

Now, using these words and within a maximum of six sentences, your challenge is to compose a text about a person, animal or place that you love!

Tip: You can use the last blank page of this book as a draft!

Your Writing:

NOTEBOOK:

SEE YOU SOON!

Linguas Classics Team